W0035051

Wir informieren Sie gerne und regelmäßig über Neuigkeiten,
Termine und Kuriositäten aus aller Welt und speziell aus der Welt des
CONBOOK Verlags. Folgen Sie uns unter **www.facebook.com/conbook**
für regelmäßige News, Specials und weiterführende Informationen zu
unseren Büchern, Themen und Autoren.

3. Auflage 2013

© Conbook Medien GmbH, Meerbusch, 2010, 2013
Alle Rechte vorbehalten.

www.conbook-verlag.de
www.fettnaepfchenfuehrer.de

Einbandgestaltung: David Janik unter Verwendung des
Bildmotivs ©istockphoto.com/BradenGunem
Satz: David Janik
Druck und Verarbeitung: CPI – Ebner & Spiegel, Ulm

Printed in Germany

ISBN 978-3-934918-58-0

Die in diesem Buch dargestellten Zusammenhänge, Erlebnisse und Thesen entstammen den Erfahrungen und/oder der Fantasie des Autors und/oder geben seine Sicht der Ereignisse wieder. Etwaige
Ähnlichkeiten mit lebenden Personen, Unternehmen oder Institutionen sowie deren Handlungen und
Ansichten sind rein zufällig. Die genannten Fakten wurden mit größtmöglicher Sorgfalt recherchiert,
eine Garantie für Richtigkeit und Vollständigkeit können aber weder der Verlag noch der Autor übernehmen. Lesermeinungen gerne an feedback@conbook.de

FETTNÄPFCHENFÜHRER

NEUSEELAND

Paradies mit Hindernissen – Tagebuch eines Kiwipflückers

Allen Falls

CROSSIN

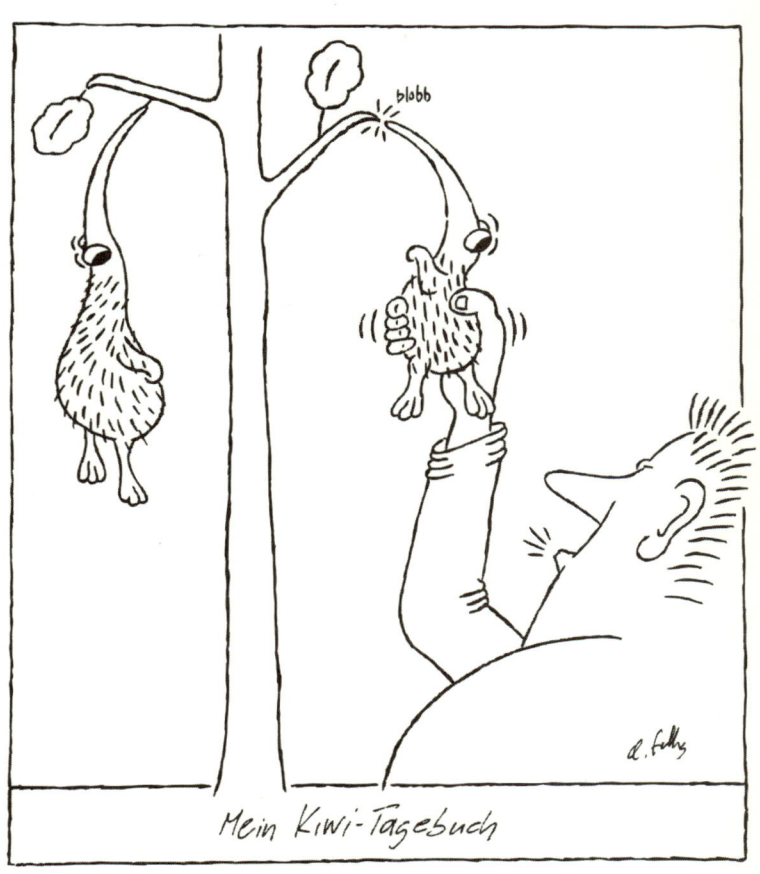

Mein Kiwi-Tagebuch

Meiner über(aus)a(ttra)ktiven Frau.

*»Und wenn wir die ganze Welt durchreisen,
um das Schöne zu finden: wir mögen es in uns tragen,
sonst finden wir es nicht.«*

(Ralph Waldo Emerin, amerikanischer Philosoph, 1803–1882)

Neuseeland, *New Zealand* oder *Aotearoa*: ein Land der Wunder, aber auch ein Land der Verwunderung. In diesem Inselstaat am anderen Ende der Welt ist wirklich alles anders. Unsere gewohnten Denk- und Verhaltensmuster werden schnell auf eine harte Probe und oft völlig auf den Kopf gestellt – wie sich das für ein Land *down under* eben gehört.

Dass fast dreiviertel aller Häuser dieses Landes undicht sind, Fünfzehnjährige Auto fahren dürfen und zum Führerscheinerwerb keine Fahrschule besuchen müssen, dass jeder ins Restaurant seine eigene Flasche Wein mitbringt und man an Feiertagen im Lokal einen Aufschlag bezahlen muss, hätte sich Martin Horn, ein unternehmungslustiger Enddreißiger aus Deutschlands Südwesten, zunächst natürlich nicht träumen lassen.

Horn hat sich während seiner größten persönlichen Krise entschlossen, eine Auszeit – so weit weg wie möglich – zu nehmen. Dass es ihn folgerichtig nach Neuseeland verschlägt, ist geografisch nachvollziehbar, entpuppt sich aber als größere Herausforderung, als er es sich zur Krisenbewältigung gewünscht hatte. Auf seinem abenteuerlichen Weg durch Neuseeland schlittert er ständig und unfreiwillig von einer peinlichen Situation in die nächste – immer genau dann, wenn seine jahrzehntelang trainierten Gewohnheiten auf den einzigartigen »*Kiwi Style*« treffen.

Wagen Sie den Blick in das humorvolle Tagebuch eines von Entdeckerlaune getriebenen Neu-Neuseeländers, der auszog, um Kiwis zu pflücken, und dabei säckeweise landestypische Erfahrungen erntet.

Allen Falls, Jahrgang 64, Sternkreiszeichen Jungfrau, aufgewachsen im konservativen Südwesten Deutschlands, lebt seit Erreichen des auch über den Wendekreis des Kehrichtbesens hinaus bekannten Schwabenalters in Neuseeland, irgendwo nördlich von Auckland, wo es nach seinen Angaben landschaftlich besonders schön sein soll.

Falls' Tätigkeit in seinem früheren Leben als Werbeschaffender zieht sich wie ein roter Faden durch sein berufliches Wirken und Werkeln in Deutschland, das jedoch von einem ausgesprochenen Zickzackkurs geprägt war und somit eine Menge hennagefärbten Garns verschlungen hat und immer noch verschlingt.

Er verließ Deutschland, weil alles, was über 25 Jahre Daueraufenthalt in D hinausgeht, seiner Meinung nach bereits ein Vergehen gegen das Betäubungsmittelgesetz, BTM §0815 Sedierende Stoffe, darstellt. Aber auch Neuseeland, sagt Falls, könne wie eine Droge wirken – eine er- und anregende jedoch – und stimuliere das Schreibzentrum im Kopf ungemein.

Inhalt

Inhalt

Inhalt

Inhalt

Inhalt

Meine Psyche spielte verrückt. Ich wähnte mich im »Clockwork Orange«, wo man Bösewichte mental so konditionierte, dass sie beim Versuch, eine Missetat zu verüben, sofort von extremer Übelkeit befallen wurden.

Wenn es die Ärzte waren, die gelegentlich durch den großen Empfangsraum liefen, dann hatten sie nicht einmal weiße Kittel an – alle nur in Räuberzivil. Mein Vertrauen schwand.

Als mich der Arzt aus seinem Sprechzimmer hinausbegleitete, hatte ich das Gefühl, einem väterlichen Freund begegnet zu sein. Plötzlich erschien mir die Praxis viel schöner als am Anfang.

Ich konnte die Apothekerin durch eine Glasvitrine hindurch gut bei der Bearbeitung meines Rezeptes beobachten. Sie goss beide Tablettensorten aus größeren Containern in zwei flache Porzellanschalen.

Angesichts dieser freitagabendlichen Schönheitsveranstaltung fragte ich mich, warum sich die jungen Kiwifrauen eigentlich derart herausputzen, wenn sie dann ohnehin nur mit den ungepflegtesten Typen ausgehen?

Dann sah ich seine Frau gerannt kommen. Sie kreuzte wiederholt die Arme in der Luft, um ihren »Abschalten!«-Rufen optischen Nachdruck zu verleihen. Sie meinte damit eindeutig die Musik und schien den Song nicht zu mögen.

Inhalt

Einleitung.

Freitag, 8. April. Manchmal träume ich von Kiwis. Mein Einsatz liegt bereits hinter mir, aber ich erinnere mich noch in vielen Einzelheiten an die anstrengende Ernte. Bis zur nächsten ist es zwar noch viele Monate hin, aber die Prognosen verheißen schon jetzt einen sehr guten Ertrag, sodass die kommende Saison voraussichtlich noch länger und arbeitsintensiver als die letzte werden wird. Das kann mir nur recht sein; ich pflücke gerne Kiwis.

Auf den neuseeländischen Kiwiplantagen zieht man die Bäume wie Spalierobst, sodass sie mit ihren Ästen ein praktisch geschlossenes Dach bilden, von dem die Früchte in Stehhöhe herabhängen und bequem geerntet werden können. Relativ bequem. Da die Mehrheit der Erntehelfer schon immer aus Asien kam, hat man vermutlich die Höhe des Spaliers an die durchschnittliche Körperlänge der Pflücker aus Fernost angepasst. Ich überrage fast alle meine Kollegen um eine knappe Haupteslänge, was leider bedeutet, dass ich mich zum Greifen der **Kiwifrüchte** im wahrsten Sinne des Wortes krumm legen muss, wenn ich nicht mit dem Kopf ins dichte Blattwerk eintauchen möchte.

Ein Arbeitstag auf der Plantage an der Bay of Plenty ist recht lang, und es gibt kein Rezept gegen den tauben Rücken, der sich auch nachts nicht wirklich vollständig wieder erholt. Aber ich habe mich nie beklagt, denn genauso war es von mir gewollt, von Anfang an, und selbst als der Leiter des Betriebes, Aaron McPhee, mir schon kurz nach meiner Ankunft einen besser dotierten Job – überwiegend sitzende Tätigkeit in der Vertriebsabteilung – anbot, habe ich seinen Vorschlag spontan ohne Bedenkzeit dankend abgelehnt.

Ich wollte einfach nur einige Wochen hier draußen unter Kiwis und Früchten sein.

Info zwischen den Zeilen von
Landwirtschaftsberater K.I.W.I. Kiwi-Frucht

Die Bay Of Plenty ist aufgrund ihres idealen Klimas
Neuseelands größtes Kiwi-Anbaugebiet. 80 Prozent
aller Kiwifrüchte kommen aus dieser sonnenreichen
Gegend im Osten der neuseeländischen Nordinsel. Das Oberzentrum
der Region ist der Ort Te Puke.

Die kommerzielle Geschichte der vitaminreichen Frucht begann in den
1950er Jahren unter ihrem damaligen Namen »Chinesische Stachel-
beere«, aber der wirklich große Erfolg stellte sich erst ein, als sie aus
marketingtechnischen Gründen in »Kiwi« umbenannt wurde.

Mehr als 80 Millionen Tonnen dieser kuriosen Früchte werden jährlich
in 65 Länder der Erde exportiert, nachdem sie zuvor alle von Hand
gepflückt wurden. Dafür sind jährlich 25.000 Kiwipflücker für knapp
3 Monate fast rund um die Uhr im Einsatz. Die meisten dieser Saisonarbeiter kommen aus Indonesien, Samoa, Thailand und Malaysia.

Interessantes Detail am Rande: Neuseeland ist »nur« die Nummer 2 der
weltweiten Kiwiproduzenten. Spitzenreiter ist Italien! Man kann italienische Kiwis auch hierzulande kaufen – sie sind wesentlich billiger als die
einheimischen Früchte!

Wenn frühmorgens die wärmenden Strahlen der tief stehenden
Sonne durch die Lücken im dichten Laubdach des *orchard* fallen,
die riesigen Blätter in allen vorstellbaren Grünschattierungen hinter-
leuchten und da, wo sie durch die schmalen Zwischenräume unge-
filtert auf die Stämme und den Boden treffen, ein gleißend helles
Lichtspiel zaubern, dann würde ich auch für den doppelten Stundenlohn nicht in die muffelige, feuchtwarme Bürobaracke wechseln
wollen. Einmal, es war ein Sonntagmorgen und das Kaleidoskop von
Licht und Farben war schlichtweg unbeschreiblich, da hatte ich das
große Glück, um sechs Uhr früh mitten in der Plantage einen wunderbar befriedigenden Akt der Liebe genießen zu können. Damals
hatte ich eine intensive, wenn auch nur kurze Affäre mit einer jungen
chinesischen Kollegin. Sie hieß Lin Dai Yu, nannte sich aber Leila
nach dem fantastischen Song von Eric Clapton.

Nun wissen wir fast alle, dass die Claptonsche Leila in Wahrheit
Layla heißt, aber die Chinesin hat noch nie im Leben den Songtext
irgendwo gedruckt gesehen und nannte sich fortan eben der Schrift

nach falsch, aber phonetisch relativ richtig Leila. Ich habe ihr das mal am Strand von Waihi Beach so ganz nebenbei erklärt, worauf sie mich »typisch deutsch« nannte, aber wenig später schon hat sie ihren Bikini – zuerst das Oberteil und dann ganz langsam und verführerisch das Höschen – abgestreift und mich in herrlich lauem Abendwind zwischen den sanften Dünen dieses Strandes nach allen chinesischen Regeln der Kunst vernascht. »*Layla, you've got me on my knees ...*« Muss ich mehr dazu sagen? Eric Clapton hätte für sie vielleicht sogar seinen Hit in Leila umbenannt.

Sie sah gut aus, aber genau genommen war sie nicht schön im Modemagazintitelseitensinne, aber die Figur war betörend, und sie hatte – wirklich wahr – entzückend kleine, kiwiförmige Brüstchen. Ich wusste zu diesem Zeitpunkt rein gar nichts von chinesischen Frauen, geschweige denn von deren Gewohnheiten und Vorlieben in Liebesdingen. Ich gebe auch zu, nur deshalb mit ihr etwas angefangen zu haben, weil ich noch nie eine Romanze mit einer Chinesin hatte und weil ich unglaublich neugierig auf diese seltene sexuelle Erfahrung war. Ich wurde nicht enttäuscht. Ich spüre beim Gedanken daran selbst heute noch die Wärme, die von den Knien her aufwärts kriecht.

Jetzt bin ich mit einer Neuseeländerin zusammen. Sie ist echter Kiwi und wurde in Dunedin auf der Südinsel geboren. Ihr Name – Siobhan – ist ziemlich ungewöhnlich; er ist irischen Ursprungs (eine Seite ihrer Vorfahren kam tatsächlich aus Irland, während die andere vor drei Generationen aus Schottland einwanderte).

Ich habe Siobhan in Tauranga kennengelernt. »The Irish Pub« an der Partymeile von Mount Maunganui hatte einen Abend für »einsame Herzen« veranstaltet, bei dem ich nicht fehlen durfte, zumal es mir die irischen Lokale schon immer angetan haben. Dort gibt es sehr oft Livemusik, und weil die irischen Einwanderer fast schon im pathologischen Sinne an Heimweh leiden, legen die Musiker ihren gesamten Weltschmerz in ihre Darbietung und versuchen mit ihrer Inbrunst gleichzeitig aber auch, die Gäste aufzuheitern und auf fröhliche Gedanken zu bringen. Das klappt eigentlich immer, und die Abkömmlinge der Grünen Insel haben großen Spaß dabei, den Nicht-Iren unter den Gästen beispielsweise folkloristische Tänze beizubringen.

Der Organisator der kleinen Veranstaltung, ein gewisser Seumas Lulach, hat den Schalk im Nacken und freut sich diebisch, wenn er in seinem Lokal Gespräche belauschen kann, in denen sich praktisch der ganze Rest der Welt mit der Aussprache traditioneller irischer Namen schwertut. Um das Ganze richtig hochzustilisieren, heftete er an diesem Abend allen Gästen beim Reinkommen handgeschriebene Namensschildchen ans Revers – es ging schließlich um gegenseitige Kontaktaufnahme – und der Spaß konnte beginnen.

Ich finde diese Idee super, weil sogar irischstämmige Gäste manche gälischen und keltischen Namen selbst nicht kennen, und dadurch eigentlich für alle Beteiligten ein lustiger und lockerer Gesprächseinstieg garantiert ist. Natürlich hatte auch ich nicht die geringste Ahnung, wie dieser irische Hase läuft, und bin zum Vergnügen aller, die in der Nähe standen, voll ins linguistische Druidenmesser gelaufen, hatte ich doch meine Partnerin in spe, Siobhan, erwartungsgemäß mit »Saiobhän« angesprochen. Damit erntete ich allerdings bei ihr selbst nur einen mittleren Lacherfolg, weil sie es gewohnt war, dass ihr Name in mindestens der Hälfte aller Fälle falsch ausgesprochen wird. Sie studierte daraufhin etwas gestelzt mein handgeschriebenes Martin-Namensschild und korrigierte breit grinsend: »Sorry, Martin, it's SCHIH-vahn.«

Den meisten Spaß mit mir hatte an jenem Abend Kneipier Seumas Lulach, der mittlerweile zu so etwas wie einem väterlichen Freund geworden ist. Auf seine Aufforderung hin, es einfach einmal zu wagen, sprach ich ihn mit »Sjumäs Lulatsch« an. Ich werde nie mein Auweia-Erlebnis vergessen, als er das Geheimnis der irischen Orthoepie lüftete: »SCHAI-mahs LAH-lach« ...

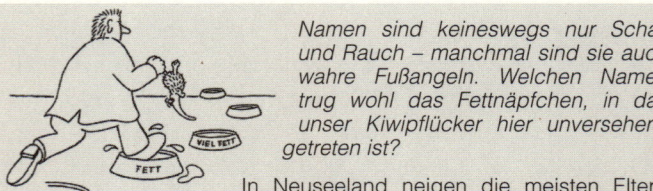

Namen sind keineswegs nur Schall und Rauch – manchmal sind sie auch wahre Fußangeln. Welchen Namen trug wohl das Fettnäpfchen, in das unser Kiwipflücker hier unversehens getreten ist?

In Neuseeland neigen die meisten Eltern dazu, ihren Kindern ungewöhnliche Namen zu geben. Irische und schottische Immigranten setzen dabei den Schwerpunkt auf Pflege und Weitergabe ihrer Tradition. Das Besondere dabei: Iro-schottische Namen mit keltischem und auch gälischem Ursprung sind selten so auszusprechen, wie sie geschrieben werden.

Martin der Kiwipflücker ging bei der Kennenlernparty – wider besseres Wissen und ohne böse Absicht – ganz einfach von der englischen Aussprache des Namens »Siobhan«, so wie er auf dem Schild stand, aus. Das musste natürlich schiefgehen; glücklicherweise war die junge Frau an so etwas längst gewohnt und konnte dementsprechend schlagfertig kontern.

Achtung: Hier können durchaus peinliche Situationen entstehen, wenn man zum Beispiel »Sean«, die Frau des Gastgebers der Party, zu der man eingeladen wurde, phonetisch falsch mit »Sihn« anspricht, wo nun einmal »Schohn« richtig wäre. Man hinterlässt in solch einem Fall zumindest ansatzweise den Eindruck von Ignoranz dem Gastgeber bzw. dem Gastland im Allgemeinen gegenüber.

Das Nanumeter zeigt den subjektiv empfundenen Grad der Peinlichkeit und/oder Verlegenheit, der man in einer solchen Situation ausgesetzt sein kann. Auf einer Skala von 1 bis 10 bedeutet 10 die größtmögliche Verwunderung oder sogar Blamage.

Die irischen (und auch die schottischen) Immigranten pflegen die Geschichte ihrer Herkunft ausgesprochen intensiv und geben ihren Kindern und Enkeln, ja jetzt sogar den Urenkeln, gerne alte **Traditionsnamen**. Ich habe einmal – mit einem kühlen Guinness in der Hand – den Blick schweifen lassen, und die Schildchen zeigten Zungen brechende Namen wie: Brae, Iseabail, Mairead, Muireall, Saraid, Seona und Sile, aber auch Artair, Eonan, Ossian, Raghnall und Seoras.

Info zwischen den Zeilen von
Sprachforscher K.I.W.I. Iro-Scottish-Names

Hier ein paar Beispiele von durchaus altmodischen, aber in manchen Fällen wieder modern gewordenen Namen irischer und schottischer Herkunft, die man tatsächlich wesentlich anders spricht, als sie geschrieben werden.

Weiblich

Brae	(BRÄI)
Eilidh	(EH-lih)
Flòraidh	(FLOH-rih oder FLAU-rih)
Iseabail	(I-schi-bel or IH-scha-bäl)
Mairead	(MAI-ret or MA-ih-rät)
Muireall	(MUHR-ah-jel)
Saraid	(SÄHR-ich)
Seona	(SCHAU-nah)
Sile	(SCHIH-lah)
Sima	(SCHIH-mah)
Sìne	(SCHIH-nah)
Siobhan	(SCHIH-vahn)
Siùsaidh	(SCHUH-sih)

Männlich

Artair	(AHR-schtehr)
Coinneach	(KON-yokh oder KAH-nyach)
Eonan	(IOE-wan oder IOH-nahn)
Màrtain	(MAUR-tan)
Ossian	(AH-schiin)
Raghnall	(RIU-all oder RAHLL),
Sean	(SCHOHN) (auch als Frauenname gebräuchlich)
Seòras	(SCHAU-rass)
Seumas	(SCHAI-mahs)
Tearlach	(TSCHÄR-lak oder TSCHÄR-lach)

Fernsehliebe.

Im Angesicht der Werbung.

Siobhan ist sehr hübsch; sie sieht tatsächlich viel besser aus als seinerzeit Leila und hat auch eine tolle Figur – nur der Busen ist ein bisschen fülliger, aber immerhin noch apfelförmig. Eines muss ich jedoch leicht kritisch anmerken: Bei der körperlichen Liebe geht meiner Kiwigespielin die Quantität eindeutig über die Qualität. Nun ist das an sich für mich persönlich kein großes Problem. Die Quantität der libidinösen Aktivitäten bezieht sich allerdings nicht auf die Häufigkeit der sinnlichen Genüsse zusammen mit dem Partner, also derzeit mir, sondern schließt auch noch das Tun und Treiben mit weiteren Personen ein.

Wir haben uns zwar von vornherein auf eine offene Beziehung geeinigt, aber irgendwie wurmt mich ihr flatterhaftes Wesen dann doch, zumal sie vor allem in angeheitertem Zustand ständig mit den unappetitlichsten Typen intime Kontakte pflegt.

Was sie kann, kann ich natürlich auch. Auch ich habe gelegentlich einen *one-night-stand* und genieße das sehr, allerdings verfolgt mich seit Neuestem ein seltsamer Gedanke, der mich tatsächlich nicht mehr loslässt: Ich könnte mir durchaus ein kleines erotisches Abenteuer mit einer neuseeländischen Werbe-Ikone, der **»Briscoes-Lady«** vorstellen. Zumindest so, wie Gott im Kiwireich sie schuf, würde ich sie gerne einmal sehen; den Wunsch kann mir wohl niemand verübeln, machen sich doch heutzutage Stars und Sternchen aller Güteklassen (letztere auch hier in Neuseeland) – die Publicitykette darf nie unterbrochen werden – bereitwillig nackig für Hinz und Kunz. Nur die »Briscoes-Lady« nicht.

Auf einer neuseeländischen Network-Seite im Internet hat ein Blogger, der sich »TV-Kiwi« nennt, behauptet, sie heiße Janice. Ich glaube das nicht. Dieser Name passt nicht zur »Briscoes-Lady«. Ich werde auf jeden Fall weiter recherchieren. Bei Janice denkt man unwillkürlich an die Joplin, obwohl diese sich anders (nämlich Janis) schrieb, aber dem Klang nach sind beide Versionen praktisch gleich. Die »Briscoes-Lady«, wie sie tatsächlich mehr oder weniger offiziell genannt wird, ist kein Janis-Joplin-Typ, sie singt nicht, ist keine klassische Schönheit (im Haushaltswarensegment dürfen die Models nie schöner sein als die Kundinnen, die diese Produkte kaufen sollen) und auch nicht besonders jung – so Ende dreißig, günstigstenfalls – aber wenn sie in den Werbefilmchen ihre langen Haare (fast eine Mähne schon) leicht schüttelt, dann hat sie eine dezente erotische Ausstrahlung, die den langweiligen Laden mit den öden Bratpfannen und synthetischen Tischdecken richtig sexy macht.

Info zwischen den Zeilen von
Werbewissenschaftler K.I.W.I. Briscoes-Lady

Briscoes ist Neuseelands größte Kette von Einzelhandelsgeschäften für Haushaltswaren mit landesweit mehr als 50 Verkaufsstellen; man firmiert als »Briscoes Homeware, Living & Giving«.

Die »Briscoes-Lady« ist seit vielen Jahren (und wird es sicherlich noch viele weitere Jahre bleiben) die Sympathiefigur für jedwedes Marketing, sei es im Fernsehen, auf Prospekten oder Flyern. Und selbst, wenn man sie nicht sieht, so hört man ihre Stimme sehr oft aus dem Radio. Dann zeigt oder erzählt sie irgendetwas von den tollen Briscoes-Produkten, und es endet immer mit dem Slogan: »You'll never buy better«.

Geo(un)logisches.

NZ ist nicht AU.

Der Ernteeinsatz auf der Kiwiplantage war eine körperlich taffe aber geistig befreiende Zeit. Ich habe danach entschieden, für unbestimmte Zeit keinen anderen Job anzunehmen. Der Verdienst an der Bay of Plenty war für neuseeländische Verhältnisse gut, aber genau wie einige meiner Kollegen kam ich nicht des Geldes wegen hierher. Ich habe immer etwas auf der hohen Kante (eine kleine Erbschaft, wie bei allen Deutschen meiner Generation, macht's möglich). Damit kann ich mir erlauben, Auszeiten zu nehmen, wann immer es mir gefällt. Den fleißigen Eltern sei Dank. Das ist sozusagen meine kleine Neuseelandphilosophie um **Land und Leute** (vor allem »Leutinnen«, wenn ich mir diese Wortschöpfung erlauben darf) kennen und lieben zu lernen.

Neuseeland als Einwanderungsland bietet unglaubliche Ressourcen für ein äußerst abwechslungsreiches Liebesleben, und es eröffnen sich wirklich jeden Tag neue Gelegenheiten, nette Menschen aus aller Welt im wahrsten Sinne des Wortes hautnah kennenzulernen. Nein, möge mich nur keiner beneiden und/oder verachten. Es geht mir nicht besser als jedem Durchschnittsbürger, ich habe derzeit nur einen anderen Lebensstil gewählt und setze andere Prioritäten im täglichen Sein.

**Info zwischen den Zeilen von
Volkszähler K.I.W.I. Demoskop**

Einige demoskopische Ergebnisse aus der letzten Volkszählung in Neuseeland.

Die Zahlen beziehen sich immer auf die Bewohner Neuseelands, die zum Zeitpunkt der Volkszählung 15 Jahre oder älter waren.

Bildung

Von den Neuseeländern haben:

39,9 % einen Schulabschluss und eine weitere Qualifikation

35 % einen Schulabschluss

25 % keinen Abschluss

Bei den Maoris haben:

27,9 % einen Schulabschluss und eine weitere Qualifikation

39,9 % keinen Abschluss

Berufstätigkeit

Die Arbeitslosenquote betrug zum Zeitpunkt der Volkszählung 5,1 %, bei den Maoris 11,0 %

Einkommen

Das durchschnittliche Einkommen (netto) betrug 24.400 NZD (etwa 13.500 Euro)

43,2 % hatten ein Einkommen von weniger als 20.000 NZD

18 % hatten ein Einkommen von mehr als 50.000 NZD Jahreseinkommen

Nun sitze ich hier schon eine ganze Weile an der kleinen Bucht im Shakespear Park (Shakespear ohne »e« am Ende), nicht benannt nach dem englischen Autor von Dramen und einigermaßen anzüglichen Komödien mit originellen Titeln wie »Was ihr wollt«, »Viel Lärm um nichts«, »Wie es euch gefällt« und vor allem »Der Widerspenstigen Zähmung«. Nach diesem Dichter sind wirklich genügend Straßen und Plätze in aller Welt benannt worden – mehr muss nicht sein. Seinen Namen hat dieses Idyll, etwas nördlich von Auckland gelegen, vielmehr von dem Farmer, der dieses Gelände 1883 von Maoris des Stammes Ngati Kahu gekauft hatte.

Es ist hier an diesem sonnigen und warmen Vormittag menschenleer – geradezu ideal zum Sinnieren und Reflektieren – und man hat außerdem einen unbeschreiblichen Blick über das tiefblaue Meer des Hauraki Golfs auf die Vulkaninsel Rangitoto und weiter südlich auf die »*waterfront*« von Auckland. Als akustischen Bonus gibt es zudem den eigenartig melodiösen Ruf des **Tui-Vogels** (nachdem wiederum ein recht gutes neuseeländisches Bier benannt wurde), und der optische Vordergrund dieses üppigen aber niemals kitschigen Stilllebens wird im Sommer von den intensiv roten, pinselartigen Blüten des **Pohu-tukawa-Baumes**, die im spannenden Farbkontrast zu seinem sattgrü-nen Blattwerk stehen, gebildet. Der saubere, helle Sandstrand verläuft bogenförmig zwischen zwei Felsnasen und geht praktisch über seine volle Länge sehr, sehr flach ins glasklare Wasser über, das im intensiven Licht dieses Morgens von türkis bis dunkelblau changiert.

Weiter draußen, wo die Wassertiefe es erlaubt, dümpeln ein paar kleinere und mittelgroße Boote und Jachten (auch an normalen Werktagen sind immer erstaunlich viele Privatskipper unterwegs). Eine angenehme Südwestbrise hält das malerische Arrangement in leichter Bewegung.

Info zwischen den Zeilen von Naturfreund K.I.W.I. Tui

Der Tui ist ein Vogel aus der Familie der Honigfres-ser. Sein dunkles, schwarz wirkendes Federkleid glänzt im Sonnenlicht grünlich und bläulich. Sein Merkmal ist ein weißes Federbüschel am Hals. Der Tui hat einen auffälli-gen Gesang: melodisch, laut, kräftig und mit klickenden und schnarren-den Geräuschen durchsetzt. Als ein typisch neuseeländischer Vogel ist er auch das Markenzeichen der neuseeländischen Biermarke »Tui«.

Der Pohutukawa ist auch als neuseeländischer Weihnachtsbaum (New Zealand Christmas Tree) oder Eisenholzbaum bekannt. Der Baum ist immergrün. Seine rot leuchtenden Blüten bedecken den gesamten Baum. Die festliche Anmutung und der Zeitraum der vollen Blüte von Dezember bis Januar führten zur Bezeichnung »Weihnachtsbaum«. Der Pohutukawa ist in der Mythologie der Māori Teil vieler Legenden.

Ich muss zu meiner eigenen Schande gestehen, dass ich praktisch nichts von Neuseeland wusste, als ich vor ein paar Monaten beschloss, die Gründe einer persönlichen »Großen Krise« hinter mir zu lassen und auf unbestimmte Zeit möglichst weit weg zu gehen. Dass man Probleme sehr gut aussitzen kann, habe ich von Uraltkanzler Kohl abgeguckt, also müsste es bei mir ebenfalls funktionieren. Probieren ging mir also in diesem sprichwörtlichen Fall weit über Studieren; allerdings hatte ich noch nicht einmal eine präzise Vorstellung von der genauen geografischen Lage des Landes, das mir bald auf gewisse

Weise Asyl gewähren würde. Der Globus verriet jedoch zuverlässig, dass es wohl weiter weg nicht mehr gehen könnte. So fiel meine Wahl auf Neuseeland als Ziel meiner großen **Reise**.

Info zwischen den Zeilen von Reiseexperte K.I.W.I. Travel

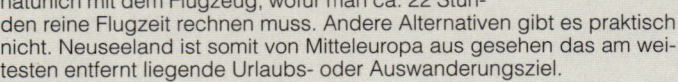

Neuseeland kann per Schiff erreicht werden, was 4 bis 6 Wochen dauern kann. Schneller geht es natürlich mit dem Flugzeug, wofür man ca. 22 Stunden reine Flugzeit rechnen muss. Andere Alternativen gibt es praktisch nicht. Neuseeland ist somit von Mitteleuropa aus gesehen das am weitesten entfernt liegende Urlaubs- oder Auswanderungsziel.

Bei einer Reise nach Neuseeland ist selten der Weg das Ziel und auch ein Stop-over – zum Beispiel in Hongkong oder Los Angeles macht die lange Anreise nicht wirklich angenehm, die – zumal in der Economy Class – anstrengend ist und endlos erscheint. Aber am Ziel wird man in der Regel für die Strapazen entlohnt.

In einem Flugzeug vom Typ Concorde würde der Luftsprung von Frankfurt nach Auckland gerade etwa 11 Stunden dauern; vielleicht erfindet einmal jemand solch eine schnelle Maschine.

Ich wusste, dass es in einem Weingebiet meiner alten Heimat ein kleines Lokal gibt, dessen junger Wirt mit einer Neuseeländerin – einer ausgebildeten Winzerin – verheiratet ist. Dort kehrte ich alsbald ein und traf auf meinen ersten Kiwi. Die junge Frau stellte sich als Bronwyn vor (alle anderen nannten sie jedoch nur *Winnie*), sprach mäßiges Deutsch, aber ihr Englisch schien mir auch nicht viel besser zu sein. Seltsam. Sie war sehr nett und ermunterte mich, die Fragen, die mir am Herzen lagen, zu stellen.

Irgendwann im Laufe des Abends wollte ich von ihr wissen, ob Neuseeland nicht eigentlich zu Australien gehört und ob es deshalb nicht besser sei, direkt ins Zentralland zu reisen?

Da wurde die Neuseeländerin ein bisschen blass und wirkte leicht verstört. Das tat mir leid. Sie murmelte noch kurz etwas, das wie: »*Bloody poms* ...« klang und gab mir zu verstehen, dass sie nun doch dringend in der Küche gebraucht wird. Ich glaube sie war von dieser Zeit an nicht mehr ganz so nett zu mir.

So hatte ich aus Worten und Reaktion der Winzerin bereits viel über das Land der Kiwis erfahren. Am folgenden Tag ging ich ins Reisebüro und buchte den nächsten freien Flug nach Auckland – übrigens mit kurzem Zwischenstopp in Australien ...

Man muss offensichtlich nicht einmal im Land der Kiwis sein, um schwungvoll in ein neuseeländisches Fettnäpfchen zu treten. Welches stand damals für den Kiwipflücker in spe sperrangelweit offen?

Neuseeländer/innen sind glücklicherweise tolerante und weltoffene Menschen, aber sie haben auch einen ausgeprägten Nationalstolz – und diesen sollte man keinesfalls verletzen. Niemals darf man NZ mit AU in einen Topf werfen: Neuseeland gehört definitiv nicht zu Australien! Kiwis lieben ihre Unabhängigkeit und wollen auf keinen Fall als das Anhängsel des »großen Bruders« Australien gesehen oder in dessen Schatten gedrängt werden. Es gibt eine milde Form der Hassliebe zwischen den beiden Ländern.

Bei hitzigen Diskussionen zu diesem Thema weisen die Kiwis gerne darauf hin, dass sie einstmals die kleine Doppelinsel im Südpazifik schließlich völlig freiwillig und von Entdeckerlaune angespornt besiedelt haben – im Gegensatz zu den verurteilten Gefangenen, die als »Poms« (Prisoners of mother England) nach Australien als einer Art Freiluftgefängnis verbannt worden waren...

Kuriosität am Rande: die australische Verfassung enthält tatsächlich einen Abschnitt, der die Möglichkeit der Aufnahme Neuseelands als 7tes Bundesland (es gibt außerdem noch zwei »Territories«) in den australischen Staatenbund vorsieht!

Das Nanumeter zeigt den subjektiv empfundenen Grad der Peinlichkeit und/oder Verlegenheit, der man in einer solchen Situation ausgesetzt sein kann. Auf einer Skala von 1 bis 10 bedeutet 10 die größtmögliche Verwunderung oder sogar Blamage.

Allerwertestes.

Zur Lage der Nation.

Samstag, 9. April. Es ist mit Neuseeland doch so eine Sache. Früher stand einmal ein **Globus** sehr dekorativ auf dem Schreibtisch; natürlich – wie es sich gehört – mit der »Vorderseite« Europa nach vorne. Wahrscheinlich ist das der Grund, dass Neuseeland für mich (und andere) immer nur am »Arsch der Welt« lag. Meine üblichen Reisen führten – wie bei den meisten Leuten – irgendwo ins Mittelmeer, in die Ägäis und auf die Kanaren, einmal sogar nach Florida, ein andermal, geschäftlich, nach Boston, Maine. Alles auf dem Avers der Weltkugel.

Erst, als meine kleine persönliche Welt auf dem Kopf stand, reifte der Entschluss, dorthin zu reisen, wo aus damaliger Sicht die große Welt sowieso auf dem Kopf stand, um die eigene wieder in eine aufrechte Lage zu bringen. Verkehrte Welt. Und plötzlich war *down under* ein ernstes Thema geworden.

**Info zwischen den Zeilen von
Allerweltsgeologe K.I.W.I. Globus**

Richtig ist natürlich, dass die Südpazifikregion von Deutschland aus betrachtet das am weitesten entfernt liegende Reiseziel ist. Selbst in Neuseeland ist der (vulgäre) Begriff »arse-end of the world« geläufig.

Bestünde beispielsweise und rein hypothetisch die technische Möglichkeit – was Neuseeland betrifft – eine Art Rohrpostpersonenreisetransportsystem vermittels einer Tunnelröhre zu schaffen, die durch das Geozentrum der Erde verliefe, um die kürzestmögliche Strecke zu erreichen, dann wären das gerade einmal 12.735 km bis nach Spanien (das Land, wo es »so grün grünt, wenn Spaniens Blüten blühen«, liegt dem Land, in dem die Kiwis blühen, exakt »gegenüber«); wogegen es »außen herum« immerhin 18.300 km sind. Aber diese Röhre gibt es vorläufig noch nicht und den Aufwand der Anreise nach Spanien, wo irgendwo im Flachland Kastiliens das Einstiegsloch mit dem Rohrpost-bahnsteig für die geotraverse Reise zu finden wäre, wurde zugegebe-nermaßen stillschweigend in diesem Jules-Verneschen Beispiel unter-schlagen.

Bevor Bronwyn, alias Winnie die Winzerin, durch ihre stolze Art (ich mag Frauen mit klarem Standpunkt) mich unbewusst und unab-sichtlich davon überzeugt hatte, dass mein Ziel einzig und allein Neuseeland sein konnte, riet mir ein Bekannter (Winfried; er nennt sich selbst ebenfalls Winnie), doch eher nach Australien zu reisen. Alles sei größer, schöner, reicher dort. Im Gegensatz dazu Neusee-land: zu klein, zu windig, zu schafhaltig.

Das überzeugte mich absolut nicht. Seine Begründungen waren schwach, und es kommt hinzu, dass dieser Mensch nur einmal zur Olympiade 2000 (sicher als erfolgreicher Teilnehmer in der Diszi-plin »Phrasendreschen«) in Sydney war.

Inzwischen bin ich überhaupt viel schlauer als zuvor. Siobhan hat mir schon viel von »Oz«, wie Australien von den Kiwis oft genannt wird, erzählt. Vor allem die freundschaftliche Dauerrauferei *Australia vs. New Zealand* ist eines ihrer Lieblingsthemen. Ihre Eltern halten in Aussie eine größere Unternehmensbeteiligung und schicken die Tochter recht häufig nach Melbourne, wenn es dort in der Firma irgendetwas zu repräsentieren gibt; oder wenn sie einfach nur zum Empfang von Geschäftspartnern eine junge Dame zur Zierde der Gesellschaft brauchen.

Kiwiana.

Das alles fing ganz spannend an. Es war einer der wirklich sehr seltenen Regentage, als wir uns im Apartment einer von Siobhans zahlreichen Freundinnen zum *house sitting* eingefunden hatten. Hier frönten wir einem nachmittäglichen Liebesspiel der Genussklasse A. Ich würde ihren Stil im Allgemeinen als »wild« bezeichnen, aber dieses Mal war sie sehr sanft und verwöhnte mich nach Strich und Faden. Lange nach dem Höhepunkt fragte sie mich, ob ich Lust hätte, die »Pavlova« kennenzulernen und zu versuchen, falls ich sie nicht früher schon einmal probiert hätte.

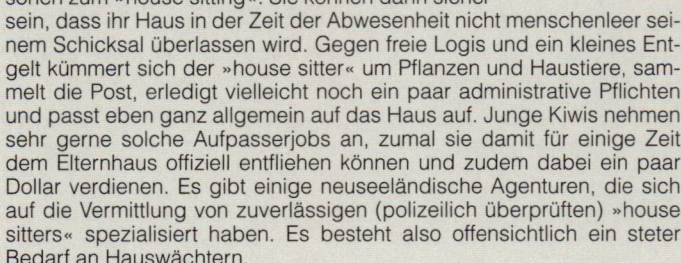

**Info zwischen den Zeilen von
Aufpasser K.I.W.I. House-Sitting**

Wenn Neuseeländer verreisen, engagieren sie oft Verwandte, Bekannte oder auch professionelle Personen zum »house sitting«. Sie können dann sicher sein, dass ihr Haus in der Zeit der Abwesenheit nicht menschenleer seinem Schicksal überlassen wird. Gegen freie Logis und ein kleines Entgelt kümmert sich der »house sitter« um Pflanzen und Haustiere, sammelt die Post, erledigt vielleicht noch ein paar administrative Pflichten und passt eben ganz allgemein auf das Haus auf. Junge Kiwis nehmen sehr gerne solche Aufpasserjobs an, zumal sie damit für einige Zeit dem Elternhaus offiziell entfliehen können und zudem dabei ein paar Dollar verdienen. Es gibt einige neuseeländische Agenturen, die sich auf die Vermittlung von zuverlässigen (polizeilich überprüften) »house sitters« spezialisiert haben. Es besteht also offensichtlich ein steter Bedarf an Hauswächtern.

Ich war total perplex! Liebe zu dritt ist nicht wirklich mein Ding, so plötzlich wie aus heiterem Himmel – mit einer Russin oder Slawin, die ich noch nicht einmal kannte! Das war mir unheimlich, und ich konnte mich mit dem Gedanken nicht so recht anfreunden, dass

Siobhan vielleicht – warum sollte sie den Vorschlag zum Dreier sonst machen – zur Bisexualität neigen könnte. Was heckte sie da nur aus? Und wer genau war diese Pavlova überhaupt? Wohnte sie ebenfalls in diesem Apartmentblock? Ich war gedanklich leicht überfordert.

Nicht zum ersten Mal spürte ich, dass mich mehr mit Siobhan verband als nur die Lust zur Körperlichkeit. Also entschied ich mich für den offenen Gedankenaustausch, schilderte ihr meine Skepsis und fragte sie, ob diese Idee wirklich ernst gemeint sei.

Wie auf ein Stichwort begann Siobhan schallend zu lachen und konnte sich gar nicht mehr beruhigen. Nichts ging mehr – sie fiel in einen regelrechten Lachkrampf, Tränen schossen ihr in die Augen, sie atmete krampfartig – und ich verstand nun gar nichts mehr. Es dauerte sehr lange, bis sie ganz allmählich die Fassung wiederfand.

Übrigens: Wir genossen die Pavlova später gemeinsam im Bett. Sie war spitze!

Bei Dreien ist oft einer zu viel. Mit welcher süßen Versuchung wurde Martin hier erfolgreich ins Fettnäpfchen gelockt?

Pavlova (korrekt eigentlich Pawlowa geschrieben) ist nichts Unanständiges, sondern eine Verführung der kulinarischen Art: Es handelt sich um eine Baiser-Torte, gefüllt mit Sahne (so gibt es sie in den Supermärkten fertig zu kaufen). Im Original dürfen allerdings frische Früchte nicht fehlen – idealerweise natürlich Kiwis. Die Pavlova wird als neuseeländisches Kulturgut und dementsprechend als Nationalsüßspeise angesehen. Allerdings sehen die Australier das ganz anders, behaupten es sei ihre Erfindung aus dem Jahr 1935 und beanspruchen die Baiser-Torte als ihre Landesikone. Die Pavlova – da sind sich alle einig – ist nach der russischen Ballerina Anna Pawlowa benannt, die Ende der 1920er Jahre in beiden Ländern Gastauftritte hatte. Nach gründlichen Recherchen gibt es inzwischen zahlreiche Belege, die darauf hindeuten, dass das Rezept für »Pavlova cakes« 1929 erstmals in einem Kochbuch aus Neuseeland erschienen ist.

Das Nanumeter zeigt den subjektiv empfundenen Grad der Peinlichkeit und/oder Verlegenheit, der man in einer solchen Situation ausgesetzt sein kann. Auf einer Skala von 1 bis 10 bedeutet 10 die größtmögliche Verwunderung oder sogar Blamage.

Appetitzügler.
Des einen Burgerbude ist des anderen Gourmettempel.

Als seinerzeit *Aotearoa* (ich habe inzwischen sogar den Maorinamen des Landes fest verinnerlicht) als mein erklärtes Reiseziel feststand, war ich ganz glücklich darüber, einen kurzfristig freigewordenen Sitzplatz in einer Qantas-Maschine buchen zu können. Na gut, mit einem Känguru auf dem Leitwerk ins Land der Kiwis: Fast ein bisschen widersinnig, aber da ich an Flugangst leide, war es mir, trotz stilistischer Bedenken, sehr recht, mit der Aussie-Linie als eine der sichersten der Welt reisen zu dürfen.

Es waren nur noch zweieinhalb Wochen bis zum Abflug zu überbrücken. Eine gute Woche ging dabei drauf, die Wohnung aufzulösen (kein großes Ding – die meisten Möbel waren längst weggegeben) und das Auto zu verkaufen. Das alles funktionierte natürlich nur unter Realisierung stattlicher Verluste. Aber so ist es manchmal, wenn man einen Strich zieht und die Zwischensumme ermittelt; selten springt ein Gewinn dabei heraus.

Die verbleibenden Tage bis zum Start in Frankfurt konnte ich zusammen mit zwei mittelgroßen Koffern bei einem ehemaligen Geschäftspartner, Kalle, »dem Coolen«, unterkommen. Kalle war tatsächlich während seiner Studienzeit für drei Monate in Neuseeland gewesen (er veröffentlichte anschließend einen Fachartikel über Besonderheiten in der **Kiwizucht**). Kalle brachte mich auf die Idee zum Kiwipflücken. Er hatte dort offenbar eine gute (und sexy) Zeit, und alles war ihm noch in klarer und vor allem äußerst positiver Erinnerung.

Seine Eindrücke von damals kann ich heute vollständig bestätigen: Kiwipflücken ist Therapie. Das stereotype »Melken« der Bäume hat etwas – ich nenne es mal – Bio-Erotisches; das roboterartige Füllen des umgehängten Tragesackes, das Durchschreiten der Reihen im Zeitlupentempo – diese ganzen mechanischen Abläufe geben den Gedanken alle Freiheit der Welt.

Info zwischen den Zeilen von Hobbyobstgärtner K.I.W.I. Kiwi-Zucht

Kiwifrüchte erfolgreich zu züchten, gilt als schwierig. Die wahre »Bio-Erotik« liegt vielleicht in der Tatsache begründet, dass es männliche und weibliche Kiwipflanzen gibt. Nur die weiblichen Bäume tragen die begehrten Früchte, aber wiederum nur, wenn sie – ach, wie menschlich – zuvor von einer männlichen Pflanze befruchtet wurden.

Das wiederum funktioniert nur dann zuverlässig, wenn für 3 bis maximal 8 weibliche Kiwibäume ein männlicher zur Verfügung steht. In diesem Rhythmus müssen die Pflanzen also stehen, um einen nutzvollen Ertrag zu produzieren.

Hinzu kommt außerdem, dass – aus welchen Gründen auch immer – Kiwiblüten nicht besonders anziehend auf Bienen wirken. Die Züchter müssen sich deshalb allerhand Tricks und Kniffe einfallen lassen, um Kiwis kommerziell profitabel erzeugen zu können.

Im Internet gibt es einige Möglichkeiten, einen solchen Job zu finden und auch das Quartier wird zum Teil mit angeboten oder per Link auf andere *web sites* vorgeschlagen. Ich ging auf Nummer sicher und entschied mich für die Arbeit auf einer Kiwiplantage in Te Puke mit der Unterkunftsoption im sogenannten **home stay**. Diese Wohnvariante ist quasi das »Zimmer mit Familienanschluss« à la Neuseeland. Über die Webseite erhielt ich die Telefonnummer einer (dem Eindruck nach seriösen) Vermittlungsagentur, und in weniger als zehn Minuten hatte ich Job und Bleibe organisiert. Freilich arrangiert man hier aus der Sicht eines geübten Bedenkenträgers, der ich damals war, eine Katze im Sack. Dieser Stubentiger in der Wundertüte entpuppte sich bald als brave, vielleicht etwas magere Kiwiversion eines »Garfield« – nur dessen Lieblingsspeise, die Lasagne, passte nicht ganz ins Bild ...

**Info zwischen den Zeilen von
Familienmensch K.I.W.I. Home-Stay**

Im Gegensatz zum Aufenthalt im Hotel, Motel oder
Bed & Breakfast (B&B) bietet die Unterkunftsva-
riante »home stay« außer Übernachtung und Verpflegung auch explizit Anschluss zur neuseeländischen Gastfamilie.

Das Zimmer oder die Wohnung ist dabei entweder integrierter Bestandteil des privaten Wohnhauses oder ist in manchen Fällen als »sleep out«
wie eine separate, kleine Wohneinheit konzipiert.

Gemeinsame Unternehmungen (außer den täglichen Mahlzeiten) mit
der Gastfamilie sind ausdrücklich erwünscht.

Das System ist besonders unter Austauschschülern und Studenten sehr
beliebt. De facto gibt es aber keine Altersbeschränkung für die Gäste.

Irgendwann – endlich – kam ich an. Ich ließ mich mit dem Taxi von
der Busstation zum Haus der Familie Hetherington bringen. Es war
komplett aus Holz gebaut (Kiwi-Standard), weiß getüncht und mit
grauen Schindeln eingedeckt und hatte eine ansprechende offene
Veranda im pseudo-viktorianischen Stil. Das Haus stand an einem
nach hinten abfallenden Hang; der Eingang war ebenerdig aber auf
der Rückseite wurde die Konstruktion von mindestens zwei Meter
hohen Holzsäulen getragen, und der dadurch entstandene Freiraum
zwischen Bodenplatte und Erdreich war vollgestopft mit Feuerholz,
Fahrrädern und sogar einem Quadbike.

Es wirkte insgesamt halbwegs gepflegt aber mit leicht chaotischem
Drumherum. Vor der Eingangstür lag auf dem Holzboden ein kleiner Stapel Prospekte. Ein Bote hatte es kurz zuvor vermutlich dort
abgelegt. Ich nahm das oberste Blättchen hoch und betrachtete es
eine kurze Zeit: Es war ein Flyer von Briscoes auf dem für den *blue
ribbon sale* geworben wurde, bei dem man die ganzen Haushaltswaren bis zu 60 Prozent billiger einkaufen konnte. Oben rechts lächelte
strahlend unter ihren langen braunen Haaren die »Briscoes-Lady«
hervor. Das war meine erste Begegnung mit der Reklamedame.
Dann öffnete sich die Tür, ohne dass ich geklopft hatte.

Ken(neth) und Pat(ricia) Hetherington waren sehr nett, extrem
nett geradezu, und hilfreich in jeder Beziehung. Ich habe ihnen

einen eleganten Einstieg ins Leben der Kiwis zu verdanken. Manchmal bekam ich auch die beiden halbwüchsigen Kinder Sam(antha) und Tim(othy) zu sehen, aber meistens waren sie unterwegs: Schule, Freunde, Hobbys und Sport verschlangen viel Zeit. Nur auf das gemeinsame Abendessen wurde ein gewisser Wert gelegt und konnte so gut wie immer eingehalten werden. Die zwei Jugendlichen waren mit 16 bzw. 17 knapp halb so alt wie ich. Auch diesen Teenies habe ich wertvolle Tipps und Informationen über Land und Leute – wie man so schön sagt – zu verdanken.

Dann gab es noch Dan(iel), einen Zehnjährigen, der meistens zu Hause war und anscheinend nicht zur **Schule** ging. Ab und an sah ich *Dad* Ken oder *Mum* Pat mit ihm in einem halb offenen Nebenraum, *study*, beim gemeinsamen Lernen über Büchern brüten oder am Computer sitzen. Alle drei Sprösslinge der Familie wirkten auf mich – zwar etwas schlampig – aber ansonsten sehr wohlerzogen und stets höflich zu allen Leuten.

Info zwischen den Zeilen von Klassensprecher K.I.W.I. Home-Education

In Neuseeland gibt es zwar eine Unterrichtspflicht aber keine Schulpflicht. Das heißt, Eltern können sich entscheiden, ob sie ihre Kinder in eine öffentliche oder private Schule schicken oder sogar die Lehrertätigkeit selbst ausüben. Das nennt man hier »home school«, manchmal auch »home education«. Die Eltern müssen sich dazu lediglich registrieren lassen und sich an einen allgemeinen Lehrplan halten.

Die Gründe dafür, dass sich Familien für die »hausgemachte« schulische Bildung ihrer Kinder entscheiden, sind oft religiöser oder auch politischer Art. Im Falle der Hetheringtons, die einige Jahre im Westen Aucklands gelebt hatten, war der Entschluss zum »home schooling« wegen erheblicher Zweifel am Unterrichtsstandard bestimmter Schulen und halbkrimineller Vorgänge in der Klassengemeinschaft gefällt worden. Da Mutter Pat ursprünglich einmal als Lehrerin an einer »Primary School« tätig war, lag es sowieso nahe, die Ausbildung der Kids in Form des Hausunterrichts selbst in die Hand zu nehmen.

Die Hetheringtons vermieteten schon seit ein paar Jahren Zimmer an Saisonarbeiter oder in einzelnen Fällen an Touristen. Durch sie kam ich zum ersten Mal mit dem Begriff *mortgage* in Berührung. Dieses Wort ist – genau wie *how are you?* und *see you later!* – ein festgemauerter Bestandteil im alltäglichen Sprachschatz aller Neuseeländer; er bedeutet Grundschuld, Hypothek. Um den Kapitaldienst an ihre Bank zuverlässig leisten zu können, mussten Ken und Pat ihr Einkommen maximieren, wo es nur ging.

Haus und Grundstück der Familie sind größer als es auf den ersten Blick aussieht. Dort wo das Gelände aus der Böschungsneigung wieder in die Horizontale übergeht, steht – wie ein separates Haus – eine riesige Doppelgarage, an die das Gästezimmer als *sleep out,* wie es hierzulande genannt wird, angedockt ist. Ken hat diesen Bau selbst geplant und eigenhändig hochgezogen, um damit ein paar Dollars zusätzlich verdienen zu können. Ich musste ihm allen Respekt zollen. Der Kauf des Anwesens hatte die Hetheringtons – wie üblich – viel mehr Geld gekostet als anfangs gedacht, und es wurde immer schwieriger, die *mortgage* zurückzuzahlen.

Mein Zimmer war besser in Schuss und moderner als das Haupthaus. Es waren im Grunde zweieinhalb Räume: ein Wohnbereich mit einer kleinen Kochnische, eine mit einer halben Wand abgeteilte Schlafkoje und eine kleine Dusche mit WC. Mehr brauchte ich wirklich nicht. Die Miete war zweiwöchentlich im Voraus zu bezahlen und enthielt alle Nebenkosten und ein Essen pro Tag, üblicherweise das *dinner.* Ich konnte das Haus jederzeit durch einen Eingang auf der Rückseite betreten, und Ken und Pat waren fast ein bisschen enttäuscht, wenn ich mich außer zum Abendessen nicht zusätzlich noch blicken ließ.

Wie gesagt, die Hetheringtons waren sehr, sehr nett. Die Kehrseite der Medaille aber war, dass es fünfmal in der Woche Hühnchen mit Kartoffeln zum Abendessen gab. Das *chicken* kam in drei Variationen: Keulen oder Flügel, *drum sticks* bzw. *wings,* Bruststücke, *filets,* und panierte Stückchen, *nuggets.*

Die Kartoffeln bereitete Pat in exakt einer einzigen Variation: halbiert, ungeschält, leicht mit Öl beträufelt, auf einem Blech im Ofen gebacken, bis sie außen braun und lederartig wurden. Von Montag bis Freitag *chicken and spuds.* Wochenlang dasselbe. Ich traute mich nie, etwas zu sagen.

Einen Hauch von Abwechslung brachte nur das Wochenende. Dann übernahm Vater Ken das Küchenregiment und schob – in einer immer wiederkehrenden Zeremonie – den *barbecue* aufs Deck und legte außer Hühnerteilen (die wirklich nie fehlen durften) auch mal ein paar Steaks und Würstchen auf. Die Beilage – Kartoffeln – blieb immer die gleiche, nur dass sich vereinzelt noch etwas Gemüse in Form von Karottenstreifen, Paprikastreifen und Zwiebelstreifen – *stripes, stripes, stripes* – auf den Grill verirren konnte.

Sonntags wurde abwechseln aus drei Quellen Essen zum Mitnehmen, *take-away*, geholt: *fish 'n' chips* vom Ort, *roast* – Bratenfleisch vom Rind, Schwein oder Hüh... – oder ein indisches Gericht, *curry*, mit Rind, Gemüse oder Hüh... aus Te Puke.

Doch der kulinarisch-sportliche Höhepunkt meines *home stay* kam an einem Feiertag, an dem wir alle freihatten, auch die *kids* Sam, Tim und Dan zu Hause waren und Ken alle miteinander und auch mich freudestrahlend zum KFC einlud. Weil ich wohl etwas überrascht dreinblickte, fragte Ken mich, ob mir KFC kein Begriff sei? Na klar war es das. Allerdings kannte ich diese Buchstabenkombination nur in Verbindung mit dem Krefelder Fußballklub Uerdingen 05 – und sagte ihm das auch. Dann schlug er mir unter herzhaftem Lachen wie ein Vater dem begriffsstutzigen Sohn auf die Schulter, und kurz darauf hatte uns das Familienauto, ein Chrysler Van, in sich aufgesogen und glitt rasant zum KFC in Tauranga. Doch statt Fußball gab es Hüh...

Eine beschwingte Fahrt ins Blaue endet manchmal auch mit einem blauen Wunder. In welcher Abseitsfalle lauerte hier schon wieder ein Fettnäpfchen auf den Fußballnarren und Kiwipflücker Martin Horn?

KFC ist in diesem Fall natürlich nicht der unglückselige Krefelder Fußballklub Uerdingen 05, sondern die amerikanische Fastfood-Kette »Kentucky Fried Chicken«, die man allerdings als solche in Neuseeland nicht benennt und die hier als »Kiwis For Chicken« vermarktet wird, um dem Buchstabenkürzel treu zu bleiben.

Neuseeländer schnabulieren pro Kopf mehr KFC-Produkte als jede andere Nation der Welt, womit ganz klar deutlich wird, welch ausgeprägtes Faible die Neuseeländer für Hühnchen und Kartoffeln haben.

Die Beilage zu jedem KFC-Menü sind selbstverständlich Pommes, »fries« oder »chips«, sowie auch Püree, »potato mash«, mit einer dicken Soße, «gravy«.

Anmerkung: Neuseeland hat tatsächlich ein Problem mit vernünftiger, geschweige denn gesunder Ernährung und ist deshalb (oder trotzdem nur) Nr. 2 in der Weltrangliste der Fettleibigen. Eins zu null für den KFC.

Das Nanumeter zeigt den subjektiv empfundenen Grad der Peinlichkeit und/oder Verlegenheit, der man in einer solchen Situation ausgesetzt sein kann. Auf einer Skala von 1 bis 10 bedeutet 10 die größtmögliche Verwunderung oder sogar Blamage.

Autobiografie.

Weniger ist oft mehr als genug.

Samstag, 9. April (mittags). Heute haben wir in Auckland eine Wetterlage, die man am besten als »durchwachsen« beschreibt: Es herrscht klare Sicht mit vielen schneeweißen aber riesigen Cumulus-wolken vor tiefblauem Himmel, von denen sich hin und wieder eine gewaltig auftürmt und in einem starken Schauer entlädt; es ist die Rückseite einer nachts zuvor durchgezogenen Kaltfront. Das sieht zusammen mit dem dunkelgrünen Meer fantastisch aus und ich habe mich entschieden, zu surfen – nicht im Wasser, vielmehr im Internet – um mit meinen Recherchen (auch zum Thema »Briscoes-Lady«) wieder ein Stück weiterzukommen. Viel gebracht hat es bisher noch nicht.

Ich habe, nachdem meine vereinbarten Erntewochen zu Ende gegangen waren, die Zelte an der Bay of Plenty bis auf Weiteres abgebrochen. Aaron McPhee hatte mich zwar mehrfach zum Bleiben überreden wollen und mir im Laufe der Zeit mindestens drei verschiedene Jobs auf der Plantage angeboten. Ich blieb aber hart und lehnte alle Anträge des Betriebsleiters ab – ich wollte einige Zeit ohne regelmäßige Arbeit leben oder mir vielleicht doch etwas anders suchen – aber es war dennoch beruhigend, als er sagte, ich könne jederzeit auf der Plantage wieder einsteigen, falls sich meine Pläne ändern sollten.

Auch die Hetheringtons waren ein bisschen traurig, als ich ihnen meinen Auszug mitteilte. Man kündigt in Neuseeland Jobs wie auch Mietverhältnisse mit einer **Frist von zwei Wochen**. Pat heulte sogar, und mir stieg daraufhin immerhin ein Kloß in den Hals. Mir war der Grund für das Bedauern meiner Gastfamilie nicht ganz klar. Als Bilderbuchmieter sah ich mich nun überhaupt nicht, aber Sohn Tim meinte ein paar Tage später, dass sie mich alle vermissen würden,

weil ich – er zählte auf – ein- oder zweimal Spaghetti mit Hack-
fleischsoße für die ganze Familie gekocht hatte (das war eher ein
Hühnchenallergievermeidungsprogramm), weil ich ein paar Mal der
großen Rasen gemäht hatte (das war mehr Spaß als Arbeit, denn
die Hetheringtons hatten einen lustigen Sitzrasenmäher), weil ich
den Kindern ein paar Worte Deutsch beigebracht hatte (das war
alles nebenher beim Fernsehen, wo zum Beispiel die VW-Werbung
immer mit zwei scharf, fast militärisch gesprochenen Wörtern »Das
Auto« endet) und weil ich immer so pünktlich die Miete bezahlt
hatte (aber das verstand sich für mich von selbst).

**Info zwischen den Zeilen von
Ehrenbuchhalter K.I.W.I. Weekly**

Viele Bereiche des öffentlichen Lebens ticken in
Neuseeland im Wochentakt. Lohn- und Gehaltszah-
lungen, Miete, Ratenzahlungen: Fast alles bezahlt
man wöchentlich, »weekly« oder auch zweiwöchentlich, »fortnightly«,
bzw. man wird in diesem Rhythmus bezahlt.

Monatsintervalle, so wie wir sie kennen, sind sehr selten und werden
nur von einer Handvoll europäischer Unternehmensniederlassungen
praktiziert.

Genauso verhält es sich mit den Fristen bei Miet- und Arbeitsverträgen.
Als Angestellter oder Arbeiter kündigt man mit Zwei-Wochen-Frist, »two
weeks notice«. Das Gleiche gilt auch für Mietverträge und andere Vereinbarungen auf Zeit.

Ich wollte zu dieser Zeit gerne nach Auckland. Ich hatte immer mal
wieder gehört, dass Neuseeländer aus ländlichen Regionen behaupten, Auckland sei ganz anders als der große Rest Neuseelands. Das
hat mich neugierig gemacht.

   Während ich bei der Familie Hetherington wohnte, habe ich auch
Siobhan zum ersten Mal getroffen. Ich bin an den Wochenenden
gerne nach Tauranga, einem wirklich angenehmen, warmen Ort
gefahren. Und einmal bin ich dabei eben in diese schräge Kennenlernparty im »Irish Pub« geraten.

   In der gleichen Zeit habe ich mir das kleine Auto gekauft, mit dem
ich so gerne auf den neuseeländischen Highways unterwegs bin, immer

hungrig darauf, Neues zu entdecken. Mein Vermieter Ken hat einen technischen Berufshintergrund und klapperte zusammen mit mir und seiner großen Begeisterung für Autos viele Fahrzeughändler ab.

Ich hätte mich ja sehr schnell und spontan für einen Wagen entschieden, aber Ken bremste mich immer herunter und war überzeugt, beim nächsten Händler das ultimative Angebot zu finden. Es gingen Wochen ins Land.

Zugegeben, ich hatte wirklich keine Eile: In den *orchard* wurde ich von einer Art Pendelbus geholt und abends wieder zurückgebracht. Ein paar Mal konnte ich sogar den kleinen Suzuki-Jeep, den sich die *kids* Sam und Tim teilten, für kleinere Ausflüge nutzen. Dennoch war der Wunsch nach einem eigenen Wagen vorhanden und so verheizten wir einige Samstage bis endlich mein – oder besser: Kens – Traumfahrzeug gefunden war.

Da stand er nun also beim x-ten Händler: ein schicker Mini, rot mit weißem Dach. Zwei große, leuchtend gelbe Banner über der Windschutzscheibe nannten eine »Vielzahl« verlockender Kaufargumente, nämlich: Baujahr, Hubraum, Getriebe und Preis – das war's und das sollte reichen!? Ken war überschwänglich: »Das ist der Richtige – sechs Jahre alt, 1.600 Kubik, Automatik und nicht einmal 12.000 Dollar!«

Ich war fassungslos: »Keine Kilometerangabe, keine PS-Zahl, kein TÜV-Datum, keine Verbrauchsangabe, keine Vorbesitzeraufstellung, kein Wartungsprotokoll, kein Schätzbericht, kein Unfallausschluss, keine Ausstattungsübersicht, keine Liste mit den Extras, gerade mal vier Millimeter Reifenprofil – Ken – das kann doch nicht dein Ernst sein!?«

Auch am anderen Ende der Welt bleibt das Auto des Deutschen liebstes Kind. In welches motorölige Fettnäpfchen geriet Martin hier mit seinem Gasfuß?

Vorauszuschicken ist: Neuseeländer haben zu Autos eine ähnlich klischeehafte Beziehung wie zu Ehefrauen. Sie sind vom Äußeren schnell begeistert, verlieben sich gern spontan, prüfen die inneren Qualitäten nur oberflächlich, fackeln nicht lange, das gute »Stück« an sich zu binden und – wenn sie's dann haben – benutzen sie es heftig aber pflegen es kaum. Irgendwann muss dann ein neues her. Kiwispruch: »Driving is in our blood!«

Der Verkauf von Gebrauchtwagen übertrifft den von Neufahrzeugen um ein Vielfaches. Regelmäßig legen in Auckland, Tauranga oder Christchurch Schiffe voller Gebrauchter aus Japan an, die alle an den Kiwi gebracht werden wollen. Die Dampfer mit den Neuen sind wesentlich seltener zu sehen.

Die Basis beim Kauf eines Gebrauchtwagens – von Privat oder vom Händler – ist die Angabe von Baujahr, Hubraum, Getriebe und Preis. Mehr nicht! Hier die kuriosen Kiwikaufkriterien:

- Die Zahl der PS interessiert den Neuseeländer kein bisschen. Er leitet die Motorleistung einzig und allein über den Hubraum ab und hat die daraus resultierenden Fahreigenschaften, wie zum Beispiel Beschleunigung und Höchstgeschwindigkeit, sehr gut im Gespür. (Als der Kiwipflücker darauf beharrte, musste der Verkäufer die PS des Mini im Internet recherchieren.)

- Dann möchte der neuseeländische Gebrauchtwagenkunde wissen, ob das Auto »auto« oder »manual« ist, also ob es ein Automatik- oder Schaltgetriebe hat. Von Hand zu schalten gilt hierzulande als betont sportlich, aber das überwiegende Gros der Autokäufer bevorzugt ein automatisches Getriebe. Martin Horns Mini der engeren Wahl hat sogar eine coole »tiptronic«.

- Trotz vieler Recherchen konnte bis dato nicht schlüssig ermittelt werden, warum den Neuseeländern die Kilometerzahl – für einen Europäer unvorstellbar – nur am Rande interessiert. Die Laufleistung wird meist nur dann pauschal mit »low ks« angepriesen, wenn der Wagen unter 50.000 Kilometer auf dem Buckel seiner Haube hat. Da die Kiwis selten mehr als 15.000 Kilometer pro Jahr unterwegs sind, scheinen sie wohl diese Zahl als Daumenmaß zu nehmen. So dürfte Martin also auf dem Tacho des sechsjährigen Minis maximal 90.000 stehen sehen. Tatsächlich sah er sogar ein paar tausend »ks« weniger auf dem Zähler.

- Der Preis als Entscheidungshilfe versteht sich von selbst. Es gibt in diesem Zusammenhang einen weiteren Spruch des (Durchschnitts-)Kiwis: »Cheap is best!« Aber die Neuseeländer feilschen selten am Preis; trotzdem gibt der Händler manchmal noch zwei gute gebrauchte Reifen, in paar Fußmatten oder einen Ölwechsel dazu.

- TÜV heißt im Kiwiland WOF (»warrant of fitness«) und ist halbjährlich durchzuführen, was aber einfach, schnell und preiswert in vielen Werkstätten erledigt werden kann. Die technischen Bewertungstoleranzen können dabei als verhältnismäßig grob bezeichnet werden, weshalb es bei einer Kaufentscheidung fast egal ist, ob die nächste WOF erst in fünf oder schon in zwei Monaten zu absolvieren ist.

- Kraftstoffverbrauchswerte werden praktisch nie angegeben und selten erfragt. Neuseeländer wissen, dass Geländewagen sehr durstig sind und Kleinwagen sehr sparsam. Beide Fahrzeugkategorien (SUVs und city cars) sind hier im Land äußerst beliebt.

- Die Anzahl der Vorbesitzer kann pauschal als »Dunkelziffer« bezeichnet werden, denn nur die Hände, durch die das Auto in Neuseeland ging, werden registriert. Es gibt hier auch keinen Kraftfahrzeugbrief, wie wir ihn kennen. Bei allen importierten Gebrauchten weiß normalerweise niemand, wie viele Besitzer ein Wagen in seinem Ursprungsland hatte.

- Wartungsprotokoll, Kundendienstnachweis, Servicescheckheft: generell Fehlanzeige. Nur bei relativ neuen, hochwertigen Autos, die als Neufahrzeuge nach Neuseeland kamen, darf man von regelmäßig durchgeführten Inspektionen ausgehen. Der vom Kiwiplücker begehrte Mini kam frisch importiert aus Japan – Martin wird also sein erster Besitzer in Neuseeland sein – aber einen Nachweis über absolvierte Wartungsarbeiten gibt es bei diesem gut erhaltenen Wagen genauso wenig, wie eine Aufstellung der Vorbesitzer.

- Damit erscheint es fast müßig, Dinge wie Schätzbericht, Unfallausschluss und sonstiges mehr erwarten zu wollen – und so ist es auch: Etwaige Vorschäden entdeckt man meistens erst später, wenn man das Auto einmal gründlich reinigt und feststellt, dass schon mal nachlackiert wurde. Aber Reklamationen im Nachhinein sind relativ aussichtslos und müssen meist unter »Pech gehabt« abgelegt werden.

Allerdings gibt es eine Möglichkeit, das Fahrzeug vom Automobilverband Neuseelands (AA) prüfen und bewerten zu lassen – auf eigene Kosten versteht sich. Martins Mini hatte bereits ein AA-Zertifikat vorliegen, das, unter Ausschluss jeglicher Gewähr, bestätigte, dass der kleine Flitzer keine Unfallschäden aufwies und dass der Tachostand als original und unmanipuliert angesehen werden könnte. Na immerhin...

Zum Abschluss noch eine interessante Vorschrift zum Thema Reifenprofil: Die Reifen der aus Japan eingeführten Autos müssen zum Import mindestens 50 Prozent Profiltiefe aufweisen. Damit dürfte sich Herrn Horns Mini im erlaubten Bereich befunden haben, und er könnte auf 4 bis 5 Millimetern Gummi noch viele, viele Kilometer durch das Land gleiten: Das kiwistraßenverkehrsgesetzliche Minimum sind (theoretisch) 1,5 Millimeter Profiltiefe. Tatsächlich aber fahren viele Neuseeländer sogar auf nahezu glatten Pneus durch die Gegend – die WOF-Prüfer und Werkstätten sind manchmal auf dem Gummiauge ein bisschen blind.

Das Nanumeter zeigt den subjektiv empfundenen Grad der Peinlichkeit und/oder Verlegenheit, der man in einer solchen Situation ausgesetzt sein kann. Auf einer Skala von 1 bis 10 bedeutet 10 die größtmögliche Verwunderung oder sogar Blamage.

Ken hörte sich geduldig und in Ruhe die Liste meiner Bedenken an und erzählte mir dann, dass er bereits als Kind nach Neuseeland gekommen sei aber sein Bruder Bert(ram) noch immer in England leben würde. Bert sei genauso pingelig und kleinlich, *fuzzy and petty,* wie ich. Mit der Beteuerung, dass ich ihm schon glauben könnte, schaute er nochmals unter die Motorhaube, rüttelte an allen Anschlüssen, die er erreichen konnte, und nickte sehr zufrieden. Der rote Mini stand wirklich hervorragend da. Ich schämte mich etwas vor Ken, und mein Gesicht begann tendenziell die Farbe des Autos anzunehmen. Dann gingen wir in das Containerbüro des Händlers, und ich kaufte den Wagen – wir tauften ihn »Bertie« ...

Wohnsinn.

Haus kommt von hausen.

Samstag, 9. April (abends). Ich habe inzwischen ein recht ordentliches Zimmer in diesem kleinen Haus in Devonport, in dem ich seit Kurzem wohne und vielleicht bald schon wieder ausziehen werde. Ich habe nichts Konkretes geplant, aber es ist gut, relativ kurzfristig wechseln zu können. Hier habe ich mich bei vier weiteren Bewohnern, die schon etwas länger hier leben, für eine unbestimmte Zeit eingemietet. Es werden in Neuseeland sehr viele Wohngemeinschaften wie diese gegründet, und manchmal sind sie dauerhafter als Ehegemeinschaften – und flexibler: Wenn eine/r der *flat mates* wieder auszieht, wird einfach nach einem neuen Mitmieter gesucht; gelegentlich ist es ein stetes Kommen und Gehen.

Ich war nicht selbst auf diese Art des gemeinschaftlichen Wohnens gekommen. Da ich bei den Hetheringtons dieses angenehme *sleep out* wie ein separates Häuschen genießen konnte, ging ich davon aus, ohne größere Probleme in Aucklands Norden etwas Ähnliches finden zu können. Das war allerdings ein gigantischer Trugschluss, und mir wurde nach und nach klar, dass ich mit dem Quartier bei der Gastfamilie an der Bay of Plenty einfach nur Riesenglück hatte. Hier an der North Shore war alles Vergleichbare schlichtweg zu teuer oder – falls erschwinglich – in erbärmlichem Zustand.

Siobhan fragte mich, ob ich schon mal über die Möglichkeit einer Wohngemeinschaft nachgedacht hätte – nicht mit ihr, denn weder sie noch ich hätten das in Betracht gezogen – aber mit ein paar anderen netten Leuten vielleicht. Darüber gerieten wir fast in Streit. Welch ein Aufwand, wildfremde Leute zusammenzusuchen, nur um mit denen die Mietkosten teilen zu können. So viele gute Bekannte, mit denen ich mir das Zusammenwohnen überhaupt vorstellen konnte, hatte ich ja gar nicht. In meiner Studienzeit war ich für kurze Zeit zusammen mit ein paar anderen Leuten in eine gemeinschaftliche Wohnung gezogen. Das war mir immer in schlechter Erinnerung geblieben (nur die Partys waren gut). Das konnte Siobhan freilich nicht wissen, aber dennoch fühlte ich mich leicht von ihr veralbert, weil eine Wohngemeinschaft – so ein weiterer Grund für meine vehemente Ablehnung – nur etwas für die ganz jungen ist. Was wollte die 25-Jährige mir mit meinen fast vierzig Jahren für einen Unsinn vorschlagen? Danach hing zum ersten Mal unser spezieller Haussegen schief.

Der Traum vom schönen Wohnen sollte nicht im Fettnäpfchen enden. Was brachte den Kiwipflücker i. R. diesmal gefährlich nahe an das peinliche Gefäß?

Während im deutschen Sprachraum Wohngemeinschaften lange den Hauch der alternativen Lebensform bis hin zum Kommunenhaften an sich hatten, wenn nicht sogar noch haben, sind sie in Neuseeland gang und gäbe. Wenn sich die jungen Kiwis von zu Hause abnabeln, ist es das Normalste der Welt, sich ein paar Freunde oder durchaus auch völlig fremde Gleichgesinnte als »flat mates« zu suchen, um gemeinsam ein Häuschen oder eine größere Wohnung zu mieten und sich – das ist der tiefere Sinn der Übung – die Kosten zu teilen. Interessant ist dabei auch, dass es nicht nur die ganz jungen Leute sind, die das System des »flatting« praktizieren. Außer der großen Hauptgruppe der Studenten gibt es auch viele (nicht mehr ganz so junge) Berufstätige, die mit »flat mates« zusammenwohnen. Eine weitere Variante sind Hausbesitzer, die ihre hohen Darlehensraten aus der Grundschuld »mortgage« abfedern wollen oder müssen und sich ein oder zwei Untermieter »boarder« suchen. Durchaus eine praktikable Möglichkeit der Liquiditätssicherung.

Das Nanumeter zeigt den subjektiv empfundenen Grad der Peinlichkeit und/oder Verlegenheit, der man in einer solchen Situation ausgesetzt sein kann. Auf einer Skala von 1 bis 10 bedeutet 10 die größtmögliche Verwunderung oder sogar Blamage.

Siobhan konnte mich unter Einsatz ihrer weiblichen Waffen, vor denen ich immer sehr schnell und gerne kapituliere, dann doch noch davon überzeugen (in diesem Fall fand die Überzeugungsarbeit beim gemeinsamen Einschäumen unter der Dusche statt), dass *flatting* die beste Lösung für mein Wohnungsproblem ist.

Körperkult.

Schräger Geist in aufrechtem Körper.

Sonntag, 10. April. Glücklicherweise muss eine neuseeländische Wohngemeinschaft selten erst gegründet werden; sie besteht meistens schon, und es ist in aller Regel nicht nötig, die Partner, Freunde, Kumpels, kurz die *mates,* für die WG selbst zusammenzusuchen. In der »North Shore Times« – dem Regionalorgan hier nördlich der *bridge* – gibt es zahlreiche Kleinanzeigen, auch im Internet finden sich mehrere *flatting* oder *flat mate* Portale, in denen nach Mit-, Nach-, Zwischen- und Ersatzmietern für Wohngemeinschafen gesucht wird. Das hat überraschend schnell und unkompliziert geklappt: Bei fünf Adressen habe ich angerufen, zwei davon besucht und mich innerhalb eines Tages für das Häuschen in Devonport mit spannendem Blick auf die stählerne **Auckland Harbour Bridge** entschieden.

Info zwischen den Zeilen von Brückenphobiker K.I.W.I. Harbour-Bridge

Die achtspurige »Auckland Harbour Bridge« verbindet den CBD »central business district« mit den als North Shore City zusammengefassten nördlichen Stadtteilen Aucklands. Doch mehr als das: Die stark einen Kilometer lange Stahlkonstruktion verbindet praktisch die gesamte Nordspitze mit dem ganzen Rest der neuseeländischen Nordinsel. Zwar gibt es einen mehr als 40 Kilometer langen »Schleichweg« nach Norden, der über West-Auckland führt, aber die »Harbour Bridge« ist seit ihrer Eröffnung im Jahr 1959 die Hauptverbindung zu den stark wachsenden und immer beliebter werdenden nördlichen Gebieten. Dadurch ist die Brücke im Laufe der Zeit zu einem extremen Nadelöhr, »bottle neck«, geworden, was die Köpfe der Stadtverkehrsplaner seit Jahren heiß laufen lässt. Ein vernünftiges Projekt für eine weitere Hafenüberquerung wird dringend erforderlich. Dazu stehen derzeit drei Entwürfe bereit: der Bau einer neuen Brücke, ein Tunnel und eine Kombination von beiden. Mal sehen, was kommt.

Die vier Mitbewohner sind alle viel jünger als ich. Ohne je auch nur einen danach gefragt zu haben, schätze ich den Durchschnitt auf Anfang bis höchstens zweite Hälfte zwanzig. Aber Mutter Natur hat es zumindest in dieser Beziehung gut mit mir gemeint und ich gehe optisch wirklich noch als Anfangdreißiger, wenn nicht als Endzwanziger durch. Meine saloppe (schlampige) Kleidung unterstreicht zusätzlich den Eindruck des dynamischen Berufsjugendlichen. Deshalb war es auch kein Problem, in diese Wohngemeinschaft einzusteigen – auf eine einheitliche Altersstruktur wird schon geachtet – wenn auch *flatting* unter reiferen Jahrgängen keineswegs selten ist. Aber ich ziehe doch nicht in eine Gruppe von Semipensionären ...

Meine *flat mates* sind Kwan, Malcolm, Charlene und Nora. Kwan ist ein Medizinstudent aus Malaysia, der manchmal eine für sich gesehen äußerst schmackhafte indonesische Reispfanne zubereitet. Leider hinken seine hygienischen Qualitäten den kulinarischen meilenweit hinterher. Der Wok und das ganze Holzbesteck sind überzogen von einer in Wochen akkumulierten Dreckschicht, sodass einem Europäer sofort der vom Duft der Zubereitung angeregte Appetit durch die optische Anekelung wieder vergeht. Ich habe ihm angeboten, mir seine Kochwerkzeuge einmal vorzunehmen und entsprechend deutscher Gründlichkeit auf Vorder-, oder besser: Saubermann zu bringen. Aber damit habe ich Kwan vermutlich beleidigt, weil ihm mein offenes Putzangebot deutlich signalisierte, ich fände sein Geschirr sei schmutzig.

Das heißt im Umkehrschluss allerdings nichts anderes, als dass er den klebrig-schmierigen Belag auf den Kochutensilien nicht sieht oder ihn als »Patina« von Blech und Bambus betrachtet. Wir haben inzwischen wieder eine einigermaßen freundschaftliche Kommunikationsbasis zurückgewonnen, nur sein Nasi Goreng kann ich bei aller olfaktorischen Verlockung nicht mehr essen. Es bleibt zu hoffen, dass er das Schwerpunktsemester »medizinische Hygiene« noch vor sich hat.

Malcolm wohnt ebenfalls in diesem Haus. Er ist Neuseeländer und arbeitet als *personal trainer* in einem großen Fitnesstempel in der Victoria Street. *PT* ist für ihn der Traumberuf, in dem er völlig aufgeht. Malcolm ist ein netter Kerl und bekennender Schwuler. Er hat einen Körper wie aus einem Katalog für *gay accessories* und ist meistens knapp bei Kasse. Immer mal wieder nimmt er an Wettbewerben teil, bei denen es darum geht, die Muskeln bei einem *posing* zu präsentieren und dafür Punkte zu ernten. Er hat schon mehrere Pokale, *silver ware*, wie er es nennt, gewonnen.

Als *personal trainer* ist er die meiste Zeit des Tages nicht etwa mit dem Trainieren figurbewusster Personen beschäftigt, vielmehr sitzt er stundenlang da und telefoniert seine Kundenliste ab, um ein paar Jobs für die nächste Zeit an Land zu ziehen. Das ist keine Tätigkeit, um die ich ihn beneide, wobei mir das Thema der kollektiven und standardisierten Leibesübungen sowieso schon immer suspekt war.

Am Abend eines Tages, an dem sich Malcolm am Telefon dicke Fingermuskeln gewählt aber keinen einzigen Job an Land gezogen hatte, kam er in mein Zimmer, um mich zu fragen, ob ich ihm bis nächste Woche 50 Dollar leihen könnte. Kein Problem. Ich gab ihm einen Schein, erlaubte mir allerdings, ihn bei dieser Gelegenheit zu fragen, ob er denn ein ordentliches Grundgehalt hätte und ob in seinem arbeitgebenden Betrieb eigentlich keine dafür ausgewählte Person die Neukundenakquisition – und zwar vom Telefon der Firma aus – betreiben würde? Außerdem hat mich noch interessiert, ob er eine anständige Provision für jeden Neukunden bekommt und – ich wusste es ging mich eigentlich nichts an – warum er, seit ich ihn kenne, ständig klamm ist und ob Weihnachtsgeld und dreizehntes Monatsgehalt schon verbraucht sind? Mit dem Tipp, sich vielleicht noch eine andere Einnahmequelle zu suchen, falls sein geliebter Sport zu wenig einbringt, beendete ich die Serie meiner Fragen. Er hörte sich meine Ausführungen geduldig an, dann legte er den Fünfziger auf meinen Tisch zurück, machte eine unanständige Handbewegung und verließ ohne Abschiedsgruß das Zimmer.

Ungebetene Ratschläge stoßen selten auf Begeisterung und Gardinenpredigten schon gar nicht. In welches »persönliche« Fitness-näpfchen ist Sportmuffel Martin hier getreten?

Das Thema Körperertüchtigung hat bei den Kiwis einen enorm hohen Stellenwert – und alles strömt in die Fitnessstudios, um sich in Form zu bringen. Solche Studios gibt es hierzulande fast wie Sand am Meer; kleine und große; Einzelbetriebe, wie auch (Franchise-)Ketten.

Um die sportlich ambitionierten Studiokunden kümmern sich sogenannte »personal trainer«. Diese treten zwar nach außen hin als Mitarbeiter eines Fitnessunternehmens auf, haben aber ihre eigenen Trainingskunden. Ihr einziger Vorteil ist die Benutzung der Räume und Geräte sowie der Werbeeffekt des Firmennamens, vor allem, wenn es sich um einen der großen der Branche in Neuseeland handelt. Die meisten »PTs« haben nicht einmal ein Fixum oder einen Basislohn und werden ausschließlich von ihren persönlichen Kunden bezahlt. Und so etwas wie Weihnachtsgeld und dreizehntes Monatsgehalt gibt es in Neuseeland nur in ein paar wenigen (überseeischen) Ausnahmebetrieben.

»PTs« agieren also in den neuseeländischen Sport- und Fitnessstudios wie Selbstständige und sind für ihren Erfolg oder Untergang ganz alleine verantwortlich. Aber sich einen »personal trainer« zu halten ist den meisten Leuten viel zu teuer, sodass sich ganze Heerscharen von persönlichen Trainern den relativ kleinen Kuchen der betuchten »body freaks« aufteilen müssen. Da bleiben für die meisten nur ein paar Krümel übrig. So wundert es niemanden, wenn Malcolm auf die Fragen eines arbeitssozial verwöhnten Europäers etwas indigniert reagierte.

Zur Ehrenrettung der Fitnessbetriebe muss man allerdings hinzufügen, dass sie längst nicht die Einzigen sind, die ihr Personal auf diese Art rekrutieren, und dass dieses System in Neuseeland nicht als ungerecht, geschweige denn ausbeuterisch empfunden wird.

Selbst einige Franchisegeber aus dem Dienstleistungsbereich verfahren nach einem ähnlichen Schema und lassen gutgläubige Leute nicht nur in Scheinselbstständigkeit für sich arbeiten, sondern kassieren außerdem noch satte Einstiegsgebühren für die Geschäftsidee. Aber die meisten Kiwis sind geduldig und beklagen sich nicht: Wenn's nicht klappt, probiert man eben etwas anderes aus. Reklamationen sind selten.

Das Nanumeter zeigt den subjektiv empfundenen Grad der Peinlichkeit und/oder Verlegenheit, der man in einer solchen Situation ausgesetzt sein kann. Auf einer Skala von 1 bis 10 bedeutet 10 die größtmögliche Verwunderung oder sogar Blamage.

Multikulti.

Montag, 11. April. Malcolm hat sich mit mir wieder versöhnt, nachdem ich ihn wenige Tage nach dem Eklat abends einmal mit dem Auto vom Studio abgeholt habe und wir das kritische Thema bei einem Bier erfolgreich klären konnten. Die 50 *bucks* hat er immer noch sehr gut gebrauchen können, obwohl er spontan noch einen zusätzlichen Teilzeitjob als Verkäufer in einem Sportgeschäft angenommen hat, um sich besser über Wasser halten zu können – ich hätte ihn auf diese Idee gebracht. Na immerhin ...

Dritte im Bunde ist Charlene, eine junge Engländerin, die mit ihren Eltern aber bereits vor rund 20 Jahren hierher ins Inselreich immigrierte. Natürlich wird sie von allen nur *Charlie* genannt. Ihr Vater ist Sportjournalist beim **»New Zealand Herald«,** und sie studiert an der Auckland University (AUT) Kommunikation, was sie sehr ernst nimmt. Sie hat nur ein Problem: Die Natur hat sie ein kleines bisschen stiefmütterlich behandelt – im deutschen Vokabular trifft es wohl der Begriff Mauerblümchen am besten – und das leider in einer Zeit, wo Schönheit und Körperkult über alles gehen. Charlene ist aber schwer in Ordnung (hat also echte innere Werte), und es ist mir tatsächlich gelungen, sie dauerhaft zu erheitern, indem ich sie eben nicht Charlie, sondern Lene nenne. Außer mir ist sie übrigens die Einzige, die ab und an die gemeinschaftlich genutzten Räume, allen voran: Küche und Bad, putzt. Es ist ein großer Saustall hier.

**Info zwischen den Zeilen von
Zeitungsausträger K.I.W.I. NZ-Herald**

»The New Zealand Herald« ist Neuseelands größte, also auflagenstärkste Tageszeitung. Wie viele andere neuseeländische Unternehmen gehört der

»NZ Herald« inzwischen einer australischen Medienfirma. Die tägliche Auflage liegt bei knapp 200 Tausend. Die politische Ausrichtung des Blattes ist eindeutig linksorientiert, das Layout hervorragend, und die vielfach prämierte Online-Ausgabe des »Herald« (www.nzherald.co.nz) wird monatlich mehr als 1,5 Millionen Mal angeklickt, das Hauptverteilungsgebiet der gedruckten Version ist der Großraum Auckland.

Der Vollständigkeit halber seien noch die nächstgrößten Tageszeitungen erwähnt: »The Dominion Post« aus der Hauptstadt Wellington, »The Press« aus dem südinsulanischen Christchurch, »Otago Daily Times« aus Dunedin im Süden der Südinsel und »Waikato Times« für – wie der Name sagt – die Region Waikato rund um Hamilton auf der Nordinsel.

Des Weiteren gibt es 20 täglich erscheinende Blätter bis herunter zu einer Auflage von 2.000 Exemplaren. 18 der insgesamt 25 Zeitungen sind dabei fest in australischer Hand, nur die restlichen 7 gehören noch neuseeländischen Herausgebern.

Last, not least sei Nora erwähnt. Noras Heimat war einst die Kapregion Südafrikas, die sie vor gut einer Dekade zusammen ihrer Familie verlassen hat und wohin dieselbe Familie vor zwei Generationen aus den Niederlanden eingewandert war. Sie heißt mit Nachnamen Vandenstaark, ist Friseurin und insgesamt eine ansprechende Erscheinung. Sie hat nur einen seltsamen **südafrikanischen Akzent**, und wenn sie mit ihrer Familie telefoniert, fallen oft Wörter und Begriffe, die für mich eigenartig vertraut klingend. So fühlte ich mich eines schönen Vormittags fast wider Willen nach *old* Germany zurückversetzt. Denn was aus Noras Raum drang, klang eindeutig wie ein doppelt geschmettertes: »Andersrum, andersrum!« Deutsch war es allerdings nicht wirklich, und auch leider nichts Unanständiges: Noras Mutter war zu Besuch und hatte einen Teppich mitgebracht, den sie gemeinsam – offenbar mit der Unterseite nach oben – auszulegen versuchten. Sie hätten jemanden wie mich, der sich mit so etwas auskennt, fragen sollen ...

Info zwischen den Zeilen von Sprachschatzmeister K.I.W.I. Afrikaans

Viele Einwanderer aus Südafrika haben diesen speziellen, leicht weinerlich klingenden Akzent der Bewohner besonders der Kapregion, deren eigent-

liche Muttersprache »Afrikaans« ist. Sie entstand im 18. Jahrhundert aus dem Neuniederländischen und hat sich schnell zu einer eigenständigen Sprache entwickelt.

Trotz vieler Anpassungen und Veränderungen ist die Nähe zum Niederländischen auch heute noch prägnant. Sogar wer Deutsch, besser noch Plattdeutsch spricht, kann große Teile des »Afrikaans« recht gut verstehen.

Drei Beispiele: »andersom« ist andersrum, »niemand« ist niemand und »minute« sind Minuten.

Schon sehr kurz, nachdem ich sie kennengelernt hatte, wurde mir gewahr, dass meine gute Freundin Siobhan mehr Parallelliebschaften pflegt, als mir (trotz unseres bilateralen Affärenduldungspakts) eigentlich recht sein kann. Nach einem diesbezüglichen Vorfall habe ich in einer kombinierten Trotz- und Selbstbestätigungsreaktion Nora, die Kapstädterin, ziemlich plump angemacht – und voll ins Schwarze der Blonden getroffen. Sie hat zwar einen *boy friend*, aber was dieser nicht weiß, macht ihn nicht heiß.

Nora kreiert Frisuren in einem gut gehenden Salon in **Auckland CBD**. Ich habe einmal den Besitzer, Paul, kennengelernt, ein interessanter Typ mit Haaren, die so unfrisiert, geradezu ungepflegt wirken, dass irgendwie eine Absicht dahinterstecken muss. Er ist einer der erfolgreichsten Friseure im Lande (ich habe das überprüft) und hat der früheren Premierministerin Helen Clark eine Zeit lang persönlich die Haare gemacht, für neuseeländische Verhältnisse ein Promi. Mittlerweile hat Paul sein Geschäft erweitert und ein respektables Franchisesystem kreiert.

Info zwischen den Zeilen von Oberhilfsbürgermeister K.I.W.I. Auckland-CBD

Mit »CBD« wird der »Central Business District« von Auckland bezeichnet. Damit ist der geografisch-wirtschaftliche Kern, vor allem jedoch das Geschäftszentrum der größten Stadt Neuseelands gemeint. Innerhalb eines Vierecks, das im Norden vom Hafenbereich des Waitemata Harbour und an den anderen drei Seiten von den städtischen »motorways« begrenzt wird, befinden sich 9.500 Geschäfte, in denen rund 79.000 Menschen beschäftigt sind. Die Hauptachse wird von der Queen Street gebildet.

Das Zentrum Aucklands hat einen täglichen Durchsatz von ungefähr 270.000 Personen zu bewältigen, die in den »CBD« zu 60 % per Auto an- und abfahren. In Ermangelung eines adäquaten öffentlichen Verkehrssystems führt diese Verkehrsbelastung jeden Werktag zu den berühmt-berüchtigten Staus auf den Straßen der Stadt. Vor allem das Nadelöhr der »Harbour Bridge« wird von allen gefürchtet.

Nora hat Kundentermine meist erst ab Mittag oder Nachmittag. So war es auch heute, und sie kam in der Frühe nur mit dem Handtuch notdürftig verhüllt aus der Dusche, hat vor meiner offenen Zimmertür kurz innegehalten und sah die »Briscoes-Lady« auf dem Bildschirm meines Laptops. Ich habe Noras Spiegelbild auf dem Screen wahrgenommen, mich in ihre Richtung gedreht und ihr einen Kaffee angeboten.

Sie hat sich mit einem Quickie spontan für den Espresso revanchiert. Gut war's. Damit war ich mit Siobhan erst mal quitt.

Nora ist supergut gepflegt. Sie hat sich – entgegen dem momentanen Megatrend – nicht für vollständiges *brazilian waxing* entschieden, sondern für eine reizende »Frisur«. Die Holländerinnen sind inzwischen auch nicht mehr so holzschuhartig konservativ, wie sie mal waren. »*Andersom*« wird vielleicht ein Schuh draus?

Bummelanten.

Einkaufstour fürs Seelenheil.

Am Nachmittag klopfte es an der Tür – ich war allein im Haus – und als ich öffnete, standen ein kleiner, sehr weißbärtiger, fast etwas ins Gnomenhafte spielender Mann in kurzer Hose und eine noch kleinere, dicke, (sicher nicht von Nora) ondulierte Frau im grünen Blumenkleid vor mir. Sie stellten sich kurz aber freundlich als James und Judy und vor allem als die Eigentümer des Hauses vor. Ich gab mich als Martin, den neuen Mieter, zu erkennen.

James sagte: »Könntest du bitte Nora ausrichten, dass sie ihren Mietanteil schon zweimal nicht überwiesen hat; wir drücken öfter mal ein Auge zu, aber ein weiterer Rückstand ist jetzt nicht mehr akzeptabel.« Dann brachten sie ihre Freude, mich kennengelernt zu haben, zum Ausdruck, setzten sich in ihren blauen Ford Falcon und fuhren von dannen.

Als Nora am Abend von ihrer Arbeit in der City zurückkam, war sie behängt mit Tragetaschen aller führenden und teuren Modegeschäfte Neuseelands: Dotti, Kookai, Pagani und so weiter – der Gegenwert von gut und gerne 1.000 Dollar, wenn nicht noch mehr, baumelte an ihren Händen, deren Knöchel unter der modediktatorischen Last bereits weiß geworden waren.

Sie rauschte wie eine fleischgewordene Modewelle durchs Haus. Ich rief nach ihr und bat sie, doch kurz bei mir Stopp zu machen. Nora blieb kurz im Türrahmen stehen und sagte nur (fast außer Atem), Lust hätte sie schon – nur keine Zeit …

»Das ist okay, darum geht es dieses Mal gar nicht«, versuchte ich zu erklären und fragte sie, was ihr wohl spontan zum Stichwort »Vermieter«, *Landlord,* einfiele?

Die Reaktion sprach Bände: Statt zu antworten, nahm sie lediglich die Nase noch etwas höher, und ich konnte es mir deshalb nicht verkneifen, sie zu fragen, wie sie eigentlich ihre Zurückhaltung bei der Mietzahlung mit ihrer Begeisterung fürs Shopping in Einklang bringt?

Zum zweiten Mal in dieser Woche gelang es mir in diesem Haus – ich nenne es den »Malcolm-Effekt« – auszulösen: In Ermangelung freier Hände zeigte mir Nora mit ihren Blicken eine sehr unanständige Geste. Deutlicher und obszöner ging es kaum ...

Mit Tragetaschen behängte Frauen sollte man in ihrem Schwung nur im äußersten Notfall aufhalten. In welches höchst sensible Fettnäpfchen ist Spaßbremse Martin Horn hier mit beiden Füßen gleichzeitig getreten, dass es nur so spritzte?

Es gibt in Neuseeland den pseudo-medizinischen Begriff »retail therapy«, also Einkaufstherapie. Hauptsächlich Frauen sind von einer namenlosen Krankheit befallen, die nicht heilbar ist, aber unter Anwendung eben dieser »retail therapy« für kurze Zeit gelindert werden kann, bevor neue Krankheitsschübe weitere Einkäufe erforderlich machen.

Besonders im Raum Auckland grassiert ein fieberartiger Kaufzwang unter nahezu hundert Prozent der weiblichen Einwohner. Deshalb wird der langjährige Slogan der Stadt »City of Sails«, Stadt der Segel, gerne mit »City of Sales« persifliert – am treffendsten wohl zu übertragen mit »Stadt der Schnäppchen«.

Leider ist damit nicht zu spaßen: Neuseeland hat weltweit eine der höchsten prozentualen Raten an Depressionserkrankungen. Die soziologischen Ursachen sind völlig unklar.

Bekannt dagegen ist, dass viele der betroffenen Personen das Einkaufen zur Stimmungsaufhellung brauchen. Wo es bei Männern schon ein Plasmafernsehgerät oder ein ganzes Auto sein muss, helfen bei Frauen bereits kleinere »Dosen« wie modische Kleidungsstücke, Schönheitspflege und der regelmäßige Gang zum Friseur.

Die »Große Krise« hat dem Phänomen nichts anhaben können: Wenn es sonst kaum reicht zum Leben – solange aus der Kreditkarte noch ein paar Dollar gequetscht werden können, wird auf »retail therapy« nicht verzichtet! Dementsprechend lautet ein anderer Spruch: Wenn das Leben hart wird, gehen die Harten einkaufen, um zu leben!

Der Einzelhandelsverband springt verständlicherweise gerne aufs Trittbrett dieser Therapie- und Konjunkturlokomotive und entfaltet sogleich ein Werbebanner auf dem steht: »Shop 'til you drop!« – Einkaufen bis zum Umfallen...

Ergänzung Martin Horns Versuch, Noras finanztechnischen Fokus auf den Ausgleich der versäumten Mietzahlungen zu lenken, kam dem Schlachten einer heiligen Kuh gleich. »Retail therapy« dient eindeutig der Erhaltung der Arbeits- und damit Zahlungskraft, hat also oberste Priorität. Die junge, mit dem Zeitgeist gehende Kiwidame bestrafte den provokanten Ignoranten daher spontan mit tiefer Verachtung!

Das Nanumeter zeigt den subjektiv empfundenen Grad der Peinlichkeit und/oder Verlegenheit, der man in einer solchen Situation ausgesetzt sein kann. Auf einer Skala von 1 bis 10 bedeutet 10 die größtmögliche Verwunderung oder sogar Blamage.

Arbeitsbeschaffung.

Radeln für die Konjunktur.

Gestern Abend habe ich mir den »NZ Herald« vorgenommen – online. Dabei stieß ich auf ein altes Foto vom Bau des Leuchtturmes am East Cape. Das *light house* stand ursprünglich auf einer kleinen Felseninsel, *East Island*, die dem Ostkap vorgelagert ist. 1922 wurde der Turm jedoch an die Stelle auf dem Festland versetzt, an der er heute noch steht. Dies ist der östlichste Punkt der Nordinsel, nein, Neuseelands überhaupt. Das hat mich spontan inspiriert.

Am East Cape geht die Sonne auf. Dort trifft der neue Tag erstmals auf festen Boden – so poetisch sehen es die Kiwis vom Eastland, der Region Neuseelands, die der Datumsgrenze am nächsten liegt. Mit »Bertie«, dem Mini, zum Sonnenaufgang ans Ostkap – das ist mein Plan ...

Kurz nachdem ich ein paar Suchbegriffe eingegeben hatte, klopfte es, und Malcolm, der mich seit dem Affront vor ein paar Tagen besser als je zuvor leiden konnte, trat ein. »Darf ich dir einen Vorschlag machen, *mate?*«, war seine Frage.

Die Idee war zwar absurd, aber das daraus resultierende Gespräch entwickelte sich insgesamt in eine interessante Richtung. Malcolms Anliegen war, mich zu einer Fahrradtour, fast 500 Kilometer rund ums East Cape (welch ein Zufall) zu überreden.

Meine Entscheidung fiel sofort: »*No way!*«

Ich habe nicht viel für Fahrräder übrig – hauptsächlich der Konstruktion des Sattels wegen, kann aber verstehen, dass Malcolm sich als bekennender *gay* für den Radsport begeistert. Er bot mir dafür sogar sein Zweitrad, ein Strada WA2, zur Benutzung an. Ich blieb bei der Ablehnung, wollte aber doch gerne wissen, was hinter der kraftzehrenden Idee steckte.

Malcolm wollte diese Tour als Trainingsprogramm für die Teilnahme an einer Aktion der »National Heart Foundation« fahren. Die NHF plante »The Great Ride for Heart«, zu dem sich – zum Zwecke des Spendensammelns, *fund raising* – Ärzte, Sportler, Prominente und »Normalos« zu einer medienwirksamen Radtour quer durch Neuseeland zusammenschließen sollten. Ich fand diese Idee wirklich bestechend und kündigte sogleich eine Spende an, ohne jedoch – so meine einzige Bedingung – dafür auch nur einen einzigen Kilometer radeln zu müssen.

Info zwischen den Zeilen von Spendensammler K.I.W.I. Fund-Raising

In Neuseeland findet praktisch immer und überall irgendeine Spendensammelaktion, »fund raising«, statt. Das Land gehört mit zu den fleißigsten Geldsammelnationen der Welt, und die Neuseeländer sind es gewohnt, gelegentlich einen kleinen Obolus für wohltätige und gemeinnützige Zwecke zu geben.

Veranstalter der Aktionen sind meistens (und das sehr regelmäßig) Gesundheitsinstitutionen wie »Breast Cancer Foundation«, »Mental Health Foundation«, die in der Episode erwähnte »National Heart Foundation« und viele andere mehr.

Darüber hinaus gibt es – wie weltweit überall – die Spendenaufrufe der Organisationen für Katastrophen-, Kriegs- und Seuchenhilfe. Aber auch um die finanzielle Unterstützung von in Not geratenen Familien oder Einzelpersonen wird die neuseeländische Bevölkerung oft gebeten. Ständig finden durchaus interessante nationale und regionale Wohltätigkeitsveranstaltungen, »charities«, statt, die man auch als Gast gerne besuchen darf.

Die Seriosität dieser Aktionen und ihrer Veranstalter kann als garantiert angesehen werden. Missbrauchs- oder gar Betrugsfälle sind äußerst selten. Und auch die Balance ist gewahrt: Kiwis sammeln gerne Spenden, aber sie spenden auch recht gerne.

Dann berichtete Malcolm, der wohl von Kindesbeinen an eine starke Affinität zum Radsport entwickelte, von einem sensationellen Plan der neuseeländischen Regierung: »Premierminister John Key hat das Projekt ›New Zealand National Cycleway‹ – der ultimative Radelpfad von oben bis unten – zur Chefsache erklärt.« Kein Bluff: mit wundem Hintern von Cape Reinga nach Bluff, dem südlichsten Ort auf der Südinsel.

Malcolm redete sich heiß: »Es ist selbstverständlich nicht so, dass hier ein Fahrradweg wie ein 1.400 Kilometer langes Band in die neuseeländische Natur geteert, asphaltiert oder betoniert werden soll.« In einigen Gegenden besteht der NZ Cycleway sowieso schon und in anderen Regionen wird er als grün gefärbte Spur auf dem Asphalt markiert und somit kurzerhand den existierenden Fahrbahnen der Autos abgezwackt. Einige Abschnitte müssen allerdings vollkommen neu gebaut werden.

Mein guter Mitmieter wurde immer präziser: »Der Bau dieses Radweges ist auf dem Höhepunkt der großen Wirtschaftskrise im Rahmen eines Arbeitsmarktgipfeltreffens als Arbeitsbeschaffungsmaßnahme beschlossen worden, weil irgendjemand errechnet hat, dass damit 500 neue Arbeitsplätze generiert werden.« Als Hauptnutzer dieses ehrgeizigen Radwegprojektes hat man in erster Linie Touristen anvisiert. Biker aller Nation sollen mit entsprechenden Werbemaßnahmen animiert werden, sich Neuseeland in drei bis vier Wochen zu erstrampeln. Sicher werden die ersten Rekorde für die Bewältigung der Gesamtstrecke nicht lange auf sich warten lassen. (Malcolm kommt immer mehr in Fahrt und kreiert in seiner Fantasie bereits einen »Iron Cycleman New Zealand«). Aber auch die Neuseeländer sollen durch den National Cycleway (wieder frisch) motiviert werden, den Wagen stehen zu lassen und möglichst regelmäßig – im Idealfall sogar für den täglichen Weg zur Arbeitsstelle – das Fahrrad zum Wohle von Umwelt und Gesundheit zu benutzen ...

An dieser Stelle konnte ich nicht mehr anders, als den inzwischen im Non-Stop-Redefluss rot angelaufenen Fahrradenthusiasten Malcolm abrupt auf null herunterzubremsen und ihn zu fragen, ob er vielleicht etwas Illegales eingenommen hatte. Natürlich wollte ich keinesfalls unsere erst jüngst zurückgewonnene Freundschaft erneut aufs Spiel setzen. Andererseits musste ich aber auch sicher sein, in Malcolm keinen notorischen Sprücheklopfer oder gar zwanghaften Lügner als flat mate zu haben. Deshalb bat ich ihn eindringlich, unter Berücksichtigung aller eventuellen Optionen des Missverste-

hens: »Bitte sei so gut und inszeniere hier kein politisches Kabarett.«
Ich war gespannt, ob er wieder beleidigt sein würde ...

Ernsthaftes Radsportprojekt oder alberne Drahteselei – das ist hier die Frage. Trotz der großen Vorsicht, keinen freundschaftsschädlichen Faux Pas zu begehen, gerät der Kiwipflücker mit Sattelphobie schon wieder gefährlich nahe ans nächste Fettnäpfchen!

So seltsam es auch klingt: Der »New Zealand National Cycleway« kommt tatsächlich und wird Northland hoch im Norden und Southland tief im Süden mit nur einer Unterbrechung zwischen der Nord- und Südinsel durch die Cook Strait (hier muss die Fähre zu Hilfe genommen werden) verbinden. Fantastisch schöne »Sonderstrecken« sollen hinzukommen (z. B. auf den Inseln Waiheke und Great Barrier). Wahr ist außerdem, dass der Premierminister das Projekt persönlich vorantreibt.

Nach anfänglicher Skepsis sind nach und nach viele Städte, Gemeinden und Regionen begeistert auf dieses arbeitsbeschaffende Stahlross aufgesprungen, und auch die allzeit bereiten Wissenschaftler der Auckland University, namentlich ein Dr. Graeme Lindsay, sind äußerst angetan von der Idee und haben eine blendende Berechnung vorgelegt: Wenn alle Kiwis Strecken bis 7 Kilometer Länge statt mit dem Auto per Fahrrad zurücklegen, entspricht dies einem Kalorienverbrennungsäquivalent von 40 Millionen Dosen Cola. Dr. Lindsay stellt außerdem fest: Diese gigantische Menge vernichteter Kalorien kommt einem Fettverlust von 675.000 Kilogramm gleich, und – immer noch nicht genug der Frohbotschaft – aufgrund der durchs Radfahren enorm verbesserten Gesundheit darf von minus 116 Todesfällen pro Jahr als sicher ausgegangen werden. Schlussendlich: Auch der Umwelt kommt das Projekt in hohem Maße zugute, denn wenn Viele radeln, lassen diese öfter ihre Autos stehen, was den Abgasausstoß dramatisch verringert.

Mit gutem Marketing wird es sicher gelingen, neue fahrradbegeisterte Touristen ins Land zu holen. Besonders gutes Marketing wird aber nötig sein, um auch Neuseeländer auf den schmalen Sattel zu hieven. Die Krux: Radelnde Kiwis sind fast so selten wie der fluguntaugliche Kiwi geworden. Wurden 1989/90 in Neuseeland noch 3,6 Prozent der täglichen Wege per Fahrrad zurückgelegt, so waren es mit dem Beginn der Zehnerjahre gerade noch 1 Prozent (zum Vergleich: In nordeuropäischen Ländern sind es aktuell 20 bis 30 Prozent). Hin und wieder liest man, die in den neunziger Jahren eingeführte Helmpflicht sei die Ursache für diesen Rückgang. Das ist nicht ganz abwegig, denn der Neuseeländer liebt seine persönliche Freiheit über alles und kann sehr beleidigt reagieren, wenn er sich vom Staat bevormundet fühlt.

Die Idee des »NZ National Cycleway« gefällt durchaus. Leider sind die meisten als solche ausgewiesenen Fahrradwege nachweisbar viel zu gefährlich. Das latent letale Problem sind die Berufskraftfahrer in den »trucks«. Lkw aller Tonnagen rauschen legal mit 100 km/h (oft – illegal – auch schneller) über alle Highways, und am Lenkrad sitzen – viele Unfalluntersuchungen kommen leider zu diesem Ergebnis – überwiegend Rücksichtslose.

Die Abstände beim Überholen sind fast immer unter einem Meter und die Wirkung des aerodynamischen Sogs kann verheerend sein. Die vielen resultierenden Unfälle bestätigen diese Situation. Vielleicht reicht es eben doch nicht, grüne Radfahrstreifen auf die Highways zu malen, die damit nur schmaler für die breiten »trucks« werden...

Das Nanumeter zeigt den subjektiv empfundenen Grad der Peinlichkeit und/oder Verlegenheit, der man in einer solchen Situation ausgesetzt sein kann. Auf einer Skala von 1 bis 10 bedeutet 10 die größtmögliche Verwunderung oder sogar Blamage.

Kurzschlussreaktion.

Der Strom kommt nicht immer aus der Steckdose.

Dienstag, 12. April. Ich bin ganz froh, meinen Anzug nach Neuseeland mitgebracht zu haben. Ich habe ihn zwar die ganze Zeit, seit ich hier bin, noch nicht ein einziges Mal gebraucht, aber gestern war es dann doch soweit. Siobhan hatte mich kurzfristig zu einem *black tie meeting* ins »Bruce Mason Centre« eingeladen – nein: mitgeschleppt – und wie der Titel vermuten lässt, herrscht bei solchen Treffen gnadenloser Krawatten- und Anzugzwang.

Kleidungsvorschriften, *dress codes,* sind hierzulande an sich eine Seltenheit. Wenn einem vereinzelt jemand mit Anzug und Schlips oder im Businesskostüm begegnet, gibt es mit einer 50:50-Trefferquote immer nur diese beiden Antwortmöglichkeiten: Banker oder Immobilienmensch. Nur freitags trifft man überhaupt niemanden im formellen Business Outfit an, denn dieser Wochentag wird als der zwanglose, der lässige, der legere, kurz: *the casual friday* bezeichnet.

Die Einladung zu dieser Veranstaltung galt eigentlich Siobhans Eltern. Sie sind recht aktive Geschäftsleute, aber beide waren sie verhindert und baten deshalb die Tochter für sie in die Bresche zu springen, verbunden mit dem Wunsch, dieses Mal einen halbwegs seriös wirkenden männlichen Begleiter aus ihrem schillernden Bekanntenkreis zu diesem Meeting mitzunehmen. Also fiel ihre Wahl – zur großen Verwunderung – auf mich.

Es sollte sich um ein Treffen von Fachleuten aus der Kunststoffbranche handeln und es ging hauptsächlich ums Knüpfen und Aufwärmen neuer, respektive alter Kontakte; außerdem waren noch ein paar kurze stehkonventartige Vorträge zu verschieden Themen aus diesem Geschäftsbereich angekündigt. Das Übliche also, was man überall auf der Welt von solchen Treffen eben erwarten darf. So etwas einmal in Neuseeland zu erleben, war allerdings völlig neu für mich, dementsprechend gespannt sah ich dem Abend entgegen. Manchmal – so hörte ich schon – werden als Würze eines Events Promis aus Politik und Showbusiness eingeladen. Wer weiß, vielleicht kam als Überraschungsgast die »Briscoes Lady« ...

Das Treffen war in vollem Gange (Schwung wäre eindeutig zu viel gesagt) und Siobhan hatte mich mit ein paar Leuten aus dem Verband der kunststoffverarbeitenden Industrie Neuseelands bekannt gemacht, aber mir war eher langweilig. Das Buffet war noch unbestückt und alle hielten sich zunächst an einem Gläschen Sekt fest. Der erste Vortrag hatte gerade begonnen, als es doch noch spannend wurde. Der Redner, ein grauhaariger George-Clooney-Typ, erzählte etwas über Polymere in Lebensmittelverpackungen: Dann gab es einen gewaltigen Stromausfall.

Es war plötzlich stockdunkel im Saal, aber mehr als das klassische Raunen (dargeboten in einem Tonverlauf, der sich ganz klar als »Oh, nicht schon wieder!« interpretieren ließ) war von den geschätzten 300 Gästen nicht zu hören. Manche prosteten sich wohl aus Gaudi noch extra zu.

Ich sah die sprichwörtliche Hand vor Augen nicht mehr und wurde immer unruhiger. Unternimmt denn keiner etwas? Was war der Grund für den *power cut?* Sollte ich vom Handy **111** anrufen? Warum springt kein Notstromgenerator an? Und wo nur ist Siobhan? Man hat doch schon oft von massenpanischen Reaktionen mit katastrophalem Ausgang bei technischen Notfällen in Sälen gehört. Mir wurde mulmig – als Einzigem vermutlich – denn alle anderen Anwesenden brummelten zwar zum Teil irgendetwas Missmutiges, aber die meisten plauderten recht entspannt in der Dunkelheit.

Info zwischen den Zeilen von Ehrenrettungsringträger K.I.W.I. Triple-One

Die landesweite Notrufnummer in Neuseeland ist 111. Man erreicht beim Anruf am anderen Ende der Leitung eine Zentralstation, die je nach Art des Problems das Gespräch an die Polizei, Feuerwehr oder die Ambulanz »St. John« weiterleitet.

Schwierig ist dabei für den »operator« nicht nur die schnelle Entscheidung, welcher Notdienst der richtige ist, sondern auch, ob überhaupt ein Notfall vorliegt: Die Statistik zeigt, dass es sich bei lediglich einem starken Drittel der auf 111 eingehenden Anrufe tatsächlich auch um Notfälle handelt.

Bei der Ausführung der Nothilfeeinsätze gibt es ein generelles Neuseelandproblem: In den Ballungszentren von Auckland und anderen großen Städten sind die Rettungseinheiten sehr oft überlastet, und in den ländlichen, »rural«, Regionen sind es die langen Anfahrtswege, die zu kritischen Verzögerungen führen können.

Als sich die Augen nach ein paar Minuten an die Schwärze gewöhnt hatten, konnte ich den äußerst schwachen, blassgrünlichen Schein von ein paar wenigen batteriebetriebenen »Exit«-Leuchtzeichen wahrnehmen und machte mich stolpernd und mit rasendem Puls auf die Suche nach Siobhan, die ich näher am Rednerpult vermutete. Ich bahnte mir den hindernisreichen Weg durchs Dunkel und konnte es dabei leider nicht vermeiden, einige der Gäste anzurempeln und anderen auf die Füße zu treten. Im Kielwasser meiner »Schwarzfahrt« hörte ich immer wieder das an mich adressierte: »*Easy, easy*«.

Irgendwann, nach einer gefühlten Ewigkeit, fand ich Siobhan (wohl eher mit Hilfe der Fährte ihres »L'eau d'Issey« als auf Sicht). Sie stand lachend bei einem Paar in der Nähe des Buffets, das Mitarbeiter der Cateringfirma gerade begonnen hatten im Blindflug zu bestücken.

Ich unterbrach meine Begleiterin in ihrem Redefluss und schlug aufgeregt vor, dass wir – wir alle – schleunigst den Saal verlassen sollten, es könnte doch Feuer, ein Flugzeugabsturz oder ein Erdbeben gewesen sein – und überhaupt macht man das so bei einem totalen Stromausfall in öffentlichen Gebäuden. Siobhan lachte aber nur, und wieder hörte ich dieses: »*Easy, easy!*«

Stattdessen schlug sie vor, die Gelegenheit, dass gerade ein *dark room* zur Verfügung stand, doch eher für eine prickelnde Sondernummer zu nutzen – unter normalen Umständen eine verlockende Idee, aber ich hätte das in dieser Situation niemals können ...

Ruhe ist des Bürgers erste Pflicht – auch in Neuseeland. Besonders, wenn im Dunkeln richtig fiese Fettnäpfchen lauern, sollte unser stets unter Strom stehender Kiwipflücker einen kühlen Kopf bewahren. Wobei hatte er an diesem Abend über- oder danebenreagiert?

Stromausfälle sind in Neuseeland absolut nichts Seltenes. Vielleicht herrscht einfach zu wenig Spannung im Land. Doch im Ernst: Das neuseeländische Stromversorgungsnetz ist sehr labil und anfällig für Störungen. Die meisten »power cuts« betreffen aber zum Glück nur kleine oder mittlere Gebiete. Oft sind die Ursachen dafür wetterbedingt oder ein Possum hat in einem Umspannwerk die körperliche Verbindung zwischen Plus- und Minuspol hergestellt.

Totalausfälle in der Stromversorgung kommen mehrmals im Jahr vor (was in Mitteleuropa praktisch unvorstellbar geworden ist), und man sollte sich eher daran gewöhnen, als sich aufzuregen, wenn aus heiterem Himmel und ohne erkennbaren Grund plötzlich für ein paar Stunden der Strom weg ist. Rekordverdächtig dürfte das Ereignis von Auckland aus dem Jahre 1998 sein, als das Stromnetz des zentralen Stadtbereiches zusammenbrach. Selbst nach fieberhaften Reparaturversuchen konnten erst nach 5 Wochen(!) alle der 60.000 betroffenen Anschlüsse wieder mit Elektrizität versorgt werden.

Stromkabel werden in Neuseeland auch heute noch überwiegend oberirdisch von Mast zu Mast verlegt. Das sieht freilich schrecklich aus und fällt eigentlich jedem Besucher, der zum ersten Mal das Land der langen weißen Wolke bereist, sofort unangenehm auf. Er wähnt sich dann eher im Land der langen schwarzen Kabel. Manch einer erinnert sich dabei an das Strippengewirr und die Stromstörungen im Deutschland der frühen sechziger Jahre. Viele Fachleute sehen in dieser Art der Leitungsführung den Hauptgrund für die häufigen Störungen in der Energieversorgung.

Andererseits jedoch ist diese an sich antiquierte Technik in einem Land, das auf dem sogenannten »Ring of Fire« liegt, eine relativ erdbebensichere Angelegenheit. Tatsächlich wird Neuseeland jährlich von hunderten kleiner bis immerhin mittlerer Erdbeben geschüttelt, und es macht Sinn, ein zwar potthässliches aber dafür flexibleres und leichter reparables Kabelnetz zu haben, als es bei unterirdisch verlegten Leitungen der Fall wäre.

Der Stromausfall, der den Kiwipflücker an den Rand des Nervenzusammenbruchs gebracht hat, war jedoch ein ganz besonderer. Vom hohen Norden, Cape Reinga, bis runter nach Waikato, Hamilton, waren mehr als 50.000 Haushalte, Geschäfte, Industrieunternehmen aber auch fast alle Ampelanlagen für fast fünf Stunden stromlos. Die ersten Ausfälle begannen nachmittags um 3 und dauerten in manchen Orten bis abends gegen 8 Uhr.

Vermutlich durch einen Spannungsüberschlag (man will ja niemandem etwas Gemeines unterstellen) wurde auf einer Farm südlich von Hamilton eine Überlandleitung kurzgeschlossen und hatte eine Scheune in Brand gesetzt, die genau unterhalb der armdicken Kabel stand. Der Farmer – ein Bauer namens Steve Meier – hat der Reparaturmannschaft des Energieversorgers stundenlang vehement den Zutritt zu seinem Grundstück verweigert. Der Landwirt liegt seit Jahren mit der Firma Transpower im heftigen Clinch, nachdem sie riesige Strommasten angeblich gegen seinen Willen auf seinem Land errichtet hatte.

Das Nanumeter zeigt den subjektiv empfundenen Grad der Peinlichkeit und/oder Verlegenheit, der man in einer solchen Situation ausgesetzt sein kann. Auf einer Skala von 1 bis 10 bedeutet 10 die größtmögliche Verwunderung oder sogar Blamage.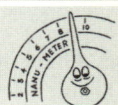

Als nach mehreren Anrufen bei der Energieversorgung klar wurde, dass es sich dieses Mal um eine größere und vermutlich länger dauernde Störung im Stromnetz handelte, entschloss sich der Leiter des Abends, die Veranstaltung als beendet zu erklären. Aber die meisten Teilnehmer blieben noch eine ganze Weile und hatten offenbar sehr viel Spaß im Dunkeln: Der technische Hausmeister des »Bruce-Mason-Centres« hatte ein Dutzend Batterieleuchten angeschleppt und rund ums Buffet platziert. Es wäre eine Sünde gewesen, Krabbensalat, Kanapees und vor allem den Sekt nur wegen fehlender Helligkeit verkommen zu lassen. Auch ich beruhigte mich langsam wieder; nur auf Siobhans verführerisches Angebot wollte ich dann doch nicht mehr zurückkommen – das Licht hätte ja jederzeit wieder angehen können ...

Aberhallo.

Händedruck oder Bussi Bussi.

Donnerstag, 14. April. Heute hat mich Siobhans Vater angerufen. Das war für mich eher eine Überraschung, denn ich kenne ihn eigentlich nur von einer einzigen Begegnung her: Es gab einmal im elterlichen Betrieb ein kleines festliches Event zu feiern, und Siobhan hatte mich – ebenfalls zu meiner Überraschung – mit dorthin geschleppt und uns miteinander bekannt gemacht. Ihr *dad* heißt Paul, Paul McNish, und besitzt ein mittelgroßes Kunststoffunternehmen in Albany, nördlich von Auckland. Das ist an sich allein schon deshalb bemerkenswert, weil Neuseeland wirklich alles andere als eine Industrienation ist und Firmen wie Pauls *»Polyplastics NZ«* allgemein sehr selten sind.

Er hat vor ein paar Monaten einen interessanten Deal mit einer Firma aus der Elektrobranche über die Abnahme von zigtausenden Plastikformteilen für elektrische Spulen abgeschlossen. Paul schließt ständig solche oder ähnliche Lieferverträge ab, aber dieses Mal war es ein echter Grund zum Feiern, weil es sich bei den neuen Geschäftspartnern um Aussies handelte. Im Regelfall gilt, wie mit Riesenlettern in den Uluru gemeißelt: **Australier kaufen nichts von Kiwis!** Hin und wieder gelingt es einem neuseeländischen Unternehmen aber doch, dieses quasi-virtuelle »Handelsembargo« jenseits der Tasmansee zu durchbrechen. Dann knallen natürlich die Korken, und man betrachtet den Abschluss des Geschäfts wie einen sportlichen Punkterfolg über einen mächtigen Konkurrenten, was auf die Geschäftsleitung und Mitarbeiter des Betriebes verständlicherweise sehr motivierend wirkt.

Info zwischen den Zeilen von Australienexperte K.I.W.I. Aussie-Versus-Kiwi

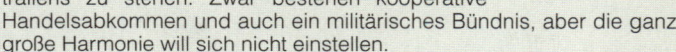

Neuseeland leidet generell darunter, in manchen Bereichen des täglichen Lebens im Schatten Australiens zu stehen. Zwar bestehen kooperative Handelsabkommen und auch ein militärisches Bündnis, aber die ganz große Harmonie will sich nicht einstellen.

Australier sind nicht besonders erpicht auf neuseeländische Importe und neigen überhaupt zu einer leichten Arroganz gegenüber den Kiwis. Die neuseeländische Tourismusbranche hätte beispielsweise gerne mehr australische Reisegäste in Neuseeland, aber diese halten sich stark zurück, kommen höchstens für Kurztrips und geben – wenn sie schon einmal hier sind – weniger Geld als Reisende anderer Nationen aus.

Erst jetzt konnte Neuseeland einen kleinen Triumph erzielen: Es ist der Sieg in einem 90 Jahre währenden Krieg um den Export neuseeländischer Äpfel nach Aussie. Nachdem 1919 in Neuseeland eine spezielle Krankheit an Apfelbäumen entdeckt wurde, hatte Australien einen Einfuhrstopp verhängt. Dieser wurde nun tatsächlich aufgehoben. Die Bäume dürften ihr Leiden inzwischen ja wohl überstanden haben...

Als Siobhan mich fragte, ob ich sie zu dieser Firmenfeier begleiten wollte, war ich schon zum zweiten Mal froh, meinen dunklen Anzug im Reisegepäck dabei zu haben und nicht extra noch etwas kaufen zu müssen, was – meiner Meinung nach – diesem Ereignis bekleidungstechnisch gerecht würde. Eingeladen waren die Angestellten und Familienmitglieder, aber auch ein paar Geschäftspartner und gute Kunden und – wie immer bei solchen Anlässen – etliche Freunde und Bekannte, die mit dem Geschäft an sich nichts zu tun haben. Feiern dieser Art werden nämlich meist über den geschäftlichen Anlass hinaus ins Private erweitert.

Tatsächlich war das Fest eine Gartenparty am Wohnhaus der Familie McNish, und ich erinnere mich noch genau daran, wie Siobhan mich beim Abholen schmunzelnd musterte und fragte, ob ich in Deutschland bei einer Bank arbeitete. Warum nur diese Ironie? Beim *black tie meeting* im »Bruce-Mason-Centre« konnte ich ihr kaum seriös genug aussehen.

Paul ist ein sehniger, aktiver Typ im Alter von schätzungsweise Mitte fünfzig. Er empfing uns in T-Shirt und längs gestreiften

Bermudas nebst **Flip-Flop-Sandalen,** als Siobhan mich mit ihm bekannt machte. Unsere Namen flogen wie Pingpongbälle hin und her. Mit einer heftig pendelnden Handbewegung zog Siobhan stakkatoartig ihr Ding durch: »*Dad – Martin. Martin – Paul, my dad*«, worauf ich meine Hand schwungvoll und selbstbewusst zur Begrüßung in Richtung Paul McNish ausstreckte.

**Info zwischen den Zeilen von
Schuhverkäufer K.I.W.I. Jandals**

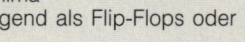

»Jandals« gehören zur unabdingbaren Fußbeklei-
dung aller Kiwis beiderlei Geschlechts. Es sind die
Schläppchensandalen aus Plastik- oder Gummima-
terial, die in anderen Teilen der Welt überwiegend als Flip-Flops oder
Flip-Flop-Sandalen bekannt sind.

Charakteristisch sind die simple, flache Sohle und das Y-förmige Halte-
band, das zwischen dem großen und dem zweiten Zeh zusammenläuft.
Anders als die klassischen Sandalen haben »Jandals« keinen Halte-
riemen für Gelenk oder Verse.

»Jandals« sind Kiwi-Kult, und es steht die (allerdings bestrittene)
Behauptung im Raum, diese Art der Schläppchen seien 1957 von
einem gewissen Morris York in Auckland erfunden worden.

»*Nice to meet you*«, sagte er freundlich, und sein Blick und das Lächeln verrieten, dass er es auch so meinte, obwohl es im Allgemeinen nur eine Allerweltsfloskel ist.

So antwortete ich denn entsprechend höflich: »*Nice to meet you, Mister McNish*« und strahlte dabei wie ein Atombrennstab. Ich freute mich wirklich, so offen und unkompliziert aufgenommen zu werden.

Siobhans Vater zögerte allerdings, meine immer noch empfängnis-bereit in der Luft schwebende Hand zur Besiegelung der Vorstellung zu drücken, was er letztendlich nach langen Sekunden dann aber doch tat. Wichtiger war ihm allerdings, mir ein Bier anzubieten oder ein Glas Wein, was immer ich auch wünsche. Ich könne gerne auch Jackett und Krawatte ablegen und sozusagen vom Start weg zum »gemütlichen« Teil des Nachmittags übergehen. Die meisten ande-ren männlichen Anwesenden waren ausgesprochen freizeitgerecht gekleidet. Eine Krawatte trug gar niemand. Ich fühlte mich nun von diesem Zeitpunkt an leicht *overdressed*.

Siobhans Mutter, Sarah, ist eine gepflegte, gut aussehende und – ich sage mal – »gut erhaltene« Frau in den besten Jahren. Mir fällt im Moment einfach keine bessere Beschreibung ein. Tochter Siobhan machte uns im gewohnt Hochfrequenzrhythmus bekannt: »*Mum – Martin. Martin – Sarah, my mum.*« – »*Nice to meet you.*« – »*Nice to meet you.*«

Fröhlich streckte ich ihr – wie zuvor schon ihrem Gatten – die blanke Hand zum Gruß entgegen. Die wollte sie nun überhaupt nicht ergreifen. Vielmehr breitete Sarah mit ausladender Geste beide Arme zum *hug* aus, der Begrüßung per Umarmung. Das hatte ich natürlich nicht erwartet. Überhaupt habe ich bisher, außer im Rahmen erotisch motivierter Annäherungen, selten eine Person so richtig an mich gedrückt. Nun stand mir also ein neutraler, freundschaftlich orientierter *hug* bevor und ich kannte die Spielregeln wirklich nicht. Freilich ist auch mir nicht verborgen geblieben, dass das gegenseitige Ansichdrücken bis hin zum Bussi Bussi weltweit zum neuen Standardbegrüßungsritual stilisiert wird – aber als in Norddeutschland geborenem Schwaben war mir diese Art von Körperkontakt bisher immer etwas suspekt.

Info zwischen den Zeilen von Drückeberger K.I.W.I. Hug

Der korrekte »hug« aus der Sicht des Umarmenden:

- Eine leicht nach vorn geneigte Körperhaltung einnehmen und die Arme ausbreiten. Kurz innehalten, um dem Gegenüber Zeit zu geben, die Umarmungsabsicht zu erkennen. Im Falle einer positiven Reaktion etwas näher an die Person herantreten. Die Fußspitzen dürfen sich fast berühren.

- Jetzt darf umarmt werden, indem die Arme hinter den Rücken des/der Umarmten etwa im Bereich unterhalb der Schultern und oberhalb der Taille geführt werden. Den Kopf (normalerweise) links vom Kopf des anderen halten. Wangenberührung nur bei guten Bekannten. Die Umarmung mit sehr sanftem Druck ausführen.

- So wichtig wie die korrekte Einleitung und Ausführung ist auch das Beenden der Umarmung. Nie zu lange und zu intensiv umarmen. Aufmerksam auf unterschwellige Signale achten, die erkennen lassen, dass der/die Umarmte wieder losgelassen werden möchte. Dazu die Arme zurückgleiten lassen, aufrechte Körperhaltung einnehmen und ein, zwei Schritte zurücktreten.

Doch während mir diese Gedanken durch den Kopf schossen, hatte mich Mutter McNish längst an sich gezogen – und mir lief alles aus dem Ruder: Hatte ich doch keine Ahnung von der Choreografie des *hugs;* wohin sollte ich nur mit Armen und Händen, ohne mich des unangemessenen Betatschens schuldig zu machen?

Keine Idee auch, zu welcher Seite den Kopf zu neigen, um den potenziell drohenden Zusammenprall zu vermeiden. Ebenso keinen blassen Schimmer, ob man die Wangen sich berühren lässt oder gar mit einem Küsschen den Höhepunkt der Zeremonie besiegelt. Und schon kollidierten fast meine Lippen mit den ihren, weil Sarah ordnungsgemäß nach links tendierte, ich jedoch vor lauter Aufregung nach rechts zielte. So kam ich durch Sarahs Überraschungsangriff außerdem auch noch ins Wanken, tat einen Schritt nach vorn um die Balance nicht vollends zu verlieren und trat ihr dabei saftig auf die Zehen.

Das kann so nicht richtig gewesen sein. Ich war peinlich berührt. Aber Siobhans Mutter blieb äußerst fröhlich, entließ mich alsbald aus der höflichen Umklammerung und schien sich nichts aus meinem ungelenken, holzigen Debüt zu machen.

Obwohl der Freiherr Knigge nie in Neuseeland gewesen ist, gibt es auch im Land der Kiwis ein paar gesellschaftliche Umgangsregeln. Eine wahre Fettnäpfchenkombination in der Disziplin »Begrüßungsritual« präsentierte sich unserem Kiwiflücker auf dieser Gartenparty. Welche(s) hat er dabei erwischt?

Punkt 1

Auf privaten Feiern, selbst wenn der eigentliche Anlass geschäftlicher Natur ist, darf und soll man sich ungezwungen kleiden. Die Herren sind auf solchen Partys oft auffallend salopp gekleidet, während die Damen sich meist umso schöner machen und gerne freiwillig herausputzen. Aber das liegt ja bekanntlich in der Natur des weiblichen Geschlechts. Nur wenn bereits bei der Einladung durch den Gastgeber auf einen bestimmten »dress code« hingewiesen wird, sollte dieser natürlich unbedingt eingehalten werden. Unser Kiwiplücker ist mit Anzug und Krawatte eindeutig übers Ziel hinausgeschossen. Aber: Salopp soll nicht schlampig heißen.

Punkt 2

Der Händedruck zur Begrüßung ist bei Neuseeländern völlig unüblich, wenn auch nicht gänzlich ausgeschlossen. Besser man unterdrückt seinen Drang zum Händedruck bis auf Weiteres. Wird man jemandem mehr oder weniger offiziell vorgestellt, empfiehlt es sich, aufmerksam dessen Reaktionen zu beobachten, um vorbereitet zu sein und dementsprechend darauf reagieren zu können. Unter Männern kommt der Händedruck gelegentlich vor. Frauen gibt man praktisch nie die Hand. Auch die formelle Anrede »Mister McNish« hätte sich Martin sparen dürfen, zumal ihm Siobhan ihren Vater direkt als »Paul« vorgestellt hatte. Selbst Respektspersonen dürfen ohne Weiteres beim Vornamen angesprochen werden.

Die Anrede per Nachnamen ist ausgesprochen förmlich und wird nur bei extremen Hierarchieunterschieden oder Anlässen, die einer außergewöhnlichen Etikette unterliegen, praktiziert. Der Kiwiplücker war also einerseits mit seiner vorschnell zum Gruße ausgestreckten Hand etwas übereifrig und mit der stocksteifen Anrede zu förmlich.

Punkt 3

Die Umarmung zur Begrüßung (»hug«, »big hug«) verbreitet sich weltweit wie die Grippe. So auch in Neuseeland. Es gibt keinen Impfstoff dagegen. Frauen umarmen untereinander bei jeder Gelegenheit. Aber auch Männer sollten stets damit rechnen, von Weiblein wie auch Männlein »gehugt« zu werden. Das ist natürlich nicht zwangsläufig der Fall, wenn man einer Dame erstmalig vorgestellt wird, aber im Falle spontaner Sympathie oder wenn man bereits über andere Kanäle Vorschusslorbeeren geerntet hat, darf auch beim ersten Kontakt mit einer herzlichen Umarmung gerechnet werden. Unser Kiwiplücker war allerdings nicht mehr in der Lage, die Unterschiede der neuseeländischen Begrüßungs- und Vorstellungsrituale mit seinen anerzogenen europäischen Reflexen zu koordinieren und manövrierte sich dadurch selbst in eine etwas hilflos wirkende Situation.

Das Nanumeter zeigt den subjektiv empfundenen Grad der Peinlichkeit und/oder Verlegenheit, der man in einer solchen Situation ausgesetzt sein kann. Auf einer Skala von 1 bis 10 bedeutet 10 die größtmögliche Verwunderung oder sogar Blamage.

Hühnerklein.

Das Gackern des Gockels.

Freitag, 15. April. Ich sitze auf der Aussichtsplattform der Sealink-Fähre, die schwer beladen mit wummernden Dieseln durch das blaugrüne Wasser des Hauraki Golfs pflügt. Dass ich jetzt genau hier bin und mir unter wolkenlosem Himmel die milde sommerliche Brise um die Nase wehen lasse, hat mit Pauls Anruf von gestern zu tun. Siobhans Eltern besitzen eine ***bach,*** ein Strandhaus, auf der schicken Insel Waiheke – einer wahren Perle inmitten dieses Golfs vor Auckland. Paul wusste, dass ich an diesem Wochenende irgendwo im Raum Auckland alleine abhing. So fragte er mich also, ob ich nicht ein paar Tage mit ihnen am Beach von Oneroa Bay verbringen wollte.

Ich wollte.

Info zwischen den Zeilen von
Strandläufer K.I.W.I. Bach

Die zentralen Begriffe des Kiwi-Lifestyle beginnen alle mit »B«. Das Freizeithaus am Meer, die »bach«, ist die Nummer 4 nach »beach«, »boat« und »barbecue«.

Die traditionelle »Kiwi bach« ist eine einfache Hütte mit einem oder zwei Räumen. Eine »bach« zu besitzen, gehört zum Traum aller Neuseeländer. Solange dieser Traum unerfüllt bleibt, gibt es aber genügend Möglichkeiten, eine »bach« fürs Wochenende zu mieten oder die von Freunden mitzunutzen.

Mittlerweile sind die meisten der alten, primitiven Strandhütten von ihren (neuen) Besitzern zu hochwertigen Freizeithäusern umgebaut und erweitert worden. Viele wurden und werden auch wie Strandpaläste neu gebaut.

In manchen Regionen (Südinsel) wird die »bach« auch »crib« genannt.

Siobhan, Pauls fast schon überaktive Tochter, ist zu einem Sportevent an die Bay of Islands enteilt, wo sie – als halbaktive Seglerin – an einem kleinen Wettbewerb in der Javelin-Klasse teilnimmt. Den Weg nach Norden konnte sie sogar mit einer Annehmlichkeit der besonders weiblichen Art verbinden: Eine Freundin aus Whangarei hat sie zu ihrer *hen party* eingeladen und freute sich sehr über ihr Erscheinen. Die *hen party* ist der Abschied vom Junggesellinnendasein und für die jungen Neuseeländerinnen, die auf ihrem Lebensweg nun so gut wie mit beiden Beinen im Hafen der Ehe angekommen sind, von allergrößter Bedeutung. Siobhan lässt keine Gelegenheit aus, sich in jede *hen party* einzuklinken, zu der sie auch nur den Hauch einer Einladung bekommt. Sie wäre zu diesem Ereignis die 150 Kilometer nach Whangarei auch ohne die Kombinationsmöglichkeit mit der Regatta gefahren. Spaß und Vergnügen verlangen durchaus ihre kleinen Opfer.

Auch ich habe einschlägige Erfahrungen mit der Hühnerfete. In meiner aktiven Zeit als Kiwipflücker gelang es mir einmal in einer fürs Publikum geöffneten Kiwi-Showplantage eine ganze Gruppe junger, attraktiver Damen aufzumischen. Wie ein kaum enden wollender Strom quollen sie im »Kiwi 360« förmlich aus einem Bus heraus. Ich habe die quirligen Frauen eine Zeit lang beobachtet, wie sie in drei kleinere Grüppchen aufgeteilt und, jeweils begleitet von einem Mitarbeiter des Anwesens, auf eine große freie Wiese geführt wurden, wo die Damen jeder Gruppe entweder mit Pfeil und Bogen, Luftdruckgewehr oder Wurfaxt die zur jeweiligen Waffe passenden Ziele treffen sollte. Sie trafen natürlich überhaupt nichts, geschweige denn ins Schwarze.

So musste ich – ob ich wollte oder nicht – einer hübschen Bogenschützin etwas unter die äußerst zarten Arme greifen. Ich nannte sie Diana, aber bevor ich mit ihr den kleinen Exkurs in die Gefilde römischer Mythologie vertiefen konnte und wir gerade den Bogen gemeinsam fast bis zum Brechen gespannt hatten, kam ausgerechnet einer der Moderatoren mit einer Wurfaxt in der Hand herbeigeeilt und erklärte mir kurz, dass das hier eine *hen party* sei und als geschlossene Veranstaltung betrachtet werden musste: wenn ich also bitte so freundlich sein wollte ... Die Axt blitzte metallisch in der hellen Sonne von Te Puke.

Das wurmte mich ungemein, zumal den Ladies mein kurzes Gastspiel gut gefallen hatte und ich im weiteren Verlauf der *hen party* garantiert noch bei einem der »Hühner« hätte landen können ...

Hühner, die gackern, wollen legen. Aber als Hahn im Korb flog mancher schon im hohen Bogen aus dem Hühnernest. Hier wartete nämlich ein Fettnäpfchen auf den Kiwipflücker, in das er ganz besonders gerne tritt.

Es ist gar nicht gern gesehen, wenn sich männliche Wesen in diese spezielle Domäne der Weiblichkeit einmischen, noch dazu, wenn sie sich dabei wie balzende Gockel aufführen. Unser Kiwipflücker ist unversehens – eher wie der Fuchs im Hühnerstall – in eine »hen party« geraten. Dieses wichtige Ereignis ist das neuseeländische und weibliche Äquivalent dessen, was man im deutschsprachigen Raum als »Junggesellenparty« kennt. .

Die traditionelle, klassische »hen party« (ursprünglich: »hen night«) findet kurz vor der Hochzeit im Elternhaus der Braut statt und wird von deren Freundinnen organisiert. Eingeladen sind die Brautmutter, die zukünftige Schwiegermutter und alle weiblichen Verwandten beider Familien. Das Wohnzimmer der Brauteltern wird mit rosa oder pastellfarbenen Girlanden geschmückt.

Heutzutage wird die »hen party« meistens außerhalb des Hauses in allen erdenklichen Lokalitäten (Park, Weingut, Klub, Restaurant, Bar) gefeiert. Oft eilt die Partygesellschaft in Form einer Schnitzeljagd von Station zu Station, wo Aufgaben gelöst werden müssen, und trifft sich am Schluss zur großen Fete. Eine »hen party« ist in der Öffentlichkeit leicht zu identifizieren, weil sich die teilnehmenden Frauen gerne auffällig (ver)kleiden, ja regelrecht »aufbrezeln«.

Männer sind bei diesem Event ausdrücklich nicht erwünscht. Aber es gibt auch eine Testosteronversion des Ereignisses: Das männliche Pendant zur »hen party« ist die »stag party«. »Stag« ist der Hirsch.

Wenn dabei nur niemandem die Hörner aufgesetzt werden...

Das Nanumeter zeigt den subjektiv empfundenen Grad der Peinlichkeit und/oder Verlegenheit, der man in einer solchen Situation ausgesetzt sein kann. Auf einer Skala von 1 bis 10 bedeutet 10 die größtmögliche Verwunderung oder sogar Blamage.

Mit nur noch leise brummenden Motoren und langsamer Fahrt steuert die Fähre die Anlegestelle am Kennedy Point an. Auf dem Deck wird es jetzt lebhaft und die meisten Passagiere streben zu ihren in drei dichten Reihen aufgestellten Fahrzeugen. Ich habe mich für die Autofähre entschieden und »Bertie«, den treuen Mini, mitgenommen, weil ich gerne auf eigene Faust Waiheke Island erkunden möchte. Paul hat mir das wegen der hohen Überfahrtkosten am Telefon zwar ausreden wollen und mir angeboten, sein Inselauto benutzen zu können, wann immer ich es wollte. Das konnte ich nicht auch noch akzeptieren. Ich verstricke mich sonst noch im Geflecht der Familienbande. Ich glaube nämlich, Paul und Sarah McNish sähen es gerne, wenn aus der Beziehung zwischen Siobhan und mir mehr würde als das, was es im Moment ist. Warum sonst sollten sie ausgerechnet mich in ihr Ferienhaus auf die Insel einladen?

Wortschatzsuche.

Nicht hetzen beim Übersetzen.

Die zweieinhalb Tage auf Waiheke waren exakt das, was man braucht, wenn man sich einmal vollkommen klischeehaft »reif für die Insel« fühlt. Mal abgesehen von dem Skandal am Ende.

Das Häuschen der McNishs liegt nur zehn Minuten vom Fährhafen entfernt und ist leicht zu finden. Es liegt am Ende einer langen, steil abwärts führenden Einfahrt und wirkt auf den ersten Blick eher unscheinbar. Tatsächlich ist die *bach* jedoch genau das Gegenteil jener Filmgebäude, die vorne nur Fassade und hinten gar nichts sind: Hinter einem bescheidenen Eingangsbereich eröffnet sich ein wahres Schatzkästlein. Über vier Stufen gelangt man in den großzügig offenen Wohnbereich, und bereits von der Treppe aus führt der Blick durch eine mehrere Meter breite Glasfront auf die gesamte türkisfarbene Bucht und den hellen Strand von Oneroa.

Siobhans Eltern haben mich schon erwartet. Das Haus hängt wie ein Ausguck oberhalb eines steilen Hangs, *cliff top,* und das Gästezimmer ist als separate Einheit unterhalb der Hauptwohnung in das Cliff hineingebaut. Es hat alles, was man zum Wohlfühlen braucht, und der Knüller ist eine außen liegende, aber dennoch nicht einsehbare Dusche. Das ist ideal, weil genau dort ein serpentinenartiger Fußweg beginnt, der das Haus mit dem Strand verbindet, und man sich nach dem Bad in Meer und Sonne sogleich Salz und Sand vom Körper spülen kann. Und überhaupt – ich weiß nicht warum – dusche ich für mein Leben gern.

Info zwischen den Zeilen von
Kliffhänger K.I.W.I. Cliff-Top

»Cliff top« ist die Traumlage schlechthin für ein Haus in Neuseeland. Das Sahnehäubchen ist, wenn es

84

auch noch »north facing«, also nordwärts ausgerichtet, steht. Häuser, die an der Kante eines mehr oder weniger senkrecht abfallenden Kliffs stehen, gibt es hier viele. Der Grund ist die Tatsache, dass Neuseeland eine mehr als 15.000(!) Kilometer lange Küstenlinie hat, die natürlich nicht nur aus Sand und Strand, sondern zu einem großen Teil eben auch aus Fels und Klippen besteht.

Der (freilich sehr kostspielige) Blick über Meer und Küste ist bei einem Haus am Klippenrand logischerweise unverbaubar und die geografische Ausrichtung nach Norden garantiert das Maximum an Sonneneinstrahlung und Wärme rund ums Jahr.

Nicht unerwähnt bleiben soll auch die Tsunamisicherheit eines Domizils auf dem »cliff top«. Lediglich bei extremem Starkregen gibt es hin und wieder Schäden (vereinzelt auch Totalverluste) durch Unterspülung und abbröckelnde Kliffränder.

Sarah und Paul wiesen mich kurz in ein paar Einzelheiten der Hausordnung ein, die sich aber im Wesentlichen auf die Erklärung der elektrischen Schalter und der Benutzung des Kühlschranks mit den Getränken beschränkte. Dann zeigte Paul mir noch das Versteck für den Schlüssel, damit ich ohne Einschränkungen das Haus verlassen und betreten konnte, auch wenn er und Sarah in den nächsten zwei Tagen einmal nicht anwesend sein sollten. Ihre **Gastfreundschaft** war nicht mehr zu überbieten. Mit der eindringlich geäußerten Aufforderung, mich unbedingt wie zu Hause zu fühlen, und der Einladung zu einem spätabendlichen Drink auf der Terrasse entließen mich die beiden in den Inseltraum.

**Info zwischen den Zeilen von
Hausmeister K.I.W.I. Hospitality**

Neuseeländer sind gerne bereit, Freunden, aber selbst auch Bekannten, die sie gerade erst kennengelernt haben und denen sie einigermaßen vertrauen, ihr Haus zur Verfügung zu stellen. Die Aufforderung, sich in ihren vier Wänden wie zu Hause zu fühlen ist dabei keine Floskel.

Bis in die neunziger Jahre hinein war es übrigens eine verbreitete Gewohnheit, das Haus überhaupt nie abzuschließen. Das hat sich mittlerweile zwar geändert, aber Kiwis verraten den über Nacht eingeladenen Gästen gerne und bereitwillig das Depot, in dem der Zweitschlüssel versteckt ist.

Ähnlich wie beim »house sitting« gibt es lediglich eine kurze Einweisung in die technischen Besonderheiten des Hauses. In der Regel darf dabei auch das, was sich in Kühlschrank oder Speisekammer befindet, gerne aufgegessen werden, weil die neuseeländische Hausfrau selten Zeit oder Lust hat, ständig und akribisch auf die Verfallsdaten der Lebensmittel zu achten.

Meine erste Amtshandlung: duschen! Diese *outdoor shower* hat es mir schwer angetan. Auch im öffentlichen Schwimmbad soll man sich abschauern, bevor man in den Pool eintaucht. Dann ging ich runter zum Strand, der hellbeige, fast weiß, und äußerst flach ins türkise Wasser des Meeres überging. Ich dachte an die »Fantastischen Vier« und ihren Song »Der Tag am Meer«.

So verbrachte ich einige Zeit mit Schwimmen, Sonnen, Sinnieren. Von einem der zahlreichen in dieser Bucht vor Anker liegenden Boote und Jachten rief mir jemand zu, ob ich nicht kurz an Bord kommen wollte. Die Neuseeländer sind schon sehr kontaktfreudig. Und so enterte ich die »Seascape« mit einem freudigen »Ahoi« auf den Lippen. Bei einem kühlen Bier stellte mir eine relativ junge, Jacht fahrende Familie Walker die klassischen W-Fragen (Wer? Woher? Warum?).

Danach ging es wieder hoch zum Haus, ich wollte noch gerne eine kleine Rundfahrt über die Insel unternehmen. Duschen, ahhh! Dann Klamotten an und hoch zum Auto. Siobhans Eltern hatten Besuch und saßen bei Wein und Knabbereien mit einem Paar mittleren Alters auf der großen Holzveranda, dem *deck*. Paul rief mir im Vorbeigehen zu, ob ich okay sei (»*Thanks I'm alright*«) und dass ich mich nur nicht aufhalten lassen soll (»*See you later*«). Doch die beiden Gäste bremsten Paul und mich, indem sie in meine Richtung fragten, ob nicht noch wenigstens Zeit für ein gemeinsames Gläschen von Paul und Sarahs wunderbarem »Luna Negra« von »Stonyridge« ist. Sie stellten sich selbst als Donald und Joyce vor, und ich sollte sie bitte einfach Don und Joy nennen, wie jeder andere auch.

Dann stellte ich mich meinerseits ordnungsgemäß vor und war wieder einmal froh, einen ziemlich englischverträglichen Namen zu haben: Martin Horn.

An dieser Stelle verriet Paul erläuternd: »Martin, die beiden sind unsere Steuerberater und in Wahrheit nennt sie jeder weder so noch so, sondern – weil sie immer zusammen als Zweigestirn auftreten – »DeeJays«, kurz und bündig.«

Dann übernahm Sarah, den beiden Steuerberatern zugewandt, das Finale: »Martin ist ›Shivas‹ *friend,* und sie nennt ihn ›Mars‹, wie den Planeten.«

Mir war auf einmal schwummrig geworden (ich sah Sterne und Planeten kreisen); nicht von der Wirkung des traumhaften Weines, vielmehr wegen der unglaublichen Neuigkeiten, die Sarahs kurzer Satz enthielt: Ich wusste bis dahin nicht, dass Siobhan innerfamiliär »Shiva« genannt wird (was ich sehr reizvoll finde). Und ich wusste noch viel weniger, dass »Shiva« mich »Mars« nennt (was ich zunächst äußerst irritierend fand). Eigentlich spricht sie mich immer sehr sachlich mit vollem Vornamen an. Nur in zärtlichen Stunden, und wenn sie angesäuselt ist, heiße ich schlicht und recht pauschal »*Love*«. Ich nehme an, sie will durch eine Einheitsstrategie vermeiden, die Kosenamen ihrer zahlreichen Bekanntschaften durcheinanderzubringen.

Richtig unangenehm, fast peinlich, war mir, dass mich Sarah in ihrer knappen Präsentation als Siobhans *friend* vorgestellt hat. Es saß mir überhaupt nicht glatt, als offizieller Freund der Tochter zu gelten. Freilich war ich mit ihr gut befreundet (wie viele andere ja auch) aber Sarahs Ein-Satz-Statement klang für mich wie die Verkündung der freundlichen Übernahme ins Familienportfolio. Sollte ich korrigieren, widersprechen oder gar protestieren? Ich hielt mich zurück. Die Gesellschaft war zu angenehm, und wer weiß, vielleicht werde ich wirklich noch »Shivas« formeller Begleiter …

Scheinbar simple Begriffe können in der Übersetzung unerwartete Bedeutungen haben. Man sollte solche Worte nicht vorschnell auf die Goldwaage legen. Martin »Mars« Horn konnte dieses Mal den Tritt ins Fettnäpfchen gerade noch vermeiden.

Der Kiwipflücker wollte (noch) nicht als fester Freund der Tochter des Hauses bezeichnet werden. Natürlich hat er »friend« richtigerweise als »Freund« ins Deutsche übertragen. Wichtig ist dabei jedoch, dass ein »friend« im Wortsinne zunächst nicht mehr als ein Bekannter oder eine Bekannte ist. In dieser Bedeutung wird »friend« im normalen neuseeländischen Sprachgebrauch überwiegend verwendet.

Erst als »boyfriend« oder »girlfriend« wird aus der allgemeinen Bekanntschaft der feste Freund, bzw. die feste Freundin. Ein kleiner Unterschied mit großer Wirkung also. Erst wenn man Martin als Siobhans »boyfriend« vorgestellt hätte, wären seine Bedenken und Einwandabsichten berechtigt gewesen.

Richtig ernsthaft wird die Beziehung, wenn aus der festen Freundschaft ein »fiance« oder eine »fiancee« wird: Dann nämlich hat man Verlobungsringe getauscht und sich das Eheversprechen gegeben. Wer später dann die »hen party« respektive »stag party« feiert, hat sich quasi endgültig vom Junggesellendasein verabschiedet – die Hochzeit, »wedding«, folgt kurz danach.

Das Nanumeter zeigt den subjektiv empfundenen Grad der Peinlichkeit und/oder Verlegenheit, der man in einer solchen Situation ausgesetzt sein kann. Auf einer Skala von 1 bis 10 bedeutet 10 die größtmögliche Verwunderung oder sogar Blamage.

Trockenübung.

Wenn der Staub leise aus dem Wasserhahn rieselt.

Die DJs haben wie Paul und Sarah ein Häuschen auf Waiheke, jedoch ganz im Süden der Insel bei Surfdale, und ihr Nachbar ist der »**Mad Butcher**«. Nach dieser kurzweiligen Vorstellung waren alle der einhelligen Meinung, mich nun besser ins Inselleben eintauchen zu lassen. Aber die DeeJays hatten noch einen Nachtrag parat: »Mars, wir haben am Sonntag ab fünf ein kleines *come together* im Garten unseres Hauses in Browns Bay. Du bist herzlich dazu eingeladen. Es ist nichts Großes, *just bring a plate!*«

Info zwischen den Zeilen von
Fleischeslustwandler K.I.W.I. Mad-Butcher

Der »Mad Butcher« gehört zu den großen (Werbe-)Ikonen Neuseelands. Der »verrückte Schlachter« heißt im bürgerlichen Leben (Sir) Peter Leitch und ist der wandelnde bzw. Porsche fahrende Kiwitraum: er hat durch Fleiß und Ausdauer die größte neuseeländische Fleischereiladenkette auf die Beine gestellt.

Leitch tritt in seinen Werbespots persönlich auf und hat es geschafft, durch seinen unverwechselbaren Stil, der Marke »Mad Butcher« einen besonderen Charakter zu verleihen. Er wird in verschiedenen Fernseh- und Radiosendungen deshalb auch gerne parodiert.

Der »Mad Butcher« Peter Leitch unterstützt mehrere Wohltätigkeitsinstitutionen und wirbt für Spendenaktionen. Außerdem ist ein einflussreicher Förderer des neuseeländischen Rugby-Sports.

Ich lenkte »Bertie« flott über die gewundenen Straßen der Insel. Es machte einigen Spaß, ein paar Buchten und Strände, sowie zwei, drei Weingüter, für die Waiheke so berühmt ist, abzuklappern (darunter natürlich »Stonyridge«, der Quelle des vollblütigen »Luna Negra«).

Ich musste dabei die ganze Zeit an die turbulente Begegnung mit den »DeeJays« denken, auch daran, wie Sarah mich als »Shivas« *friend* namens »Mars« geoutet hatte.

Vor allem aber dachte ich an die Einladung nach Browns Bay, auf die ich mich irgendwie freute, und an die Devise: *bring a plate!* Ich konnte den Sinn dahinter nur vermuten, nahm aber stark an, dass Don und Joy einfach nicht genügend Geschirr für alle Gäste im Hause hatten. Ich besaß derzeit zwar keine eigenen Teller – was soll's – kaufte ich eben kurz vorher ein paar bei Briscoes (die Lady würde es mir irgendwann vielleicht einmal danken). Das war mein Plan. Und wenn ich statt nur einem, gleich sechs oder acht schöne neue Teller auf der Gartenparty dabei haben würde, könnte es doch nur ein Vorteil für alle Beteiligten sein. Ich war sehr gespannt auf Sonntagabend ...

Irgendwie war es mir aber an diesem Nachmittag dann doch zu feuchtwarm, und nach insgesamt fast drei Stunden flotter Mini-Fahrt mit vielen Stopps war die Luft fürs Erste raus. Es zog mich durchgeschwitzt wieder zurück nach Oneroa.

In McNishs Inseloase war erst einmal duschen(!) angesagt – Schweiß abspülen – aber während ich mir mit hartem Wasserstrahl die Schultern massierte, kam mir die Idee, nochmals eine Runde schwimmen zu gehen und vielleicht sogar ein zweites Mal zur »Seascape« der Walker *family* rüberzukraulen – vielleicht hatten sie noch ein Bier für mich in der **Kühlbox**, *chilly bin*. Gedacht, getan. Runter zum Stand. Wasser wie Samt. Das tat gut und hat die Lebensgeister erfolgreich wiedererweckt. Nur das edle Wasserfahrzeug dümpelte menschenleer in sanfter Dünung; »meine« Jachties waren vermutlich auf Landgang. Vielleicht auch besser so. Spontane Ereignisse lassen sich nicht wiederholen.

**Info zwischen den Zeilen von
Kühltechniker K.I.W.I. Chilly-Bin**

Die »chilly bin«, also die tragbare Kühlbox aus Kunststoff, gehört zu den herausragenden Kultgegenständen der extrem freizeitorientierten Neuseeländer.

Im Zuge der drei großen »Bs« (»beach«, »boat«, »barbecue«) muss im gleichen Atemzuge immer auch die »chilly bin« genannt werden – ohne sie geht es einfach nicht.

Kein Kiwi-Auto, in dessen Kofferraum nicht so eine Kühlkiste in jedweder Größe und Farbe Grillgut, Getränke und auch Lebendköder fürs Fischen frisch hält.

Ich legte den inneren Schalter um und freute mich nun auf den Drink bei Sarah und Paul. Noch während ich den steilen Fußweg hoch zum Haus erklomm, rief Siobhans Vater mir, weit über die gläserne Brüstung der Veranda gebeugt zu, ob ich schon zum Drink bereit sei?

Ja klar, nur kurz duschen noch, war meine Antwort.

Worauf er rätselhafterweise erwiderte, dass das okay sei, allerdings verbunden mit der Bitte, mich vielleicht nur ganz kurz abzuspülen: *»We run short of water«* – das Wasser wurde allmählich knapp ...

Wasser ist ein wertvolles Gut – überall auf der Welt, so auch in Neuseeland. In welches beinahe ausgetrocknete Fettnäpfchen trat Vielduscher Martin bei seinem Inselbesuch?

Beileibe nicht alle Häuser sind hierzulande an ein öffentliches Wasserleitungsnetz angeschlossen sind. Der beobachtende Neuseelandbesucher wird feststellen, dass in ländlichen Regionen fast alle und selbst in städtischen Bereichen sehr viele Häuser von einer Art überdimensionalem Regenfass aus Beton oder Kunststoff verunziert werden. Dabei handelt es um nichts anderes als Frischwassertanks, die auf Bestellung vom Wassertanklastzug befüllt werden.

Fast immer wird auch das Regenwasser vom Dach in den Tank geleitet, wodurch besonders in den Sommermonaten trotz Filter viele Pollen und feine Fasern von blühenden Gräsern, Büschen und Bäumen ins Frischwasser gelangen. Das ist an sich kein echtes hygienisches Problem, aber die Pflanzenteile verändern den Geschmack des Wassers, weshalb viele Hausbesitzer in dieser Zeit das Regenfallrohr vom Wassertank, dessen Kapazität natürlich stark begrenzt ist, trennen. Es ist also wichtig, den Pegelstand im Auge zu behalten, um nicht plötzlich auf dem Trockenen zu sitzen. Zwischen Bestellung und Lieferung des Wassers vergeht in der Regel mindestens ein weiterer Tag – und der Wasserspiegel sinkt und sinkt!

Wenn jeder der Hausbewohner, wie unser Kiwipflücker, viermal am Tag duschen möchte, kann es passieren, dass der Wasservorrat viel schneller knapp wird, als es allen Beteiligten lieb ist. So kann man mit Wasserverschwendung paradoxerweise ein Fass auch zum Überlaufen bringen...

Das Nanumeter zeigt den subjektiv empfundenen Grad der Peinlichkeit und/oder Verlegenheit, der man in einer solchen Situation ausgesetzt sein kann. Auf einer Skala von 1 bis 10 bedeutet 10 die größtmögliche Verwunderung oder sogar Blamage.

Flohzirkus.

Des einen Schrott ist des anderen Schatz.

Samstag, 16. April. Der Schock saß tief. Paul spürte, dass mich seine Nachricht vom knapp werdenden Wasser zutiefst getroffen hatte. Ich versuchte einen Teil meiner verlorenen Ehre zu retten und redete mich um Kopf und Kragen. Dazu erklärte ich ihm ausschweifend und mit vielen Bezügen zu Deutschland illustriert, dass mir nicht bewusst war, dass das Haus nicht an eine öffentliche Wasserversorgung angeschlossen sein könnte. (Hoffentlich kommt wenigstens der elektrische Strom aus einem allgemeinen Leitungsnetz und nicht vom Fahrraddynamo). Die Situation war mir äußerst unangenehm. Aber Pauls selbst angesetzte Sangria war süffig und erfrischend. Ach, was soll's, sollen sie sich doch einen anderen *friend* für ihre Tochter ausgucken ...

Sarah versuchte erfolgreich abzulenken. Ich hatte das Gefühl, dass ihr das Gespräch fast noch peinlicher als mir war, und sie meinte, Paul hätte dieses trockene Thema erst gar nicht anschneiden sollen, das sei doch in jedem Sommer dasselbe. »Genug damit, wir werden schon nicht durstig und ungewaschen bleiben müssen!«, beendete sie offiziell die Diskussion und fügte noch hinzu »Hast Du eigentlich Lust, Mars, uns morgen zum *garage sale* nach Surfdale zu begleiten?«

Zum *garage sale?* Na gut! Ich willigte ein, mich anzuschließen, ohne wirklich besonders erpicht darauf zu sein. Es schien mir aber taktisch sinnvoll, mit Siobhans Eltern (die hartnäckig bei »Mars« blieben) loszuziehen und Garagen in Augenschein zu nehmen.

Sie hatten über Jahre hinweg das Ferienhaus Stück um Stück ausgebaut und modernisiert, aber eine Garage für das Inselauto, einen BMW X3, fehlte tatsächlich noch. Der teure Wagen stand bei jedem Wetter draußen – an sich nicht tragisch, denn mir fiel von Anfang an auf, dass die Autos in Neuseeland auch bei schlechtem Wetter längst nicht so dreckig werden, wie ich das aus Deutschland kenne. Es ist tatsächlich erkennbar weniger Schmutz in der Luft und auf den Straßen. Waschanlagen sind selten in diesem Land und sicher kein besonders gutes Geschäft für die Betreiber. Aber ein hochwertiges Fahrzeug wie McNishs BMW hat durchaus eine schützende Blechbehausung für sein Blech verdient.

So sollte ich mich über die Einladung zum *garage sale* eher geehrt fühlen; vielleicht legen sie ja Wert auf meine Meinung zu Technik, Form und Farbe.

Am Samstagmorgen – nach einer 30-Sekunden-Dusche und einem kurzen Frühstück, liebevoll dargereicht von Sarah – ging es schon um kurz nach acht los.

Sarah sagte: »Die besten Käufe macht man nur frühmorgens.«

Hatte ich richtig gehört?

Paul lenkte den silberfarbenen X3 durch das Wohngebiet, das sich am Südwestrand von Surfdale erstreckt. Keine Mustergaragen weit und breit. Siobhans Vater stoppte den Wagen vor einem Haus, auf dessen Garagenvorplatz sechs Tapeziertische in Hufeisenform aufgebaut und brechend voll mit Flohmarktartikeln beladen waren. Mir fiel es wie Schuppen von den Augen ...

Hin und wieder schnappt die Übersetzungsfalle schmerzhaft und erbarmungslos zu. In welches antike Garagenfettnäpfchen wäre unser Kiwipflücker hier beinahe getreten?

»Garage sale« kann selbstverständlich mit »Garagenverkauf« übersetzt und sinngemäß folglich als Verkauf von Autobehausungen verstanden werden. Dennoch hat in diesem Fall »garage sale« definitiv nichts mit der Veräußerung von Blech-, Holz- oder Steingaragen zu tun. Beim »Fabrikverkauf« wird ja auch keine Fabrik verkauft.

Der Begriff »garage sale« steht hierzulande für den privaten Flohmarkt, also die Entrümpelung nach Art des Handelsmanns. In Neuseeland ist nämlich jeder sein eigener Flohmarktveranstalter.

Samstagvormittags verwandeln sich in den Wohngebieten viele Autobehausungen zu Schnäppchenquellen für Ramsch und Reste. Frau McNish sammelt altes englisches Geschirr aus der viktorianischen Zeit, und ihr Gatte hat Spaß an antiquarischen Büchern.

Gut, dass der Kiwipflücker den gedanklichen Holzweg, auf dem er sich befand, nicht weiter breit getreten hat. Die nächste Blamage wäre ihm sonst sicher gewesen...

Das Nanumeter zeigt den subjektiv empfundenen Grad der Peinlichkeit und/oder Verlegenheit, der man in einer solchen Situation ausgesetzt sein kann. Auf einer Skala von 1 bis 10 bedeutet 10 die größtmögliche Verwunderung oder sogar Blamage.

Intermezzo.

Sonntag, 17. April. Nach einem fast unanständig genussvollen Frühstück auf dem Deck von Paul und Sarahs Haus hoch über der Bucht von Oneroa bin ich mit der Autofähre wieder nach Auckland zurückgefahren. Ohne »Bertie« wäre zugegebenermaßen die »Fußgängerfähre« viel billiger und auch sehr bequem (fast von Haustür zu Haustür) nach Devonport möglich gewesen. Aber als glühendem Anhänger des kolbenmotorgetriebenen Individualverkehrs kommen Fußmärsche und öffentliche Verkehrsmittel für mich nicht infrage. Nur auf Wasserstraßen heiligt der Zweck das Mittel. Allerdings dauert die Fahrt von der Anlegestelle in Half Moon Bay zu meiner *flat* an einem Sonntagvormittag ja auch nur eine halbe Stunde (und entschuldigt damit alle Faulheit und Umweltbewusstlosigkeit).

Es war mehr als ein Gefühl, dass Siobhans Eltern mich bei Toast, Tee, Kaffee und einem verschämten, zungenlösenden Gläschen »Fallen Angel NV Brut« *(nomen est omen?)* ein kleines bisschen über die Beziehung zwischen mir und ihrer Tochter aushorchen wollten *(methode traditionnelle?)*. Dass sie Siobhan »Shiva« nannten, fand ich wirklich genial, und auch an meinen »Mars« hatte ich mich inzwischen recht gut gewöhnt. Als ich eine Stunde später aufbrach, wusste ich freilich nicht, ob ich den McNishs verwertbare sachdienliche Informationen preisgegeben, und ob die prickelnde Wahrheitsdroge erwartungsgemäß gewirkt hatte ...

Ruhestörung.

Der ganz alltägliche Sonntag.

Sonntag, 17. April. Unter meiner Tür lag ein Prospekt für eine Art Sommerschlussangebote von Briscoes. Meine Mitbewohner wissen von meiner detektivischen Investigation im Untersuchungsfall »Briscoes-Lady« und unterstützen mich bei der Puzzle-Arbeit nach Kräften. Auf der Titelseite ist ein kleines Foto der Lady zu sehen, wie sie auf dem Holzsteg sitzt, der zu einem belebten Strand führt. Selbstverständlich behalte ich das bunte Blättchen. Ich habe mir extra eine kleine Aktenmappe für alles, was mit der Dame zu tun hat, angelegt. Im Internet hat ein Blogger neuerdings behauptet, sie heiße Tammy. Tammy Wells. Klingt glaubhaft ...

Ich wollte mir erlauben, eine kleine Siesta zu halten, den »Fallen Angel« im Kopf verdunsten und dabei das Thema des Morgens – Shiva & Mars – in meinen Gedanken nachwirken zu lassen. Siobhans Abwesenheit an der Bay of Islands ließ meine Tage etwas ruhiger werden – die junge Frau zieht eben immer eine äußerst intensive Wirbelschleppe hinter sich her – und ihre Bugwelle ist auch nicht zu verachten.

Der spannende Blick von der Terrasse des Hauses auf die Harbour Bridge sollte die dramaturgisch gelungene Kulisse für mein heutiges Mnemoprojekt sein. Derart sorgfältig vorbereitet (aber leider nur mit einem Glas billigen Aussie-Chardonnay vom Supermarkt in der Hand) ließ ich mir zuerst die Mehrsinnigkeit und Zufälligkeit des *nicknames* »Shiva« genüsslich auf der Zunge zergehen: die Aussprachehilfe des komplizierten Namens »Siobhan« einerseits und (als Zufallsprodukt) die Namensgleichheit der »Glückverheißenden« aus dem Hinduismus andererseits. Aber zu mehr als dieser einen Betrachtung kam ich nicht mehr.

Plötzlich einsetzender Höllenlärm zerschnitt die mittägliche Ruhe wie sonst nur Glockengeläut in deutschen Dörfern: Zwei Rasenmäher knatterten – fast wie auf Kommando eines sadistischen Dirigenten – ein nerviges Duett. Dann, keine fünf Minuten später – der Taktstock befahl nun schrille Dissonanz – jaulte ein Laubsauger auf wie eine Jet-Turbine! Voilà: Trio infernale. Dieses aus schmerzhaft lauten, grobakustischen Elementen aufgetürmte Klanggebilde zersägte eine geschlagene Stunde lang die unschuldige Luft der Aramoana Avenue.

Während das Zweitakt-Crescendo an Dynamik ständig zuzunehmen schien, traten die Nachbarn, Südafrikaner wie mein *flat mate* Nora, aus ihrem Haus: drei gestandene Männer, der Vater mit den erwachsenen Söhnen. Wollten sie dem ruhestörenden Lärm endlich Einhalt gebieten und die Verursacher des Krawalls zum schnellen Finale mahnen? Ihnen notfalls die Stecker von den Zündkerzen ziehen? Weit gefehlt (und fast im Gegenteil): Die Dreiergruppe öffnete die Garage und brachte gut gelaunt und fröhlich pfeifend – scherzando – zwei Autos ins Freie; ein drittes stand schon auf der Straße. Das väterliche Flagschiff, Nissan Navara, trägt »**BOER**« auf dem individualisierten Nummernschild.

Das Stakkato der Mäher und Sauger schien sie wohl doch zu stören, denn jetzt wurde in der Garage ein CD-Spieler in Gang gebracht, der öde Oldies aus den Siebzigern und Achtzigern sehr laut zu Gehör brachte. Der ganze Klangteppich war nunmehr – tutta la forza – unerträglich geworden. Man kann die Augen schließen, wenn man etwas nicht sehen, und den Mund halten, wenn man etwas nicht sagen will. Aber man kann die Ohren nicht schließen, wenn man etwas nicht hören will ...

**Info zwischen den Zeilen von
Kapdergutenhoffnungsträger K.I.W.I. Boer**

Der Name »Boer« steht für die südafrikanischen »Boer people« (Boerevolk), zu Deutsch »Buren«, und bedeutet »Bauern« oder »Farmer«. Die Buren stammen von den zumeist niederländischen, aber auch deutsch- und französischsprachigen Siedlern ab, die sich seit 1652 am Kap der Guten Hoffnung niederließen.

Die Muttersprache der »Boer« ist Afrikaans, früher auch Kapholländisch genannt. Es ist eine von mehreren Amtssprachen in Südafrika. Nach dem Ende des von der Apartheid-Politik geprägten Südafrika (1994) verließen allerdings tausende Buren und andere weiße Einwohner das Land.

Einwanderer aus Südafrika stellen eine der großen Bevölkerungsgruppen innerhalb der Immigranten Neuseelands dar. Viele davon kommen aus der Kapregion und haben sich im Allgemeinen einen ausgeprägten Nationalstolz bewahrt.

Dann folgte der Hauptakt. Die Südafrikaner begannen nun synchron die Wägen zu waschen: mit Schläuchen, Eimern, Bürsten, Schwämmen. Die Buren seiften, schäumten, spülten. Sie schrubbten, wischten, lederten und trockneten. Konzertierte Familienaktion. Das ganz große, umfassende Fahrzeugpflegeprogramm lief wie ein Uhrwerk ab, und es schoss Wasser sturzbachartig die Avenue hinunter – begleitet von Queens »We are the Champions«. Schließlich, nach getanem Werk, trat das Trio ab – so schnell, wie es gekommen war. Ich vermisste lediglich noch die Verbeugung der Darsteller und den Vorhang beim Abgang. Applaus. Zugabe ...

Dennoch lag immer noch etwas in der Luft. Aus allen vier Himmelsrichtungen waren weiterhin diese barbarischen Motorengeräusche der unterschiedlichsten Gartengeräte hörbar, die bis zum späteren Nachmittag nicht verstummen sollten. Aber es gab noch eine sonntagmittägliche Auffälligkeit der olfaktorischen Art: Penetranter Geruch von verbranntem Fleisch waberte durchs Wohngebiet, verbunden mit weißen, grauen und schwarzen Schwaden, die von den Vorplätzen der Häuser wie verschlüsselte Rauchzeichen den Verbrennungsgrad von Steaks und *sausages* in der klaren Neuseelandluft signalisierten. Auch die Nase gehört leider zu den Organen, die man nicht schließen kann, wenn man etwas nicht riechen will. Meine Sinne waren verwirrt.

Das alles war jedoch nur Vorgeplänkel auf dem Weg zum großen *showdown:* Ein Kleinbus bog in unsere Einfahrt ein; er trug die Aufschrift »**Cutting Crew**«, was ich mir sehr frei mit »Die Sensenmänner« übersetzte.

Ein junger dynamischer Kerl entstieg dem Wagen, der, als er mich wie versteinert auf dem Deck sitzen saß, den Arm in die Luft warf und rief: »*Hi* Kumpel, ich mach' den Rasen. Herrlicher Sonntag, nicht?« Kaum dass sein Ruf verhallt war, stülpte er sich den Gehörschutz über und gab mit seinem Motormäher mächtig Gas. Ich spürte Tinnitus im Ohr ...

Info zwischen den Zeilen von Rasenmäher K.I.W.I. Garden-Care

Neuseeland liegt weltweit im Spitzenfeld der Geschäftsgründungen. Auch beim prozentualen Anteil von selbstständigen Unternehmern in der Bevölkerung mischen die Kiwis im Ländervergleich ganz weit vorne mit.

Dabei erfreut sich das Geschäftsmodell »Franchise« oder »Franchising« in Neuseeland besonders großer Beliebtheit. Natürlich dürfen dabei die internationalen Giganten »McDonald's«, »Burger King«, »Pizza Hut«, »Subway«, »Vodafone«, »Goodyear«, »Esprit« und all die anderen, die jeder kennt, nicht fehlen.

Aber wie überall ist es auch hier vor allem das viele Kleinvieh, das den größten Mist macht. Neuseeländer, die Lust und Mut zur Selbstständigkeit haben, können aktuell unter knapp 220 kleinsten, kleinen und mittleren Franchise-Unternehmen wählen.

Für jeden, der einen Rechen über den Rasen ziehen kann, ist etwas Geeignetes dabei: Im Branchenmix der Franchisen sind auffallend viele Dienstleistungen rund um Haus (derzeit ca. 40) und Garten (derzeit ca. 20) vertreten. Diese sind bei den Neuseeländern äußerst beliebt, zumal sich die Voraussetzungen für den Erwerb einer solchen Franchiselizenz im Wesentlichen auf die Bezahlung der Einstiegsgebühr und der monatlichen Abgaben beschränken.

Gartenpflege allgemein »garden care«, Rasenmähen »lawn mowing« und Bäume trimmen »tree cutting« sind die Favoriten. So fallen also täglich ganze Heerscharen von Franchise-Einzelkämpfern über Neuseelands Vorgärten her. Dort halten sie mit knatternden Rasenmähern, Motorsägen und Laubsaugern die wuchernde Natur in Schach. Für besonders Fleißige ist dabei auch der Sonntag kein Ruhetag.

Dann erschien Nora, die Friseurin. Sie kam aufs Deck, umrahmt von zwei ungepflegten, bierflaschentragenden jungen Männern, deren Unterhaltung aus einer sprachlich bemerkenswerten Aneinanderreihung der ungewöhnlichsten **Kiwislangwörter** bestand. Es war mir auf einmal sehr peinlich, mit einer Frau intimen, wenn auch nur oberflächlichen Kontakt gehabt zu haben, die sich mit solchen schmuddeligen Typen abgab. Der langmähnige von beiden war vermutlich Noras *boyfriend.* Er machte sich an einem Barbecue, der an der Hauswand stand, zu schaffen, ohne das Bier abzustellen. Er entfernte eine alte, rissige Schutzhaube aus Stoff, unter der ein nahezu schrottreifes Grillgerät zum Vorschein kam. Gemeinsam schlossen die beiden Jungmänner mit verblüffend geübten Handgriffen eine Gasflasche, *LPG,* an – und ruckzuck züngelten helle Flammen aus den Brennern des Gerätes.

**Info zwischen den Zeilen von
Kauderwelschdolmetscher K.I.W.I. Slang**

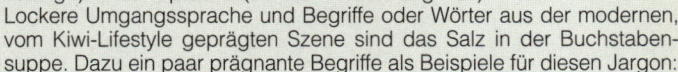

Wie wahrscheinlich alle Nationen der Welt, haben auch die Neuseeländer ihre Sprache (den Kiwi »slang«) in der Sprache (dem amtlichen Englisch). Lockere Umgangssprache und Begriffe oder Wörter aus der modernen, vom Kiwi-Lifestyle geprägten Szene sind das Salz in der Buchstabensuppe. Dazu ein paar prägnante Begriffe als Beispiele für diesen Jargon:

Bloke	Mann, ganzer Kerl
Bugger	Verdammt!
Cheers	Tschüss, aber auch: Danke
Chick	Mädchen, Tussi
Cuppa	Tasse Tee oder Kaffee (Tass' Kaff')
G'day! / Gidday!	Universelle Kiwi-Begrüßung (von: Guten Tag!)
Down the gurgler	Fehlschlag, danebengegangen
Good as gold	Einverstanden, kein Problem
Happy as Larry	Höchst erfreut
How's it going?	Wie geht's, wie steht's?
Loo	Toilette, Klo
LPG	Flüssiggas (Liquefied Petroleum Gas)
Piss	...ja genau, aber auch und vor allem: Bier
Piss up	Party, Saufgelage
Pissed off	Verärgert, aufgeregt
I'll give you a ring	Ich rufe dich an
Sheila	Frau, »Alte«
Spud	Kartoffel
Ta	Danke (Kurzform für: Thanks)
Veges	Gemüse

Nora legte **burgers, bread and bangers** sowie Kartoffelhälften auf und im Nu war der gesamte Terrassenbereich in ein dichtes Gemisch aus Rauch und stinkendem Grilldunst gehüllt. Meine Nasenschleimhäute schwollen bedenklich an.

Info zwischen den Zeilen von Hackfleischkönig K.I.W.I. Barbecue

Die Achse, um die sich die Ernährungswelt der Neuseeländer dreht, ist und bleibt der gasbetriebene Grill, genannt: »barbecue«, »barbeque«, »barbie« oder »BBQ«.

Draußen zu grillen ist ein wesentlicher Bestandteil des neuseeländischen Lifestyles und des kulinarischen Selbstverständnisses der Kiwis. Es verkörpert das Grundbedürfnis für fröhliches Beisammensein und ungezwungenen Lebens unter freiem Himmel.

Die traditionelle Basisbestückung des »barbie« besteht immer aus »burgers« (Hamburger, Frikadellen), »bread« (Brot, das auf dem Grill getoastet wird) und »bangers« (Würstchen). Hinzu kommen Steaks und Fisch (Filets) sowie Kartoffeln (meist halbiert und mit der Schale) plus »Wattie's Tomato Sauce« (Tomatensoße der Firma Wattie's).

Fertig ist die Kiwi-Standard-Mahlzeit: Einfach zu machen, gut geeignet zur Verpflegung großer Gruppen und sicher auch vom gesundheitlichen Aspekt her akzeptabel.

»Deluxe BBQ« mit Meeresfrüchte-Kebabs, Lammkoteletts, Gourmetwürstchen, Grillgemüse und Salat ist die gehobene Version des Grillens und insgesamt eher ein Fall für festliche Anlässe.

Schließlich war die brave Lene an der Reihe. Mit zwei Wassereimern links und rechts und vielen Autowaschutensilien unter beiden Arme stellte sich die Studentin neben mir aufs Deck. Sie hatte sich arbeitsfein ausstaffiert: Schildmütze, altes, übergroßes T-Shirt mit ausgebleichtem »Lord-of-the-Rings«-Motiv und völlig zerschlissene Jeans, durch deren Löcher man im Hüftbereich ein schwarzes Spitzenhöschen sehen konnte. Lene war nicht schön, aber so wirkte sie schön sexy.

Sie schien wild entschlossen, ihren kleinen, alten Mitsubishi Mirage vom reichlich vorhandenen Schmutz zu befreien und bat mich, ihr einen Schlauch aus der Garage am Außenhahn des Hauses anzuschließen. Dann war sie auch schon bei ihrem Auto angekommen, und ihre allererste Amtshandlung bestand darin, das Radio massiv aufzudrehen. Es lief gerade »Don't worry, be happy ...«. Ich war sehr beunruhigt.

Ein Neuseelandsonntag um Viertel nach eins. Ich zwang mich, ruhig zu bleiben, und fragte mit gespielter Belanglosigkeit in die Runde: »Leute, ist das alles nur Zufall? Hier Lärm und Zweitaktergestank, dort Rauchschwaden und Grilldunst und dazu noch Musikgedröhn und Wasserverschwendung. Heiligt hier eigentlich keiner den Sonntag?«

Es schien niemand meine Frage gehört zu haben. Alle schauten an mir vorbei und pfiffen das fröhliche Bobby-McFerrin-Liedchen mit. Dann fuhr ich, ohne den Schlauch angeschlossen zu haben, nach Albany, um Teller einzukaufen ...

Am siebten Tag der Woche lässt man die Arbeit ruhen, um endlich in Ruhe arbeiten zu können: Da kann es schon mal im Dreisprung zielsicher ins sonntägliche Fettnäpfchen-Trio gehen. Welches war die Kiwiwelt, die unser Kiwipflücker hier nicht mehr verstand?

Mal ganz mit der Sonntagsruhe! Selbstverständlich ist den Neuseeländern der Sonntag heilig; allerdings auf ihre Weise. Traditionell widmet man sich am Kiwisonntag der Familie und macht so viel gemeinsam wie möglich. Meistens geht es raus aus dem Haus, kopfüber in die Freizeit.

Manchmal jedoch, wenn die Pflicht zu laut ruft, wird der Sonntag gerne auch zur Erledigung unaufschiebbarer Hausarbeiten genutzt. Diese schließen enorm viel ein und fast nichts aus: Rasen mähen, Bäume stutzen, Hecken schneiden – alles normal und üblich.

Wo im deutschsprachigen Raum der Protest des Nachbarn so sicher wie das sprichwörtliche Amen in der Sonntagskirche wäre, ist in den Wohngebieten Neuseelands schlimmstenfalls mit einem nachbarschaftlichen Plausch zu rechnen, weil man sich vielleicht die ganze Woche noch nicht gesehen hat.

Auch die Schlauchwäsche des heiligen Blechs ist hierzulande weder ein Verstoß gegen die (juristisch ohnehin nicht definierte) Sonntagsruhe noch gegen etwaige Wasser- oder Abwasserverordnungen. Es darf in diesem Zusammenhang aber nicht unerwähnt bleiben, dass die Häufigkeit der Autowäsche auch weitaus geringer ist als beispielsweise in Deutschland. Die völlig unterschiedliche Wettersituation und der geringere Staubgehalt der Luft lassen die Autos im Kiwiland tatsächlich nur sehr langsam schmutzig werden. Deshalb kann es durchaus einige Wochen dauern, bis der neuseeländische Autobesitzer den Anblick seines Gefährts nicht mehr erträgt und schließlich zu Wasser und Waschwachs greift.

Diese sonntäglichen Aktivitäten werden gerne mit einem stärkenden Mahl vom Grill, »BBQ«, abgerundet oder gekrönt. Das hohe Belästigungspotenzial, das ein solches Tun durch seine Rauch-, Dunst- und Geruchsemission enthält, könnte im sonntagsruhigen Germany in schweren Fällen möglicherweise einen Polizeieinsatz auslösen. Nicht so in Neuseeland: »Barbecue« ist so etwas wie ein Grundrecht aller Kiwis und kann daher theoretisch zu jeder Tages- und Nachtzeit ausgeübt werden. Der »barbie smell« könnte den Nachbarn höchstens dazu animieren, seinen Grill ebenfalls in Betrieb zu nehmen und kräftig drauflos zu brutzeln.

Das Nanumeter zeigt den subjektiv empfundenen Grad der Peinlichkeit und/oder Verlegenheit, der man in einer solchen Situation ausgesetzt sein kann. Auf einer Skala von 1 bis 10 bedeutet 10 die größtmögliche Verwunderung oder sogar Blamage.

Picknickerchen.

Rasen betreten erlaubt.

Die Teller waren schnell gekauft. Briscoes hat
einfach alles für den Haushalt, und immer gibt es
ein Sonderangebot. Allerdings sind *einzelne* Teller
überhaupt nicht zu haben. Damit hatte sich die
wörtliche Auslegung von »*bring a plate*« als Aufforderung, einen Teller mitzubringen, von selbst erübrigt. Ich überlegte noch kurz, ob es Pappteller eigentlich nicht auch täten, verwarf
die Idee aber schnell wieder wegen Stillosigkeit. Schließlich entschloss ich mich – meiner Idee vom Samstag folgend – zum Kauf
eines 6er-Sets schlichter aber hochmoderner, weißer Teller.

Es waren nicht die Billigsten aber ein paar Dollar sollte mir die
Einladung nach Browns Bay schon wert sein. Ich nahm mir vor, den
»DeeJays« diesen Satz feinen Porzellans als Geschenk zu überreichen
und nicht wieder mitzunehmen.

In Briscoes-Geschäften gibt es kein einziges Konterfei der Lady,
Tammy (oder wie immer ihr wirklicher Name auch sei), zu entdecken.
Ich erwartete ihr Porträt von allen Wänden strahlen zu sehen, glaubte,
von lebensgroßen Pappfiguren der Werbedame von Wareninsel zu
Wareninsel geleitet zu werden, und hoffte, vielleicht eine Kochschürze,
bedruckt mit einem Bild von ihr, erstehen zu können. Fehlanzeige. Das
nenne ich Understatement. Lediglich ein Stapel aktueller Flyer mit
dem Foto von ihr am Holzsteg lag beim Eingang als kleines Kauf-
rauschmittel bereit. Aber dieses Blättchen hatte ich ja schon.

Es war noch viel zu früh für die Gartenparty bei Donald und Joyce.
Noch immer dröhnte mein Kopf und ich entschied, den Rest des
Nachmittags in meinem Lieblingspark an der Shakespear Bucht zu
verbringen. Etwas Ruhe war dringend nötig. Ich werfe gerne Bumerangs, und es ist mir immer ein wirksames Beruhigungsmittel in Zeiten der Anspannung, an meiner Wurftechnik zu feilen. Ich freute

mich darauf, das Krummholz im Park kreisen zu lassen. Ich stellte mir ein Stündchen in menschenleerer Umgebung vor, untermalt vom Rauschen des Meeres und begleitet vom feinen Duft der Seeluft.

Als ich im Shakespear Park ankam, wollte ich weder meinen Augen noch allen anderen Sinnen trauen: Es sah dort aus wie bei einer Kombination aus Volksfest, Zirkus und Sportveranstaltung. Überall hatten sich kleine und größere Grüppchen mit umfangreicher Ausstattung zum Picknick niedergelassen. Ein unentwirrbares Gemisch der Musik aller Nationen schuf einen Klangteppich mit Körperverletzungspotenzial. An zwei gemauerten Grillstellen stiegen stattliche Rauch- und Dampfsäulen auf. Eine bodennahe stationäre Brutzeldunstschicht bildete die nasenquälende Quelle für ölige Starkdüfte, genährt aus permanent ins Feuer tropfendem Fett. Hunde aller Rassen tollten aus Leibeskräften bellend über alle freien Rasenflächen, nur hin und wieder für ein ekliges Häufchen innehaltend. An mehreren Stellen wurden von Klein und Groß die Einfachstversionen neuseeländischer Lieblingssportarten präsentiert. Bälle aller Durchmesser, oft mitsamt Schlägern, flogen wie Projektile durch die Luft. Ein Vater brachte seinen zwei Kids mit hochtourigen Minimotorrädern – Düne rauf, Düne runter – Sandbahnfahren bei. Summa summarum: Lärm, Geschrei, Gestank und Umweltsünde allenthalben.

Nur kurze Zeit davor war ich einer ähnlichen Situation im häuslichen Kreis des heimischen Devonport entflohen. Doch es war die Flucht vom Regen in die Traufe. Heißt es nicht immer, die Ruhe sei des Bürgers erste Pflicht? Hier in *down under* steht die Welt wahrlich auf dem Kopf! Starr stand ich neben »Bertie« und hatte das Bild europäischer Parkanlagen vor dem geistigen Augen; sah reifere Paare gemessenen Schrittes beim sonntäglichen Spaziergang; Familien mit wohlerzogenen Kindern – dort wo es erlaubt war – auf dem Rasengrün Frisbee spielen; einzelne Menschen ein gutes Buch lesend auf den Bänken sitzend; und vor allem: Ruhe und Ordnung.

Ich erwiderte reflexartig den kurzen Gruß eines *park rangers,* der im offenen Jeep neben mir gehalten hatte: »Gut was los«, statuierte der Aufseher mit genau dem Lachen, das mir längst vergangen war.

Ich wollte wissen, ob angesichts der tobenden Meute und der zu erwartenden Schäden nicht hochakuter Handlungsbedarf für ihn bestünde – und ob er nicht Verstärkung rufen wollte.

Das amüsierte ihn noch mehr, er schüttelte nur den Kopf: »Normaler Sonntag im Park, die Leute sind happy.«

Dann fuhr er weg – und ich fast aus der Haut ...

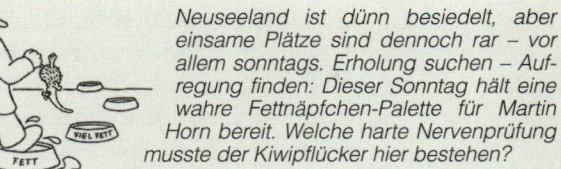

Neuseeland ist dünn besiedelt, aber einsame Plätze sind dennoch rar – vor allem sonntags. Erholung suchen – Aufregung finden: Dieser Sonntag hält eine wahre Fettnäpfchen-Palette für Martin Horn bereit. Welche harte Nervenprüfung musste der Kiwipflücker hier bestehen?

Rasen betreten ausdrücklich erlaubt: Der Sonntag im Park ist ein echter Kiwiklassiker. Und dabei ist keineswegs nur Spazierengehen oder Banksitzen gemeint. So wird im ganzen Land mit großer Begeisterung gepicknickt, und Grillpartys im Park unterliegen kaum Einschränkungen, solange der Müll weggeräumt und nichts in Brand gesetzt wird. Man betätigt sich im Familienkreis sportlich, und die Kleinen werden frühzeitig auf den Ernst des Lebens mit Rugby und Cricket vorbereitet. Es kann mitunter tumultartig zugehen, aber es gilt stets das Prinzip: Die Freiheit des einen endet dort, wo die Freiheit des anderen beginnt. Unzählige Parks sind öffentlich zugänglich und für einen starken Besucheransturm eigens vorbereitet: gemauerte Grillstellen, ordentliche Toilettenhäuschen, manchmal (bei strandnaher Lage) auch Umkleidekabinen und Duschen. Wohlgemerkt: Es handelt sich hier nicht um Campingplätze; es sind normale, als solche ausgewiesene Parks, in denen das Campen entweder gar nicht oder nur in separaten Abschnitten erlaubt ist. Andererseits sind es auch keine Naturschutzgebiete (»National Parks«), die es natürlich ebenfalls in reicher Zahl gibt. Das Grundkonzept der neuseeländischen öffentlichen Parks ist es, »Ruhe« und Erholung suchenden Familien eine Möglichkeit zu bieten, den Sonn- oder Feiertag in der freien Natur zu verbringen. Das kann an schönen Tagen natürlich zu dichtem Gedränge führen. Denn nicht nur den Kiwi an sich, auch viele Bürger anderer Nationalitäten zieht es an den arbeitsfreien Tagen mit Macht ins Freie.

Den unbedarften, zumal deutschen, Besucher kann das bunte Sonntagstreiben in den Parks zunächst mächtig irritieren. Besonders erstaunt ist er, wenn er erfährt, dass sich Schäden durch groben Unfug und Vandalismus in sehr engen Grenzen halten.

Das Nanumeter zeigt den subjektiv empfundenen Grad der Peinlichkeit und/oder Verlegenheit, der man in einer solchen Situation ausgesetzt sein kann. Auf einer Skala von 1 bis 10 bedeutet 10 die größtmögliche Verwunderung oder sogar Blamage.

Tellermeister.

Gut gezielt und doch daneben.

Ich musste dringend meine Tagesstrategie ändern. Nur wie? Im Park konnte ich nicht bleiben, und um direkt zu den »DeeJays« zu fahren, war es immer noch viel zu früh. Schnell war ein neuer – ich möchte fast sagen – schocktherapeutischer Plan ausgedacht. Er war wirklich kontrapunktisch: Ich wollte für eine Stunde zurück ins Haus fahren und mich sozusagen ins dortige Getümmel stürzen, um ganz bewusst am lärmenden, rauchenden, stinkenden und verschwenderischen Sonntagsleben teilzunehmen. Die Idee beflügelte mich zusehends, und freie Straßen machten eine flotte Rückfahrt möglich. Ich spuckte im Geiste in die Hände und sah mich vor meinem inneren Auge schon die Grillzange schwingen (Hunger hatte ich durchaus). Doch als ich am Haus ankam, waren alle Vögel ausgeflogen. Nur Lene wischte weit vornüber gebeugt die letzten Wasserperlen vom Lack der Motorhaube.

Dieser Sonntag war nicht mein Tag. Ich ging ins Zimmer und nahm wie mechanisch einen gefalteten Zettel vom Boden auf, den jemand unter der Tür durchgeschoben hatte. In klarer Handschrift stand zu lesen: »Ich hätte dich gern vernascht, während sich mein Freund und sein Kumpel draußen betrunken haben. *Love* Nora.« Die Nachricht faszinierte und amüsierte mich so sehr, dass ich Lene, die plötzlich hinter mir stand, zunächst gar nicht bemerkte. Ich erschrak fürchterlich, als sie mich von hinten antippte. Ich knüllte das Blättchen hektisch zusammen und ließ es einfach zu Boden fallen. Die Autowäscherin stand hinter mir mit einem Teller, auf dem ein Steak und ein paar Kartoffeln lagen, in der einen Hand und einem exakten Duplikat dieses Menüs in der anderen. Sie fragte, ob wir vielleicht gemeinsam diese Kleinigkeit einnehmen wollten. Natürlich wollte ich; der Snack kam wie gerufen.

Info zwischen den Zeilen von
Liebesbriefverfasser K.I.W.I. Love

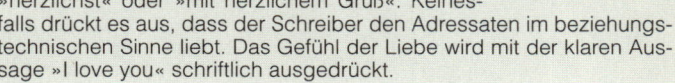

Ein einfaches »Love« am Ende eines Briefes oder
einer ähnlichen schriftlichen Nachricht bedeutet:
»herzlichst« oder »mit herzlichem Gruß«. Keines-
falls drückt es aus, dass der Schreiber den Adressaten im beziehungs-
technischen Sinne liebt. Das Gefühl der Liebe wird mit der klaren Aussage »I love you« schriftlich ausgedrückt.

Unter dem irritierenden Einfluss des bis dahin völlig verqueren
Tages erschien mir die kleine Engländerin von Bissen zu Bissen
immer reizvoller. Dazu passte das von ihr gewählte Gesprächsthema
wie ein guter Roter zum Grillfleisch: Laut eigener Aussage litt sie
sehr darunter, noch nie von einem objektiv betrachtet attraktiven
Mann begehrt worden zu sein. Immer hätte es nur mich solchen
Schmuddeltypen wie Noras mittäglichen Begleitern geklappt. Es
entwickelte sich eine launige Spaßdiskussion zwischen uns und mit
einem Schlückchen Sekt als Katalysator durfte ich wenig später als
Ausnahme die Lenesche Regel bestätigen. Lene war sehr bemüht,
locker und cool zu wirken, aber heraus kam dabei das krasse Gegenteil. Ich ließ sie das nicht spüren, doch es kostete mich viel Kraft,
der beziehungsgeschädigten jungen Frau die schlimmste Anspannung zu nehmen und ihr ein warmes, inniges Liebeserlebnis zu
vermitteln. Dann schlief sie tief und fest in meinem Zimmer ein.
Ich weckte sie nicht, als ich mich auf den Weg zu den »DeeJays«
machte.

Das Haus der Steuerberater lag am Ende einer Straße mit *cul-
de-sac*. Es war eine auffallend gepflegte Wohngegend, die mich ein
bisschen an die Wisteria Lane erinnerte, in der diese ganzen über-
drehten aber »verzweifelten Hausfrauen« aus der Fernsehserie leben.
Ich stellte »Bertie« aufgrund einer schwierigen Parksituation weiter
oben in der Hyde Road ab.

Allmählich fühlte ich mich besser und war zufrieden darüber, an
diesem die Sinne strapazierenden Sonntag wenigstens Lene mit dem
Bilderbuchbeispiel einer pfadfinderisch guten täglichen Tat zum tiefen Schlaf verholfen zu haben.

Info zwischen den Zeilen von
Vorstadtstraßenplaner K.I.W.I. Cul-de-Sac

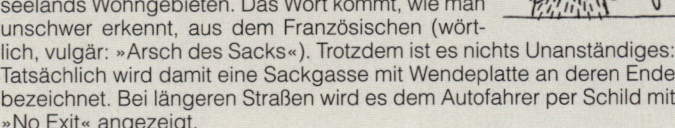

Einen »cul-de-sac« findet man sehr häufig in Neuseelands Wohngebieten. Das Wort kommt, wie man
unschwer erkennt, aus dem Französischen (wört-
lich, vulgär: »Arsch des Sacks«). Trotzdem ist es nichts Unanständiges:
Tatsächlich wird damit eine Sackgasse mit Wendeplatte an deren Ende
bezeichnet. Bei längeren Straßen wird es dem Autofahrer per Schild mit
»No Exit« angezeigt.

Viele Häuser liegen hierzulande nicht an Durchgangsstraßen. Vor allem
solche mit der begehrten Cliff-Top- oder Standlage sind nur über Stich-
straßen erreichbar, die mit einem solchen »cul-de-sac« enden.

Mit meinen sechs Tellern im Originalkarton lief ich recht gut gelaunt
die Straße hinunter zum Haus der Gastgeber. Ich hatte noch schnell
in einem Blumenladen ein paar orangefarbene Rosen für die Dame
des Hauses besorgt. Im Gehen fragte ich mich, ob wohl die vielen
abgestellten Autos alle zu den Gästen von Don und Joys *come together* gehörten? Die Antwort war schnell gefunden: Nein, gehörten sie
nicht, denn ich war einer der ersten Gäste, die am Haus der beiden
erschienen.

Die Eingangstür stand halb offen, aber höflichkeitshalber klopfte
ich natürlich an, ohne einzutreten. Es erfolgte keinerlei Reaktion. Ich
hörte, wie angenehme Chillout-Musik in mittlerer Lautstärke aus
dem Innern des Hauses drang – wahrscheinlich bemerkte man mich
deshalb nicht. Also trat ich vorsichtig ein.

So war es von den »DeeJays« auch beabsichtigt, denn kaum richtig
drin, hörte ich Joy laut rufen: »Mars, nur rein mit dir. Schön dich zu
sehen.« Sie stand an einem mannshohen Kühlschrank und sortierte
Flaschen und Dosen nach irgendeinem System. Die gut aussehende
und gepflegte Frau um die Fünfzig ließ alles stehen und liegen, um
mich zu umarmen, so als seien wir seit Jahren die dicksten Freunde.
Und als ob das noch viel zu flüchtig gewesen wäre, schob sie mir die
fingerdicke Scheibe einer zuckersüßen Kiwi in den Mund, als ob wir
Flirt und Frühstück »danach« hätten. Ich ließ die Zeremonie gern
über mich ergehen.

Ich hatte wegen der mir ungeläufigen Eintrittsprozedur meine Teller gleich hinter der Tür auf einem Tischchen stehen lassen, die Rosen aber behielt ich die ganze Zeit in der Hand und übergab sie nun der aufgedrehten Joyce mit einer geschauspielerten – de facto albernen – mittelalterlichen Verbeugung und kreisender Armbewegung. Das fand die Gastgeberin allerdings besonders originell, und ich musste nochmals eine Runde Herzen und Kosen über mich ergehen lassen.

Derweil trafen weitere Gäste ein. Große Fröhlichkeit erfüllte zunehmend das Haus. Mir fiel auf, dass jeder, der neu hereinkam, eine Platte, Schale oder Schüssel mit etwas Essbarem bei sich hatte: Manchmal waren es rohe Steaks, Burgers oder Würste, dann wieder Salate aller Art, aber ab und an auch süße Desserts und Naschereien. Blanke Teller, wie von den »DeeJays« erbeten, hatte jedoch niemand dabei!?

Dann schlug mir jemand von hinten auf die Schulter; es war Donald, der mich kaum weniger überschwänglich als zuvor seine Frau begrüßte – kein Händedruck natürlich, dafür aber eine zackige Männerumarmung. Ich vermutete hinter all der Herzlichkeit nun wirklich eine konzertierte Aktion von Paul und Sarah McNish, doch plötzlich verspürte ich Siobhans Eltern gegenüber einen Anflug von schlechtem Gewissen – zum einen, weil ich ihnen sicher zu Unrecht eine Verschwörung antheoretisieren wollte, zum anderen wegen der nachmittäglichen Intimität mit Lene. Ich neutralisierte dieses säuerliche Gefühl sofort wieder mit mentalem Natron, nämlich der Gewissheit, dass Siobhan die Nächte in Paihia in den Armen irgendwelcher reicher Jachtschnösel verbringen würde. Vertag ist Vertrag. Aber ich vermisste Shiva ein bisschen und fand es in diesem Moment sehr schade, dass sie nicht hier bei den »DeeJays« dabei sein konnte.

Don war gerade dabei, im Garten zwei Barbecues vorzubereiten, und nahm mich mit nach draußen. Dort warfen große Ereignisse ihre langen Schatten voraus (es sollte niemand Mangel leiden müssen): Außer Dons beiden großen Grillgeräten sah ich mehrere Wannen mit Eiswasser, in denen Weißwein, Sekt, Bier und Alcopops dümpelten, zwei weiß gedeckte Tische mit Rotweinflaschen und Sodawasser sowie einen Tisch mit stapelweise Geschirr (nanu?) und viel Besteck. Doch das echte Partyzentrum bildete eine große, sehr lange Tafel, die mitten auf dem (vermutlich in der Mittagszeit) frisch gemähten Rasen stand. Die wuchtige Tafel aus **Kauri** Massivholz war inzwischen etwa zur Hälfte mit den mitgebrachten Speisen belegt, und minütlich wurden neue Leckereien von den laufend eintreffenden Gästen dazugestellt.

**Info zwischen den Zeilen von
Holzhacker K.I.W.I. Kauri-Tree**

Kauri ist die größte heimische Baumart Neuseelands (auch Neuseeländische Kauri-Fichte oder Kauri-Kiefer genannt) und gehört zur Ordnung der Koniferen. Man findet diese Bäume hauptsächlich im nördlichen Teil der Nordinsel.

Der Bestand der Kauri wurde mit der Ankunft der europäischen Siedler (wegen der hervorragenden Eignung des Holzes im Schiffbau) stark dezimiert. Der Kauribaum steht heute unter Naturschutz und darf nur noch von den Maoris zu bestimmten traditionellen bzw. rituellen Anlässen gefällt werden.

Dennoch sind aktuell viele Produkte aus dem äußerst festen Kauriholz erhältlich. Diese werden jedoch aus Kauristämmen hergestellt, die im Sumpf versunken sind und heute für die Verarbeitung zu exklusiven und dementsprechend teuren Möbelstücken aus dem Kaurisumpf gegraben werden.

Der größte Kauribaum ist der »Tane Mahuta« (»Der Herr des Waldes«) und etwa 52 Meter hoch bei einem Stammumfang von 14 Metern. Er wird auf ein Alter von 2.000 Jahren geschätzt.

»Mars, Martin, *kiwi fruit picker*«, rief Joyce quer durch Haus und Garten (es muss sich um einen ersten Zwischenhöhepunkt der guten Laune gehandelt haben, denn einige der Gäste lachten jäh auf), »Mars, *darling,* wenn Du eine *plate* dabei hast, stell' sie doch einfach zu den anderen dazu!«

Ich hatte derer sogar sechs dabei, aber mir schwante Fürchterliches. Mit stetig weicher werdenden Knien holte ich meinen Karton mit den Tellern vom Tischchen am Eingang ab und trug ihn wie benebelt nach draußen, wo ich das 6-Teller-Set roboterartig (es funktionierten nur noch eine Handvoll kleinhirngesteuerter Reflexe) auf der zentralen Kauriholztafel abstellte. Dann empfahl ich mich auf »französisch«, schlich leicht geduckt, den Blick stur nach vorne gerichtet, nach draußen, wo mein Mini bereits auf mich wartete, und fuhr von Scham zu Tränen gerührt nach Hause ...

Man muss kein Elefant sein, um sich im Porzellanladen völlig auf dem Holzweg zu befinden. Unser Kiwipflücker hat es leider erst geahnt, als der Tritt ins feinste Meissner Fettnäpfchen bereits unvermeidbar war. Was lief hier schief?

Statt im blinden Eifer Teller kaufen zu gehen, hätte Martin besser jemanden fragen sollen, der sich mit Kiwi Life Style auskennt: »Bring a plate« gehört zu einer der häufigsten Einladungsvarianten zu neuseeländischen (Grill-)Partys und Feiern.

Natürlich bedeutet »plate« in der wörtlichen Übersetzung u. a. auch »Teller«. Und es soll auch schon Party gegeben haben, auf denen dem Gastgeber tatsächlich das Essgeschirr ausging. Es wäre aber vermessen, wie Martin Horn es tat, davon als Standard auszugehen.

»Bring a plate« ist Kult in Neuseeland und bedeutet ganz einfach, dass jeder Gast einen Essensbeitrag zum Fest leisten und ein Gericht zum Teilen für alle mitbringen soll. Der entstehungsgeschichtliche Grundgedanke ist – ähnlich wie bei der deutschen Buddelparty – Kosten und Aufwand für den Gastgeber zu reduzieren. Dabei muss es sich bei den »plates« nicht unbedingt um fertig zubereitete Speisen handeln; auch Rohprodukte wie Steaks, Hühnerteile usw. eignen sich bestens zum Mitbringen. Dieses Prinzip hat auch den Vorteil, dass man bei der Wahl des Menüs eigene Präferenzen optimal berücksichtigen kann, falls man zum Beispiel Vegetarier oder Meeresfrüchteallergiker ist.

Bei Feiern unter dem Motto »bring a plate« stellt der Gastgeber in der Regel die Getränke und das Grillgerät bereit, aber, um auf Nummer sicher zu gehen, sollte man im Zweifelsfalle immer rückfragen. Es ist eben nicht nur peinlich, mit leeren Händen, sondern auch mit leeren Tellern zu einer solchen Party zu erscheinen ...

Das Nanumeter zeigt den subjektiv empfundenen Grad der Peinlichkeit und/oder Verlegenheit, der man in einer solchen Situation ausgesetzt sein kann. Auf einer Skala von 1 bis 10 bedeutet 10 die größtmögliche Verwunderung oder sogar Blamage.

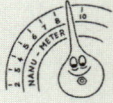

Warteschleife.

Wörtliches und Allzuwörtliches.

Es war gerade dunkel geworden, als ich – natürlich viel zu früh nach einer Gartenparty – am Sonntagabend wieder in meiner *flat* ankam. Es war still im Haus. Meinen Raum, in dem Lene vor ein paar Stunden in Tiefschlaf gefallen war, fand ich leer vor. Nur aus Kwans Zimmer drang Licht, aber ich sah nicht nach, ob er auch wirklich drin war. Ich holte mir ein Fläschchen **»L&P«** und den Restsekt vom Nachmittag aus dem Kühlschrank. *Fizzy drink* und *bubbles* schüttete ich zu einer etwas fragwürdigen Mischung zusammen, ich hatte das eindeutige Gefühl, meinen Zuckerspiegel pushen zu müssen.

**Info zwischen den Zeilen von
Limonadenmischer K.I.W.I. Lemon-Paeroa**

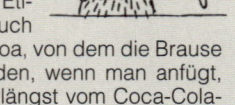

L&P steht für Lemon & Paeroa, einem süßen Limonadengetränk in braunen Flaschen mit gelbem Etikett. Es wurde in Neuseeland erfunden und auch hier produziert – um präzise zu sein: im Ort Paeroa, von dem die Brause ihren Namen hat. Es überrascht wohl niemanden, wenn man anfügt, dass die Produktion der Limonade inzwischen längst vom Coca-Cola-Konzern übernommen wurde.

Im Prinzip handelt es sich bei L&P um eine einfache Mischung aus Zitronensaft und Mineralwasser aus dem Nordinselort Paeroa. Das Getränk gehört zu den neuseeländischen Produkten (»Kiwiana«), auf die der Kiwi stolz ist. Der L&P-Werbeslogan: »World famous in New Zealand« ist im Laufe der Jahre zum geflügelten Wort für alles Mögliche geworden.

In manchen neuseeländischen Bars findet man auf der Getränkekarte eine Mischung aus L&P und Whisky oder anderen Spirituosen.

Auf meinem Schreibtisch lagen, präzise rechtwinkelig ausgerichtet, zwei Zettel. Der eine war die zerknüllte Nachricht von Nora – nunmehr feinsäuberlich glatt gestrichen. Der zweite war erheblich größer als der erste und trug etwa im unteren Drittel, leicht nach rechts versetzt, in klarer ruhiger Handschrift die Worte »*Sweet as. See you later. Charlene*«.

Ich hatte tatsächlich etwas in dieser Art befürchtet: eine Klette! Lene fand mich süß (»*Sweet as*«) und wollte mich offensichtlich heute noch einmal sehen (»*See you later*«). Sie verspürte den Drang nach Aussprache und hatte extremen Klärungsbedarf – dessen war ich mir sicher. Aber das allein war es noch nicht – mir war völlig bewusst, dass bereits Eifersucht mit im Spiel war. Der aufkeimende Besitzanspruch schwebte wie der kalte Grillgeruch vom Mittag unübersehbar im Raum. Lene hatte Noras zerknüllte Botschaft auf dem Fußboden gefunden, sorgfältig »restauriert« und demonstrativ neben ihrem Brief platziert, den sie – in eindeutiger Symbolik – auf exakt doppelt so großem Papier geschrieben hat. Als Studentin der Kommunikation hatte sie außerdem mit viel Sachverstand und Gespür für Dramatik die richtige Typografie gewählt: ein knapper Text in kleiner, sauberer Handschrift und im Goldenen Schnitt auf einer gedachten Diagonale rechts unten auf dem Blatt präzise positioniert. Dagegen wirkte Noras Nachricht genau wie das, was sie im Grunde war, nämlich: ordinär. Lene bewies sich als perfekter Stratege und übernahm vom Start weg die Kontrolle. Mein Gesicht glühte. Ich überlegte, wie ich aus dieser Schleife wieder herauskam, und die Lösung erschien mir glasklar: schonungslose Offenheit – noch heute Nacht. Ich musste ja nur auf Lene warten und rechnete jede Minute mit ihrem Erscheinen ...

Ich erschrak wie ein ertappter Eierdieb, als mein Handy in die drückende Stille hineinsummte. Die Schreibtischplatte, auf dem es lag, vibrierte in schnarrender Resonanz: Es waren die »DeeJays«! Den ersten Gedanken, das Gespräch gar nicht anzunehmen, verwarf ich sofort, denn was könnte heute eigentlich überhaupt noch schiefgehen? Beide, Don und Joy, meldeten sich gemeinsam. Es waren noch ein paar Stimmen im Hintergrund zu hören, aber das Gartenfest schien – es war kurz nach neun – offiziell beendet zu sein.

»Martin, Mars, es tut uns leid«, sagten sie fast perfekt synchron, »wir wollten dich weder Peinlichkeit noch Lächerlichkeit aussetzten.

Das *bring-a-plate*-Missverständnis ist ein neuseeländisches Phänomen, das Viele ereilt, die neu im Land sind. Mach' dir bitte nichts draus. Deine Teller sind wunderschön. Tausend Dank dafür. Dürfen wir dich zum Ausgleich dafür am Freitag für ein paar Stunden auf unser Boot zum Fischen und Relaxen einladen? Bring' Siobhan mit, falls sie bis dahin wieder zurück ist.«

Es war ein schöner Gedanke, zusammen mit Siobhan *aka* Shiva in einen tiefroten Kiwi-Sonnenuntergang zu gleiten. Dann würde ich mich an der Reling am Bug aufstellen und »*I am the king of New Zealand!*« in den Fahrtwind brüllen. Siobhan würde sich zärtlich an mich schmiegen – und alles würde gut werden ...

Aber die überaktive junge Dame war noch immer an der Bay of Islands und würde vor dem Wochenende nicht wieder zurück sein. Ich dankte den »DeeJays« ausführlich für die Einladung und sagte mein Erscheinen als Einzelperson zu: »... und *sorry* für die leeren Teller!«

Wir plauderten noch eine Weile über das Fettnäpfchenpotenzial vieler **Kiwifloskeln** und ich erfuhr – als linguistisches Highlight des Gespräches – dass Neuseeländer Australien gerne ihre Westinsel nennen.

Info zwischen den Zeilen von
Phrasendrescher K.I.W.I. Phrase

Neuseeländer sind absolut keine Sprücheklopfer, aber sie verwenden gern und häufig Floskeln und/oder Abkürzungen, die für praktizierende Schulenglischsprecher mitunter rätselhaft wirken. Hier weitere Beispiele des Kiwi-Jargons:

Aka (also known as)	Alias
Awesome	Fantastisch, echt geil
West Island	Scherzhaft für Australien
She'll be right, mate	Es wird schon klappen
Gizago! (give us a go!)	Lass' es mich versuchen
Godzone (God's own)	Neuseeland

Wir hatten tatsächlich beim Erzählen ein bisschen die Zeit vergessen – Don und Joy waren wirklich extrem nett – und beim Blick auf die Uhr wunderte ich mich, dass Charlene *aka* Charlie *aka* Lene noch nicht wie avisiert erschienen war. Da mich langsam die Müdigkeit befiel, ergriff ich die Initiative, um die Sache zu beschleunigen, und ging zu ihrem Zimmer. Ich sah einen schwachen Lichtschein unter Lenes Tür und klopfte mein Zeichen (jeder aus der Wohngemeinschaft hatte sein persönliches Klopfzeichen zur Vermeidung von nächtlichen Schreckmomenten). Lene war da und öffnete nach kurzer Wartezeit die Tür einen Spalt weit. Sie hatte nur ein T-Shirt an, das bis zu den Knien reichte, und fragte mich in neutralem, fast förmlichem Ton, was sie für mich tun könnte.

»Ich dachte wir – na ja – wollten reden – äh – wegen heute Nachmittag ...«

Während ich meine unvorbereitete Antwort stammelte, hatte Lene ihre Zimmertür unbewusst etwas weiter geöffnet, und ich schluckte, als ich im Schein von Kerzen den Langmähnigen vom BBQ am Mittag – Noras Freund also – mit fettigen Haaren auf ihrem Bettrand sitzen und **rauchen** sah!

Info zwischen den Zeilen von Zigarettendreher K.I.W.I. Smoking

Das Rauchen ist in Neuseeland sehr verpönt und die zuständigen offiziellen Stellen tun wirklich alles, um den Kiwis ihr »smoko« (wie sie es nennen) zu vergällen, wo immer es nur geht.

Grundsätzlich verboten ist das Rauchen in allen gastronomischen Betrieben wie Restaurants, Cafés und Bars etc. Auch in allen öffentlichen Gebäuden, Ämtern etc. darf nicht geraucht werden – und die Neuseeländer halten sich auch daran. Als das Rauchen Ende 2004 an den oben genannten Orten gesetzlich unter Strafe gestellt wurde, war immerhin rund ein Viertel aller Neuseeländer Raucher.

Für alle Freunde des Nikotins gilt also generell: Rauchen nur im Freien!

Die Forderung einer bestimmten Antitabaklobby, das Rauchen auch im Freien, zum Beispiel an Picknickplätzen, Bushaltestellen und am Strand ebenfalls rigoros zu verbieten, wurde allerdings (nicht zuletzt durch persönliches Einschreiten des Premiers John Key) abgeschmettert. Trotzdem gibt es tatsächlich auch Freibereiche, in denen Rauchen untersagt ist: Aktuell wurde der gesamte Zoo von Auckland (womöglich aus Tierschutzgründen?) zur »No-smoking Area« erklärt.

Sie drehte sich – meinem Blick folgend – ganz kurz um, und nach einer kleinen Pause erwiderte Lene nur, dass es gerade leider nicht der richtige Moment sei. Trotzdem – so viel Zeit musste sein – zeigte sie sich sehr erstaunt darüber, dass mich die Sache offensichtlich stärker als vermutet beschäftigte.

»Nein, nein, das tut es nicht«, beeilte ich mich – halb schockiert, halb erlöst – zu sagen, »es ist nur, weil du ›*see you later*‹ geschrieben hast und bis jetzt noch nicht gekommen bist«.

Da lachte sie verschmitzt und hintersinnig, streichelte über meine Wange und schloss mit den Worten: »Doch, doch, gekommen bin ich schon! *See you later*«, die Tür vor meiner Nase ...

Das Warten hat manchen schon zur Verzweiflung gebracht, vor allem dann, wenn es vergebens war. Welches Fettnäpfchen stand dem Kiwipflücker hier auf dem Wartegleis im Wege?

Martin Horn kommt mit seinen Basiskenntnissen der englischen Sprache in Neuseeland sehr gut zurecht. Eng wird es aber immer dann, wenn spezielle Kiwifloskeln zu wortgetreu übersetzt werden. Dazu gehört die neuseeländische Standardabschiedsformel, die da lautet: »See you later«.

Man sollte auf keinen Fall bis zum Abend auf einen Neuseeländer warten, der sich morgens wörtlich mit: »Wir sehen uns später« verabschiedet hat – er kommt garantiert nicht zurück.

»See you later« bedeutet tatsächlich nicht viel mehr als »tschüss«, »ade« vielleicht »man sieht sich« oder höchstens unverbindlich »bis die Tage«. Aber praktisch jeder Kiwi verwendet den Abschiedsgruß mit einer solchen Aufrichtigkeit, dass unbedarfte Reisende oder neue Einwanderer diesen vor Begeisterung wörtlich nehmen und sich wundern, dass der neuseeländische Gesprächspartner weder früher noch später nochmals auf der Bildfläche erscheint.

Wichtiges Detail für SMSer: »See you later« ist im Handy-Textcode »CUL8R«.

Das Nanumeter zeigt den subjektiv empfundenen Grad der Peinlichkeit und/oder Verlegenheit, der man in einer solchen Situation ausgesetzt sein kann. Auf einer Skala von 1 bis 10 bedeutet 10 die größtmögliche Verwunderung oder sogar Blamage.

Stichprobe.

Kein Pazifismus im Pazifik.

Freitag, 22. April. Ich hatte eine traumreiche Nacht und bin schon früh aufgestanden, aber alles in allem fühlte ich mich doch ausgeruht. Im Haus ging es lebhaft zu – alle *mates* waren anwesend und jeder Einzelne beschäftigte sich mit irgendetwas Wichtigem. Ständig lief mir jemand über den Weg.

Nora saß im Bademantel in der Küchenecke und blinzelte mir über den Rand ihrer Kaffeetasse ständig zu. Kwan drückte mir eine CD mit einem Flugbahnberechnungs- und Simulationsprogramm für Bumerangs in die Hand, das er mir kürzlich versprochen hatte. Lene streifte mich absichtlich bei jeder Begegnung und gluckste fröhlich in sich hinein. Später fand ich einen kleinen Zettel in der Kapuze meiner Sportjacke, auf den sie geschrieben hatte, dass ich ihr geholfen hätte, die Durchschnittstypen mit sofortiger Wirkung besser zu ertragen; ich war beeindruckt.

Ich freute mich auf die Bootsfahrt am Mittag. Die »DeeJays« hatten sich mit mir auf **11 am** an der Marina von Gulf Harbour verabredet. Bis dahin waren aber noch ein paar Stunden zu überbrücken.

Info zwischen den Zeilen von Zeitzünder K.I.W.I. Time

Der neuseeländische Tag dauert zweimal zwölf Stunden. Wie in angelsächsischen Ländern üblich, benennt man Tages- und Nachtzeiten auch im Land der Kiwis nach dem 12-Stunden-System.

Von 0 Uhr nachts bis 12 Uhr am Mittag wird an die Zahl der Stunde »am« (ante meridiem = before noon = Vormittag) angehängt.

Von 12 Uhr Mittag bis 24 Uhr in der Nacht hängt man »pm« (post meridiem = after noon = Nachmittag) an die Zahl der Stunde.

Noch ein Wort zur Sommerzeit, die es hier in Neuseeland natürlich ebenfalls gibt. Sie heißt »daylight saving time« und beginnt am letzten Sonntag im September und endet am ersten Sonntag im April des Folgejahres.

Ich sah den Muskelmann Malcolm am anderen Ende unseres gemeinsamen Wohnbereichs an einem etwa dreißig Zentimeter hohen, weißen Plastikgebilde hantieren, das wie ein Modell des Swiss-Re-Towers, der »Gurke« von London, aussah. Ich hatte mir vorgenommen, etwas für die bitter nötige Ordnung und Sauberkeit im Hause zu tun, und fragte vorsichtig in die emsige Runde, wie es denn eigentlich mit der Kehrwoche aussähe. Ich erntete nur abruptes Schweigen, das man auch als eine Art Staunen interpretieren konnte, und es schienen plötzlich unsichtbare Fragezeichen im Raum zu schweben. Ich hatte die Kehrwoche nach scharfem Nachdenken mit *cleaning rota duty* übersetzt. Doch als ich schon glaubte, mit meiner Übersetzung total daneben zu liegen, begannen meine Mitmieter der Reihe nach auffallend künstlich zu kichern und nervös zu hüsteln. Sie hatten den Begriff Kehrwoche also verstanden, und es sah eindeutig so aus, dass die Vier am liebsten so schnell wie möglich den Raum verlassen hätten, wenn ich nicht in der Türe gestanden wäre.

Ich blickte jedem meiner Mitmieter mit ernster Miene in die Augen. Kwan reagierte als Erster und sagte nur, dass er sich aus dem Putzdienstthema raushalten wollte, er sei ja schließlich kein Kiwi und kenne solch einen *cleaning cycle* gar nicht. Und überhaupt hätte seine Familie in Penang Haushälterinnen gehabt, die sich ums Putzen kümmerten. Das bestärkte Malcolm, der im Hintergrund immer noch an dieser weißen »Gurke« nestelte, mahnend einzuwerfen, dass ich doch bloß nicht einen Großputz anzetteln sollte, so dreckig sei es hier nun auch wieder nicht. Nora nickte zustimmend und zwinkerte mir schon wieder verführerisch zu. Nur die pragmatische Lene dröselte meine Frage etwas genauer auf: »Das, was du hier meinst, kenne ich als *Swabian weekly cleaning roster.*«

Ich war sprachlos, aber Lene legte nach: »Ich war während meiner *OE* sechs Wochen lang als *au pair girl* bei einer Familie in Stuttgart.

Daher kenne ich das. Aber bei uns Kiwis gibt es das nicht und wird es nie geben.« Dann setzte sie dem Ganzen die Krone auf: »Es heißt hier ja schließlich Neuseeland und nicht Neuschwabenland!«

**Info zwischen den Zeilen von
Überseefahrer K.I.W.I. Overseas-Experience**

»Overseas experience« oder auch »The big OE« ist der Begriff für einen längeren überseeischen Arbeits- und manchmal auch Studienaufenthalt, den viele Neuseeländer im Alter von knapp unter zwanzig bis Anfang dreißig wenigstens einmal im Leben absolvieren.

Die »OE« stellt einen bedeutenden Abschnitt im persönlichen Werdegang vieler junger Kiwis dar und dauert im Regelfall mindestens ein Jahr, in viele Fällen auch erheblich länger. Bedingt durch die relativ isolierte Lage des Inselstaates verspüren die jungen Neuseeländer den starken Wunsch, ihre bisherige Lebenserfahrung zu erweitern und Geist und Gedanken auf eine breitere Basis zu stellen.

Bevorzugtes Ziel der »OE« ist, vermutlich aus Gründen der Tradition, London. Zwischen Neuseeland und England besteht dazu ein Abkommen, auf dessen Basis die »OE-Kiwis« ohne große bürokratische Hürden die Arbeitserlaubnis für ein Jahr erhalten. Außer Großbritannien sind aber auch andere europäische Länder beliebte Ziele für die »overseas experience«.

Unser kleines Liebesabenteuer musste Lene total verwandelt haben: Hatte ich sie vor Kurzem noch als verdruckste graue Maus kennengelernt, erschien mir die junge Dame jetzt wie ausgewechselt. Ich empfand Stolz in der Brust – für Lene, versteht sich – aber auch für mich, denn durch ihr Feuerwerk der guten Laune kam mir die zündende Idee. »Wie wäre das?«, fragte ich in die Runde. »Wir legen alle zusammen und lassen für ein paar Dollar eine **Reinigungsfirma** ans Werk.«
Der Antrag wurde einstimmig angenommen.

**Info zwischen den Zeilen von
Saubermann K.I.W.I. Cleaning-Service**

Die Studentin hat recht: Die (süddeutsche) Kehrwoche gibt es in Neuseeland selbstverständlich nicht. Aber es gibt eine Vielzahl von Unternehmen, die sich auf die Innenreinigung von Häusern und Wohnungen spezialisiert haben.

Die meisten dieser Firmen sind Einmann-, Kleinst- oder Kleinbetriebe, die sehr oft als Franchise geführt sind. Sie sind für viele Kiwis das ideale Sprungbrett in die Selbstständigkeit. Die »Yellow Pages« sind voll davon, und die Dienste der Reinigungsfirmen sind in aller Regel recht günstig.

Allerdings heißt günstig nicht zwangsläufig auch preiswert: Leider ist das Niveau des Reinigungsergebnisses im Allgemeinen nicht besonders hoch. Der Sauberkeitslevel einer einzelnen kehrwochepflichtigen schwäbischen Hausfrau wird von einer professionellen neuseeländischen Putzkolonne niemals erreicht.

Böse Zungen behaupten deshalb, einen neuseeländischen Reinigungstrupp ein Haus reinigen zu lassen, sei nicht viel anders, als eine Maus ein Stück Speck bewachen zu lassen.

Nora spendierte mir einen Kaffee, den sie zuvor gebraut hatte; er war ihr bestens gelungen und tat gut. Mit der Tasse in der Hand lief ich langsam zu Malcolm, der seine »Plastikgurke« inzwischen etwa auf Kopfhöhe in ein Wandregal gestellt hatte. Dann trat er ein paar Schritte zurück, ohne sich umzudrehen, und betrachtete das Ding wie ein Künstler sein Werk. Der *body builder* erschrak, als ich ihn ansprach und fragte, ob er in eine kleine, moderne Skulptur investiert hätte, worauf er lachte und erklärte: »Nein, das ist ›Raid Automatic‹. Kennst Du nicht? Da haben wir alle etwas davon!«

Dann durfte ich einen kleinen wissenschaftlichen Exkurs über Entomologie und Toxikologie genießen: Malcolm ließ mich wissen, dass er empfindlich, fast allergisch, auf Schnakenstiche reagiert, und durch den langen warmen Sommer sei nicht damit zu rechnen, dass die lästigen Viecher bald verschwinden würden: »In diesem Plastikobjekt verbirgt sich eine Dose mit dem besten Insektengift Neuseelands.« Ein batteriegetriebener Automatismus sorgt dafür, dass rund um die Uhr im Fünfminutentakt Sprühstöße des Ungeziefer vertilgenden Mittels in die Luft geblasen werden.

Der *personal trainer* wurde immer euphorischer: »Nicht nur **Stechmücken**, *flies* und *mossies*, nein, auch *cockroaches* und *spiders* können mit ihren sechs, respektive acht Beinen gar nicht so schnell laufen, wie der insektizide Nebel des Verderbens sich über sie legt.«

Ich lernte neue Begriffe wie *Micromist Technology* (was eine patentierte Feinstvernebelungstechnik sein soll), *Pyrethrin* und *Piperonylbutoxid.*

Info zwischen den Zeilen von Spiderman K.I.W.I. Mosquito

Mit »Mossies« (Abkürzung für »mosquitos«) sind Moskitos, Schnaken oder auch Stechmücken im Allgemeinen gemeint.

Noch ekliger (aber leider gar nicht selten) sind »cockroaches«, Schaben, die sehr häufig im Außenbereich rund ums Haus vorzufinden sind. Weil vor allem im Sommer Kiwihäuser immer offen stehen, kommen »cockroaches« auch ständig in den Wohnbereich und müssen bekämpft werden.

»Spiders«, das weiß jeder spätestens seit den »Spiderman«-Filmen, sind die Spinnen. Die Achtbeiner kommen natürlich auch in Neuseeland zuhauf vor – auch innerhalb der Wohnungen.

Nicht zu vergessen »ants«. Ameisen finden oft ein geschütztes Zuhause in den zahlreichen Hohlräumen der in Ständerbauweise hochgezogenen Häuser. Von dort schwärmen die Krabbelbiester gerne in die Wohnräume aus und fallen fleißig über die Vorräte der Bewohner her.

Was er denn eigentlich vom Einsatz konventioneller Waffen wie Mückenklatsche und Verteidigungspolitik in Form von Fliegengittern hielt, wollte ich noch schnell wissen, bevor mir das freigesetzte Sprühgift vollends den Hals abschnürte. Ich spürte, wie meine Gesichtshaut immer heißer wurde und röchelte: »Stell' die Giftgurke doch in dein eigenes Zimmer und vergifte nicht auch noch andere damit!«

Er stand aufrecht vor Stolz und Selbstbewusstsein im Raum. Vor meinem immer unschärfer werdenden geistigen Auge erschien mir Malcolm von Mikrofonen und Kameras umringt, in die hinein er sein offizielles Schlusskommuniqué verlas: »Ich habe schon einen Automatiksprüher im Zimmer. Keine Mücke sticht mehr. Mit diesem hier möchte ich uns allen etwas Gutes tun. Geht auf meine Rechnung!«

Ich fühlte mich wie Kafkas Käfer ...

Kiwis lieben die chemische Kriegsführung – selbstverständlich nur gegen Insekten und anderes lästige Getier. Welchem automatischen Fettnäpfchen mit toxischen Inhaltsstoffen hat sich der Kiwipflücker dieses Mal gefährlich angenähert?

In Neuseeland bekämpft man Insekten in Haus und Wohnung bevorzugt mit Mitteln der Chemie. Man sollte sich nicht wundern, wenn der Gastgeber – während man gemütlich zusammensitzt – die Sprühdose mit dem Insektizid ergreift und kräftig in die Raumluft sprüht. Der Aufdruck auf den Sprühdosen bescheinigt ja auch die Unbedenklichkeit für Mensch und Haustier. Dennoch muss man kein »Grüner« sein, um Zweifel anzumelden. Aber durch den Trieb der Neuseeländer zum »outdoor living« ist es andererseits vollkommen unmöglich, Haus und Wohnung insektenfrei zu halten – überall schwirrt, krabbelt und kriecht es.

Die konventionellen Waffen wie Klatsche, Schuhsohle und Klebefallen sind leider weniger als ein Tropfen auf den heißen Stein.

Also gibt es kaum wirklich wirksame Alternativen zum Sprühgift – für innen wie für außen. Zur Gartenparty gibt es selbstverständlich eine Outdoor-Variante des Insektizids in der »spray can«, und zur Prophylaxe gegen kriechende Schädlinge nimmt jeder das beliebte »barrier spray« zur Hand. Damit werden sämtliche Schwellen und am besten der ganze Sockelbereich des Hauses dicht eingesprüht – die Barrierewirkung soll auch bei Regen für viele Tage erhalten bleiben.

Wer den Luxus der Bequemlichkeit mag, greift zu »Raid Automatic« und bleibt durch die Vollautomatik rund um die Uhr ungezieferfrei, muss dafür aber eine permanent insektizidgeschwängerte Raumluft akzeptieren. Für Ästheten gibt es dieses System gut getarnt in einem formschönen Kunststoffellipsoiden untergebracht. Insekten dürfen ruhig in Schönheit sterben...

Das Nanumeter zeigt den subjektiv empfundenen Grad der Peinlichkeit und/oder Verlegenheit, der man in einer solchen Situation ausgesetzt sein kann. Auf einer Skala von 1 bis 10 bedeutet 10 die größtmögliche Verwunderung oder sogar Blamage.

Schlangenlinie.

Der Blick auf die Uhr sagte mir, dass ich mich auf den Weg zum Treffen mit den »DeeJays« machen sollte. Unter dem Einfluss Malcolms toxischer Wolke öffnete ich »Berties« Fenster und Lüftungsdüsen, soweit es nur ging, brauste – den Fahrtwind genießend – bei nautisch optimalem Wetter gen Gulf Harbour und traf Don und Joy an der verabredeten Anlegestelle am schmucken Jachthafen. Die beiden hatten ihr, in meiner Wahrnehmung sehr großes Motorboot bereits so gut wie klar zum Ablegen gemacht. Dann die Überraschung: Ich kannte das Boot bereits – es war die »Seascape« aus der Bucht von Waiheke. Die »DeeJays« bejahten meine entsprechende Frage, und während sie erzählten, ließ Donald schon den Motor an, und Joyce zog die letzte Leine vom Poller.

Ich erfuhr, dass es eine »Rayglass Legend 2500« ist, eine in Neuseeland gebaute 25-Fuss-Motorjacht, die das Paar nicht alleine, sondern zusammen mit zwei Partnerfamilien als *syndicate* besitzt. »Anders ist solch ein Vergnügen viel zu teuer«, erklärten sie, »außerdem wird die Jacht gelegentlich an gute Bekannte verchartert, um die laufenden Kosten niedrig zu halten. Du kannst sie auch haben, Martin, Mars, wenn du daran interessiert bist.«

Die »Seascape« hatte wirklich alles, was das Herz begehrt: Sogar Kochgelegenheit und Dusche waren vorhanden, Schlafkojen sowieso.

»Martin, Mars ...«, rief mich Don, als er gerade die Hafenausfahrt passiert hatte, »... übernimm' das Ruder. Du bist jetzt der Steuermann. Ich bin nur dein Steuerberater.«

Ich gebe zu, diesen Scherz frei interpretiert zu haben, denn der Steuerberater hat hierzulande keinen doppelten Wortsinn, er ist schlicht der *accountant*. Aber ein witziges Wortspiel enthielt auch das »Original« von Don: »*Take over. I count on you. You know: the accoun-*

tant cannot count.« Aber auch so fand ich den versteckten Humor der beiden amüsant. Allein, dass sie mich immer nur »Martin, Mars« nannten, ließ mich jedes Mal schmunzeln.

Wie vom Kapitän befohlen, ging ich nach vorn und machte Donald klar, dass seine blaue Stunde noch zu warten hat, zumal ich kein **Bootspatent** besitze und deshalb leider nicht ans Ruder kann.

**Info zwischen den Zeilen von
Bootsmann K.I.W.I. Yachting**

Um in Neuseeland eine Jacht chartern und selbst steuern zu können, ist kein Bootspatent erforderlich.

Freilich erleichtert ein eventuell vorhandener Bootsführerschein das Fahren einer Jacht ganz im Allgemeinen, aber gefordert wird ein solcher nur, wenn man Überseefahrten (z. B. nach Australien oder Fidschi) durchführen oder das Wasserfahrzeug beruflich führen will.

Gewerblichen Charterunternehmen reicht es, wenn man eine ausreichende Erfahrung mittels eines nautischen Lebenslaufes belegen kann.

»Wir sind in N-e-u-s-e-e-l-a-n-d ...«, erinnerte er mich und fügte hinzu, dass man hier keinen Bootsführerschein braucht, »... wenn du Auto fahren kannst, kannst du auch ein Boot steuern.« Er schickte die navigatorischen, nautischen und technischen Details gleich hinterher: »Siehst du die große Insel dort am Horizont? Gut! Das ist Great Barrier Island. Halte auf das linke Ende zu. Sag' eine halbe Meile vorher Bescheid. Wenn du gleich die letzte Hafenmarkierung passiert hast, kannst du kräftig Gas geben.«

Da hatte ihm Joy bereits ein Speight's Traverse in die Hand gedrückt, und beide machten es sich achtern auf bequemen Polstern gemütlich.

Nach einer gefühlten Ewigkeit, die faktisch vielleicht eine halbe Stunde gedauert hatte, spürte ich allmählich Herr der Situation zu werden: Die »Seascape« tat, was ich per Ruder und Leistungshebel befahl – nur die Insel kam kaum näher. Also nahm ich allen Mut zusammen und – es wurde laut – gab Vollgas. Don würde mir den

Hebel schon zurückreißen, wenn's nicht recht sein sollte. Ich schaute verstohlen (aber schon ein bisschen stolz) über die Schulter zu den beiden, die inzwischen das meiste ihrer Oberbekleidung abgelegt und sich präzise sonnenwärts ausgerichtet hatten, um ein Maximum der bräunenden Strahlen einfangen zu können. Ihre Haut war weiß wie eine Wand.

Wie auf Kommando hatten die dösenden »DeeJays« die Augen leicht geöffnet, als das Motorgeräusch plötzlich anschwoll. Zum Zeichen ihres Einverständnisses zuckten ihre Daumen völlig synchron senkrecht nach oben. Ihr Humor war einzigartig.

Was ist eine halbe Meile? Der Zahl nach sind es gute 900 Meter, soweit klar, doch wie schätzt man diese Strecke als optische Distanz zwischen Boot und einer Uferlinie? Ich wollte nach achtern fragen, aber mein Blick wurde durch einen Lichtreflex auf das Display des GPS-Navigationsgerätes gelenkt. In der glänzenden Fläche des Bildschirms spiegelten sich die »DeeJays«: Don in leicht nach hinten geneigter Haltung sitzend, Joy rittlings ihm zugewandt auf seinem Schoß, beide in innigster Umarmung umschlungen und in höchster Intensität der Liebe vereint. Ich beneidete das Paar und bedauerte, dass Siobhan nicht dabei sein konnte ...

Ich blieb dem GPS zugewandt, nicht um zu spannen – wirklich nicht – vielmehr hatte ich erkannt, dass das Ziel unserer Fahrt Kaikoura Island sein sollte. Die Strecke war zuvor von Don eingegeben worden, und ich lag gar nicht schlecht auf Kurs. Alle weiteren Fragen erübrigten sich also, und es gelang mir unter höchster Konzentration die »Seascape« in eine kleine Bucht der Insel zu steuern. Von Weitem konnte ich einen Anlegesteg sehen.

Die letzten Meter und das Anlegen übernahm natürlich mein Steuerberater, der bestimmt schon eine Meile lang neben mir stand und geduldig ein für mich bestimmtes Fläschchen Speight's in der Hand hielt. Auch Joy gesellte sich zu uns. Alle wirkten glücklich. Wir stießen zum Wachwechsel auf der Brücke klingend an.

Die »DeeJays« erklärten mir ein paar Details zu dieser kleinen Insel, die vor allem als gut geschütztes Naturparadies gilt und von *boaties* und *yachties* als Geheimtipp gehandelt wird. Sie hatten vor, an einer nahegelegenen öffentlichen Grillstelle ein kleines Barbecue für uns drei abzuhalten. Danach wollten sich die beiden noch eine Weile in die Sonne zu legen – sie waren echte UV-Junkies, und ihre blasse Haut begann sich allmählich zu röten. Am Abend würde ihr **Sonnenbrand** in der Dunkelheit leuchten – dessen war ich mir sicher. Mir schlugen Don und Joy eine Inselerkundung per pedes vor: seltene Tiere und Pflanzen, Ruhe und frische Luft – das wäre doch sicher etwas für mich.

Mir war vollkommen klar, dass die beiden eine Weile allein sein wollten. Allerdings ist Wandern in Wald und Wiese nun gar nicht mein Ding. Einmal mehr war es schade, dass Shiva nicht hier war. Aber da gab es noch ein ganz anderes Problem ...

Info zwischen den Zeilen von Hautpfleger K.I.W.I. Sunburn

Kiwis neigen zum exzessiven Sonnenbaden. Schon als Kinder und Jugendliche gehören regelmäßige und häufige Sonnenbrände – bis der Hautarzt kommt – zum festen Bestandteil eines »iconic Kiwi summer«. Dazu hielten und halten die Kids Wettbewerbe ab: Wer den größten Hautfetzen abzieht, gewinnt.

Heute sind die Kiwis (zusammen mit den Australiern) Weltmeister in der Zahl der Hautkrebsfälle. Aber sie wollen das Sonnen-bis-zur-Blasenbildung nicht aufgeben. Auch die bedauernswert hilflosen Versuche der »NZ Cancer Society« (Krebsgesellschaft Neuseeland), mit unfreiwillig komischen TV-Spots Aufklärung zu betreiben, verpuffen unbeachtet in der starken Neuseelandsonne.

Die einzigen Profiteure sind dabei nur die Hersteller von Sonnenschutzcremes mit zweifelhafter Wirkung und fragwürdigen Inhaltsstoffen.

Joy hatte Hühnerteile mitgebracht, die in einer dunklen, dicken Marinade eingelegt waren, dazu kleine, ganze Kartoffeln, die sie nass in gewürztem, geflocktem Meersalz wälzte. Von der Basis der Zutaten war es somit ein klassisches (langweiliges) Kiwi BBQ, aber durch Joys Verfeinerungen und Dons präzise Grillgarung wurde eine überraschend schmackhafte Mahlzeit daraus. Selbst der dritte Bestandteil des Menüs, das zähe, weiße **Neuseelandtoastbrot**, wurde durch Dons vorsichtiges Anrösten und Joys selbst gemachten Kräuterbutteraufstrich regelrecht geadelt. Dons Getränkeauswahl fiel auf einen fruchtig-süffigen Pinot Gris von Villa Maria Estate. Dieses Barbecue war ein Volltreffer.

Info zwischen den Zeilen von Brotundbutterkenner K.I.W.I. Bread

Für viele Neuseelandreisende und Einwanderer stellt das verfügbare Brotsortiment ein großes Problem dar. In den Supermärkten wird überwiegend Toastbrot (Weizen weiß und Vollkorn) mit der bekannten »flauschigen« Konsistenz angeboten. Natürlich findet man dort auch klassische Brotlaibe oder Stangenbrote, die aber praktisch alle lediglich Formvariationen des vorher erwähnten Toastbrots darstellen.

Deutsche, Schweizer und Österreicher nennen Neuseelands Backwerk verächtlich Schaumgummi- oder Ziehharmonikabrot. Aber die Kiwis lieben ihr weißes, weiches Brot über die Maßen und finden ein Holzofenbrot, wie wir es schätzen, einfach nur grob, hart und überwürzt.

Zum guten Glück hat aber die Trendwende längst begonnen: Inzwischen gibt es einige Bäckereien (zumindest in den größeren Städten), die eine erstaunlich große Bandbreite verschiedener Brotarten anbieten – es ist mittlerweile wirklich für jeden Geschmack etwas Genießbares erhältlich.

Und wer sein Traumbrot trotzdem nicht finden sollte, kann sich bei Briscoes oder sonst wo eine Brotbackmaschine kaufen und sein teigiges Glück selbst versuchen.

Als wir gerade begannen, unsere Reste und Utensilien wegzuräumen, und mir die »DeeJays« andeuteten, dass sie sich nun für ein, zwei Stündchen an Deck der »Seascape« sonnen wollten, fuhr flott – Musik in meinen Ohren – mit markantem Motorbrummen der *island ranger* auf einem wuchtigen Quad Bike heran. Großes Hallo: Die Steuerberater und der Inselhüter kannten sich bereits von früheren Begegnungen. Er war der einzige dauerhafte Bewohner von Kaikoura Island und hieß Rob(ert), ein knorriger, zwar ungepflegter aber dennoch sympathischer Typ unschätzbaren Alters.

Tatsächlich schien der Ranger Don und Joys Präferenz für Liebe in freier Natur zu kennen und – als sei es ein abgekartetes Spiel – schlug mir ebenfalls eine Erkundungstour durch Fauna und Flora vor. Mit etwas Glück könnte ich seltene Spezies, wie *brown teal duck, north island kaka, sacred kingfisher* und andere beim Balzen beobachten; die seltenen **Vögel** seien gerade rallig. An sich nicht uninteressant. Aber mit etwas flatterndem Federvieh war es in diesem Dschungel sicher nicht getan – ich musste nun Farbe bekennen: Sie alle konnten ja nicht wissen, dass ich eine regelrechte Phobie vor allen giftigen Tieren habe. Ich würde mich irgendwie aus der aufkommenden Situation herauswinden müssen – hatte aber keinen Plan.

Info zwischen den Zeilen von Vogelbrunftbeobachter K.I.W.I. Bird

Nicht nur auf Motu Kaikoura gibt es viele spezifisch neuseeländische Vogelarten zu beobachten. Ein paar Beispiele für den interessierten Freizeitornithologen und Hobbyoologen:

Brown teal (duck)

(Maori: Pateke) Die Aucklandente ist eine vom Aussterben bedrohte Entenart und von der Nordinsel bereits größtenteils verschwunden.

North island kaka

Der Kaka ist ein neuseelandtypischer Papagei. Er wird etwa 45 cm lang, ein halbes Kilo schwer und gehört zur Gattung der Nestorpapageien.

Sacred kingfisher

(Maori: Kotare) Der Kingfisher gehört zur Gattung der Eisvögel und fällt besonders durch sein leuchtend türkisblaues Rückengefieder auf. Er wird bis ca. 25 cm lang.

Tui

Der Tui gehört zur Gattung der Honigfresser und kommt auf der neuseeländischen Nordinsel recht häufig vor. Sein fast schwarzes Gefieder schimmert grünlich bis bläulich im Licht. Auffallend sind ein weißes Federbüschel am Hals und der laute, melodiöse Gesang. Wichtig: 2005 wurde der Tui Sieger bei der Neuseelandwahl zum Vogel des Jahres!

»Sorry«, begann ich meine Bekennerrede, »aber ich falle mausetot um, wenn ich irgendwo eine Schlange, Kreuzspinne oder einen Skorpion sehe. Schon beim Gedanken an das Giftgetier kriege schon eine Gänsehaut. Wald und Unterholz sind nichts für mich. Ich setze mich besser einfach hier hin und schaue übers Meer.«

Da schlug mir der *ranger* Rob sehr kräftig auf die Schulter. Ich fühlte, dass er bestimmt etwas Unflätiges über diese Großstadteuropäer und die Stadtmenschen aus Auckland dachte. Doch stattdessen rief er lachend: »*Come on, mate,* sitz' schon auf. Ich spendiere dir einen *quad ride* um die Insel. Und keine Sorge – dich wird schon nichts beißen ...«

Wohl dem, der ganz ohne Phobien ist. Aber ein Paradies ganz ohne Schlangen? Lauerte auf der einsamen Insel womöglich doch noch ein vergiftetes Fettnäpfchen auf unseren Kiwipflücker?

Gute Nachricht für Ophidiophobiker (Schangenhasser): Es gibt tatsächlich keine Schlangen in Neuseeland. Diese haben sich wohl allesamt in Australien niedergelassen. Auch gibt es im neuseeländischen Inselparadies keine Skorpione und keine giftigen Wassertiere. Aber wie immer in solchen Fällen, bestätigt auch hier die Ausnahme die Regel: Obwohl sich Aotearoa selbst dafür rühmt, kein giftiges Getier zu beheimaten, muss dennoch erwähnt werden, dass es zwei Spinnenarten in freier Natur gibt, deren Biss recht schmerzhaft sein soll: die »black katipo« und die »katipo« oder »redback«. Diese Spinnen sind Verwandte der »Schwarzen Witwe« und kommen in einigen (hauptsächlich nördlichen) Küstengegenden Neuseelands vor. Es sind in den Gewässern nahe Neuseelands vereinzelt auch schon kleine Seeschlangen gesichtet worden, die mit warmen Meeresströmungen zu weit nach Süden getrieben wurden. Als Schwimmer wird man allerdings wohl nie in deren Nähe gelangen. Das (ebenfalls eher geringe) Risiko, am Strand in die Scherben einer Bierflasche zu treten, ist bedeutend größer.

Alarm jedoch für Herpetophobiker (Krabbeltierhasser): Es ist ein großes Krabbeln. Nicht nur normale Spinnen, sondern auch alle erdenklichen Arten von Insekten bevölkern die Doppelinsel so zahlreich, dass die berühmten vierzig Millionen Schafe dagegen eine echte Minderheit darstellen.

Das Nanumeter zeigt den subjektiv empfundenen Grad der Peinlichkeit und/oder Verlegenheit, der man in einer solchen Situation ausgesetzt sein kann. Auf einer Skala von 1 bis 10 bedeutet 10 die größtmögliche Verwunderung oder sogar Blamage.

Animalisches.

Kiwi, Possum und Pukeko.

Samstag, 23. April. Die Rückfahrt am Freitagabend von Motu Kaikoura war wie eine jener Filmszenen, in denen der Protagonist am Steuer der Jacht mit seiner Liebsten im Arm – endlich allein – in den tiefroten Sonnenuntergang fährt. Die Kamera umkreist das Boot, dessen Kielwasser eine endlose lange, schneeweiße Spur durch das tiefblaue Wasser des Meeres zieht. Dann zieht die Kamera immer weiter auf, bis die Jacht nur noch ein kleiner Punkt und das Abenteuer zu Ende ist, und schließlich der Abspann beginnen kann.

Genau so war es – nur die Liebste hatte ich freilich nicht im Arm, nicht einmal an Bord.

Dennoch kein Zweifel: Es war ein besonderer Tag. Dass ich meine verborgenen Ängste offenlegen musste, konnte daran genauso wenig ändern wie die Tatsache, dass ich auf der Fahrt zurück zum Heimathafen der »Seascape« ohne GPS auskommen musste.

Es funktionierte natürlich genauso prächtig und metergenau wie auf der Hinfahrt, aber ich wollte vermeiden, das kompromittierende Spiegelbild der »DeeJays« darauf reflektieren zu sehen. In der Tat: Die beiden wirkten glücklich und heiter. Mit kleinen nautisch-amourösen Törns wie diesem luden Don und Joy ihre Batterien auf höchste Kapazität für den täglichen Kampf an der Businessfront – das gab mir der *accountant* auf den letzten Meilen des Rückweges zu verstehen, und er bemühte sich nicht, vor Joy zu flüstern, ganz im Gegenteil, denn die ganze Zeit schon hatte sie sich zu uns gesellt und ergänzte das intime Statement ihres Mannes: »... weißt du, Martin, Mars, wir lieben die **Liebe**.«

**Info zwischen den Zeilen von
»Sex-and-the-Kiwi«-Autor K.I.W.I. Love**

Laut der globalen Untersuchung eines Internetinsti-
tutes, das sich auf Umfragen aller Art spezialisiert
hat (»onepoll.com«), sind Neuseelands Frauen die
sexuell erfahrensten und aktivsten weltweit.

Mit einem Lebensdurchschnitt von 20,4 Partnern liegen die Neuseeländerinnen an der Spitze vor allen anderen Nationalitäten.

Wissenschaftler und Fachjournalisten, die zu dieser erregenden Erhebung befragt wurden, lieferten interessante Meinungen und Erklärungen. Dazu ein paar Zitate:

*»Kiwifrauen sind deshalb so promiskuitiv, weil die Kiwimänner so inaktiv
und nur im betrunkenen Zustand zum Sex fähig sind.«*

Dr. Michelle Mars

*»Die jungen Neuseeländerinnen wollen heutzutage aufreißen, wie man
es bisher nur von den jungen Männern kannte.«*

Bridget Saunders

*»Die Frauen in Neuseeland sind nur ehrlicher als Frauen anderer Län-
der. Um jungfräulich in die Ehe zu gehen, treiben beispielsweise junge
Amerikanerinnen die tollsten intimen Spielchen und behaupten dann,
das sei kein Sex.«*

Michele A'Court

Doch ein kleines Highlight erwartete mich zu guter Letzt dann
doch: Gerade als wir die Geschwindigkeit zur Hafeneinfahrt von
Gulf Harbour deutlich reduzieren mussten, rief mich Siobhan, Shiva,
aus Paihia an.

Die Segelregatta sei nunmehr vorüber und sie hätte immerhin
unter den ersten zehn Siegerplätzen mitgemischt. »Beethovens
Neunte, wahrscheinlich«, sagte ich gut gelaunt, aber sie verstand den
Gag nicht. Trotzdem zollte ich ihr allen Respekt!

»Hast du nicht Lust noch für ein paar Tage vorbeizukommen«,
fragte sie mich im Verlauf des Gesprächs.

Ich hatte den Eindruck, dass sie sich über meine Zusage wirklich
freuen würde, obwohl sie während der Wettbewerbstage garantiert
nicht einsam gewesen war und sicher genügend erbauliche Kon-

takte geknüpft hat. Natürlich konnte ich mir kaum etwas Besseres vorstellen und kündigte Siobhan meine Ankunft in Paihia auf den Donnerstagabend an. Und ohne zu ahnen, was mir dabei noch alles bevorstehen sollte, fragte ich Shiva am Ende des Telefonats herzhaft, ob sie wohl Lust auf mein »Martinshorn« verspüre, aber sie verstand auch diesen spaßigen Spruch nicht.

Geistige Arbeit – das war mein Eindruck an dieser Stelle – scheint Siobhans Stärke nicht zu sein. Sie studiert zwar – mit häufigen Unterbrechungen – Psychologie an der Massey University, was allerdings zu gar nichts führen wird. Dessen bin ich mir sicher.

In erster Linie ist Siobhan die Tochter ihrer Eltern und vor allem damit beschäftigt, schön auszusehen. Vater Paul hat ihr einen – es überraschte mich kaum – X3 in weiß gekauft. In diesem Auto kann sie sich wunderbar präsentieren – es ist fast ihre mobile Showbühne – und wenn sie damit an einigen Abenden der Woche vor dem »Toto«, einem Szenelokal in North Shore City, vorfährt, dann drehen sich alle Köpfe in ihre Richtung und sie kann sich nach Belieben schöne junge Männer pflücken, wie ich die Kiwis an der Bay of Plenty.

Ich fuhr am mittleren Nachmittag in bester Stimmung und voller Vorfreude los. »Berties« Motor summte eine fröhliche Melodie. Die Fahrt an die Bay of Island dauert von Aucklands Norden aus etwa drei Stunden, aber ich plante noch einen Stopp in Mangawhai Heads, südlich von Whangarei, ein, um einen Bekannten, Bradley Smyth, zu treffen, den ich einmal bei irgendeiner Barbecue-Party kennengelernt hatte und der mich fast regelmäßig anruft und jedes Mal darauf drängt, ihn bei allernächster Gelegenheit unbedingt zu besuchen. Er betreibt dort in diesem beschaulichen Ort ein kleines Business im Computerbereich und hätte mich gerne als Partner in seinem Geschäft. Obwohl ich nur kurz bleiben wollte, schaffte er es, mich mit seinen ganzen Projekten und Visionen stundenlang in seinen Bann zu ziehen, obwohl ich ihm gleich zu Beginn schon zu verstehen gab, dass ein geschäftliches Engagement an seinen Aktivitäten für mich nicht infrage kam: Zu vage die Erfolgsaussichten, um Geld zu investieren – zu ruhig die Region, um mich persönlich einzubringen.

Als ich schließlich weiterfuhr – anderthalb Straßenstunden lagen noch vor mir – war die Sonne bereits hinterm Horizont verschwunden. Bei solchen Fahrten fällt mir immer wieder auf, dass selbst in starker Dämmerung nur wenige Autofahrer ihr Licht einschalten – die Kiwis sind echte Lichtmuffel. Ich erreichte Whangarei als es praktisch schon dunkel war, und selbst zu dieser späten Stunde hat man es sehr oft mit anderen Verkehrsteilnehmern zu tun, die immer noch ohne Licht unterwegs sind. Oft sitzen hinter den Volants dieser unbeleuchteten Fahrzeuge Asiaten, die hier in Neuseeland beim Autofahren grundsätzlich immer wieder negativ auffallen. Zum Glück stehe ich mit dieser gewagt erscheinenden These nicht alleine da.

Der State Highway 1 schlängelte sich in sanften Windungen immer näher meinem Ziel, Paihia, entgegen, und die Fahrt begann ein bisschen eintönig zu werden. Zum Glück hat »Bertie«, mein roter Flitzer, ein recht ordentliches Radio eingebaut, mit dem ich versuchte, die aufkommende Monotonie mit etwas Musik zu verscheuchen. Der Sender »More FM Northland« war gut zu empfangen und tat sein Bestes mit Oldies aus drei vergangenen Dekaden.

In einem Werbeblock war plötzlich die »Briscoes Lady« zu hören, wie sie für eine besonders attraktive Verkaufsaktion ihres Auftraggebers zum Osterwochenende warb. Ob sie wirklich Tammy Wells heißt?

Damit kreisten meine Gedanken natürlich sofort wieder um die brünette Kochtopfsirene. Ich sinnierte wohl noch eine ganze Weile über meine ach so sehnlich herbeigewünschte Begegnung mit der Lady, als urplötzlich ein mir völlig unbekanntes Tier mit grimassenhaftem, fast comicartigem Gesicht im Lichtkegel der Scheinwerfer auftauchte. Und während ich noch versuchte, mit meiner hirninternen Suchmaschine Fuchs, Hase, Dachs und Waschbär mit der in meiner Fahrspur befindlichen Spezies abzugleichen und sogleich auf Blechverformungspotenzial und Tierschutzrelevanz zu scannen, gerieten die im bundesdeutschen Rechtsverkehr antrainierten Reflexe und das kleinhirngesteuerte Linksverkehrsbewusstsein doch arg durcheinander.

Noch bevor mein leicht überlastetes Cerebrum die Datenströme der lawinenartig einprasselnden Eindrücke auch nur annähernd koordinieren konnte, hatte glücklicherweise mein rechter Fuß das Oberkommando übernommen und ein Machtwort in Form eines kräftigen, ausdauernden Tritts aufs Bremspedal gesprochen. Es war eine wahrhaft »Ottoeske« Situation, getreu der Devise »Fuß an Großhirn: Bis ihr euch da oben einig seid, brems' ich erst mal kräftig ...«.

Ganz gereicht hat es aber trotzdem nicht. Der tapfere »Bertie« ist durch meine hektische Reaktion leider über den Fahrbahnrand hinweg geschlittert und hat ärgerlicherweise, schräg driftend – kurz bevor er zum Stillstand kam – mit der linken Flanke des Hecks die Leitplanke touchiert. Dem mysteriösen Wesen, das mich in diese missliche Lage gebracht hatte, ist bei seinem riskanten Straßenüberquerungsprojekt gar nichts passiert. Das Mistvieh hat natürlich Unfallflucht begangen, und ich stand da mit einem angeschrammten Auto, flatternden Nerven und wusste wirklich nicht, was ich nun tun sollte.

Einfach weiterfahren? Unmöglich. Das kann man als Deutscher nicht (da macht man sich womöglich strafbar und die Versicherung würde sich auf jeden Fall streitig stellen).

Zeugen um eine Aussage bitten? Witzlos. Welche Zeugen? Es waren ja keine vorhanden. Zwar fuhren ständig Autos vorbei und mindestens jeder dritte Fahrer hielt an, um mir Hilfe anzubieten, aber ich schickte sie alle dankend weiter: »*Thanks, I'm alright.*« Noch war ich zu verwirrt.

Die **Polizei** rufen? Jawohl. Das schien mir der richtige Gedanke zu sein. Ich war stolz auf mich und spürte, wie ich – die Lösung des Problems vor Augen – allmählich ruhiger wurde. 111 ist die neuseeländische Notrufnummer und die erste Eins hatte ich auf meinem Handy bereits gedrückt ...

**Info zwischen den Zeilen von
Freund und Helfer K.I.W.I. Police**

Der »crash« unseres Kiwiflückers bedurfte keines Polizeieinsatzes. Man hätte dem verschreckten Martin unter der Notrufnummer 111 lediglich erklärt, dass, solange niemand verletzt wurde und auch die Leitplanke kaum mehr als ein paar rote Lackspuren abbekommen hatte, kein Anlass für eine polizeiliche oder sonstige Aktion bestünde.

Hierzu zwei wichtige Regeln, die erheblich von den entsprechenden deutschen Vorschriften abweichen:

- Bei Verkehrsunfällen mit Verletzten ist man verpflichtet, die Polizei so bald als möglich, jedoch nicht später als 24 Stunden nach dem Unfall zu benachrichtigen.

- Wurde niemand verletzt, so ist man verpflichtet, so bald als möglich, jedoch nicht später als 48 Stunden nach dem Unfall

- Eigentümer oder Fahrer anderer Fahrzeuge, die dabei beschädigt wurden, oder

- Eigentümer von Eigentum, das dabei beschädigt wurde, zu benachrichtigen. Kann man diese Personen nicht ausfindig machen, so muss man die Polizei bis maximal 60 Stunden nach dem Unfall benachrichtigen.

- Hatte man den »crash« mit einem versicherten* Fahrzeug, so soll die Versicherung so bald als möglich informiert werden.

* Es gibt in Neuseeland (noch) keine Versicherungspflicht, was mitunter zu Problemen bei der Schadensabwicklung führt.

Noch bevor mein Daumen ein zweites Mal die Eins drücken konnte, hielt plötzlich ein weißer Holden neben mir, verziert mit geschmackvollen Rauten in Gelb und Blau. Aber nicht der Vorsitzende der deutschen FDP, nein, ein neuseeländischer Ordnungshüter, ganz in Blau gekleidet, entstieg dem bunten **Polizeifahrzeug.** Ich lief aus meiner Erleichterung heraus zu humortechnischer Höchstform auf, als ich ihn mit »... noch nicht einmal zu Ende gewählt und schon sind Sie da« begrüßte. Aber auch der *officer* war keineswegs schlecht gelaunt und meinte nur lakonisch-ironisch: »Als *NZ Cop* hat man schließlich ein Gespür für *little Schuhmachers*, die aus neuseeländischen Kurven fliegen.«

Info zwischen den Zeilen von
Hilfssheriff K.I.W.I. Police-Car

Die Polizei fährt Holden Commodore und die Fahrzeuge sind klar gekennzeichnet: Grundfarbe weiß mit blauen und gelben Rauten – man hat es dann mit der »highway patrol« zu tun. Alternativ auch mit blauen und orangefarbenen Rauten für die sogenannten »general duties«.

Das Signallicht neuseeländischer Polizeifahrzeuge leuchtet wechsel-
weise rot/blau. Die Sirene ertönt im Gegensatz zu unserem Tatütata
eher wie Uiiiiiuiiiii-uiuiui-uiiiiiuiiiii...

Außer den sofort erkennbaren Polizeiautos sind auch relativ viele unmar-
kierte »Guerilla-Fahrzeuge« unterwegs, also Einsatzfahrzeuge in normaler Zivillackierung. Diese erkennt man meist erst dann, wenn es zu spät
ist und im Rückspiegel formatfüllend rot/blaues Wechsellicht erscheint,
das gut getarnt hinter Windschutz- und Heckscheibe angebracht ist.

Übrigens: Es werden auffallend viele Alkoholkontrollen durchgeführt, die
trotz ihrer Häufigkeit allerdings nur wie ein Tropfen auf den heißen Stein
wirken. Der »police officer« hält einem dabei ein elektronisches Gerät
vor den Mund, und man soll Namen und Anschrift aufsagen. Das Gerät
misst grob den Alkoholgehalt in der Atemluft, und wenn man dabei in
den zweifelhaften Genuss der engeren Auswahl kommt, darf man in ein
entsprechendes Präzisionsgerät pusten...

Ich erzählte ihm den Ablauf der Havarie, und als ob es das Normalste der Welt sei, sagte er, das rätselhafte Tier, dem ich indirekt das
Leben gerettet hatte, sei ganz sicher ein Possum gewesen.

Sein Rat für meine nächste Begegnung mit derlei neuseeländischer
Fauna: Keinesfalls voll bremsen und nicht die Lenkung verreißen,
eher gut zielen und Gas geben ... Im Übrigen müsse er jetzt aber
weiter – es gäbe hier ja nichts zu tun für ihn, und: *»Take care!«*

Typisch deutsch fragte ich den Polizisten im Weggehen noch nach
einem Protokoll, wegen der Versicherung und so. Bereits im Fahrzeug sitzend rief er mir zu: *»Call them – you'll be alright!«*

*Im Schrecken der Sekunde kann sich
auch ein »little Schuhmacher« einmal
verbremsen. Welches rutschige Fettnäpfchen des NZ-Straßenverkehrs hat
unseren Kiwipflücker hier etwas aus
der Bahn geworfen?*

Das »Possum« ist ein gut katzengroßes,
nachtaktives Tier aus der Gattung der Beutel-
säuger. Es sollte gerechterweise nicht mit dem »Opos-
sum« verwechselt werden, einer in Amerika beheimateten Gruppe

von Beutelratten. Tatsächlich soll es mehr als 30 Millionen »Possums« in Neuseeland geben, und sie erfüllen damit neben einer Reihe von anderen Gründen ganz klar den Tatbestand der Landplage. Wichtig: Kein Neuseeländer bremst für diese Spezies. Ihre mehr oder minder unappetitlichen Überreste zieren die Straßen Neuseelands ungefähr im Viertelmeilentakt...

Die humorvolle Bemerkung des Polizisten bezieht sich auf einen kultgewordenen Spruch, wonach man für Kiwis* unbedingt bremsen, für Pukekos** vom Gas gehen und für Possums*** zielen und Gas geben soll.

* Kiwi - (Apterygidae) oder Schnepfenstrauß, flugunfähiger, nachtaktiver Vogel in den Wäldern Neuseelands. Aber auch als Idiom für den Einwohner Neuseelands (Homo nova zeelandia), für den man ebenfalls bremsen soll.
** Pukeko - Purpurhuhn (Porphyrio porphyrio) aus der Familie der Rallenvögel, etwa hühnergroß mit dunkelblauem, violett schimmerndem Federkleid. Schnabel und Beine sind leuchtend rot.
*** Possum - Fuchskusu (Trichosurus vulpecula) aus der Beuteltierfamilie der Kletterbeutler (Phalangeridae). Possums sind relativ kräftige Tiere mit fratzenhaftem Gesicht, sie sind bis zu 60 cm lang plus 30 cm Schwanz und bis zu 5 kg schwer.

Das Nanumeter zeigt den subjektiv empfundenen Grad der Peinlichkeit und/oder Verlegenheit, der man in einer solchen Situation ausgesetzt sein kann. Auf einer Skala von 1 bis 10 bedeutet 10 die größtmögliche Verwunderung oder sogar Blamage.

Pinkelpause.

Der Crash steckte mir in allen Gliedern. Wirklich in allen. Aber ganz allmählich ließ die Aufregung zugunsten des Ärgers über die tiefen Kratzer in »Berties« Kotflügel wieder nach. Aber alles Lamentieren half ja nichts. Weiter also Richtung Paihia – und was sollte es auch? Ich war froh, meine chaotischen Gedankenströme nun doch wieder recht gut kanalisieren zu können, und die Klänge aus dem Autoradio wirkten dabei wie Balsam auf der possumgeschädigten Seele: Die Beatles gaben Fahrstunde mit »Baby you can drive my car« – ob der Sender mir etwas damit sagen wollte?

Dennoch war irgendetwas nicht in Ordnung. Störende Geräusche. Nein, der Mini lief wie ein Uhrwerk; auch die Schrammen hinten links veränderten die Windgeräusche wohl kaum.

Ich selbst war die Quelle schräger Töne: Ein menschliches Rühren, wie man so dämlich sagt, verursachte ein hässliches Brodeln im Unterbauch und unkontrollierbare Winde entwichen in böigen Intervallen knatternd in den schwarzweiß karierten Fahrersitz. Das vom Vorfall freigesetzte Adrenalin hatte zweifellos meinen Verdauungstrakt im festen Griff. Gut, dass »Bertie« nur ein Auto ist ...

Nun hieß es Strecke machen und bloß keinem Possum mehr ausweichen. Ein Königreich für ein Klo.

Ein Straßenschild verhieß Kawakawa als potenziell Unterwäsche rettenden Zufluchtsort. Zwei, drei Kilometer noch, dann nach links runter vom Highway, nur wenige Minuten trennten mich noch vom Zentrum des stillen Ortes und des Örtchens – hoffentlich jedenfalls.

Doch keine erlösende Tankstelle war zu sehen. Weiter hinein ins Kaff **Kawakawa**.

**Info zwischen den Zeilen von
Stadtgeschichtler K.I.W.I. Kawakawa**

Kawakawa, die kleine Stadt im Northland, an der Verbindung der »state highways« 1 und 11 gelegen, ist durchaus einen kleinen Abstecher wert.

Das Städtchen wird gerne auch als »train town« bezeichnet. Mitten im Ort beginnt die »Bay of Islands Vintage Railway« und führt zum 17 Kilometer entfernten Opua. Die Strecke wurde im Jahre 2008 wiedereröffnet und gilt als kleiner Leckerbissen für Eisenbahnenthusiasten.

Ein Stückchen weiter südlich, in Waiomio, gibt eine weitere kleine Attraktion in Form der Kawiti Glühwürmchenhöhlen.

Da, rechts: *public toilet* offenbarte eine blaue Tafel. Zum Glück war wenig los auf der Durchfahrtsstraße, die recht schnell zur Durchfallstraße werden konnte, ein Parkplatz für den treuen Mini war also rasch gefunden. Nichts wie raus jetzt (ich sah im Augenwinkel den Fahrersitz stark dampfen), noch schnell im Trippelschritt die Straße überqueren, alle Konzentration dem Anus gewidmet, sämtliche dortigen Muskeln zum Zerreißen gespannt. Und dann – drin – endlich – durfte die pfeifend-krachende Erlösung geschehen. Ahhh...

**Info zwischen den Zeilen von
Toilettenmann K.I.W.I. Public-Toilet**

Als stark tourismusorientiertes Land gibt es in Neuseeland überall genügend öffentliche Toiletten: in den Orten, in Parks, selbst an vielen Stränden. Das ist nicht nur für Reisende mit schwacher Blase angenehm, es reduziert auch die unfeine Benutzung der anrüchigen »Freiluftklos«.

An vielen stark frequentierten Stränden stehen außerdem Duschhäuschen, die frei genutzt werden können. Ein vorbildlicher Service; ideal für den erfrischenden Sprung ins Meer in der Mittagspause.

In diesem Zusammenhang fällt weiterhin auf, dass auch mit öffentlichen Abfalltonnen im Kiwiland nicht gespart wurde. Zwar quellen diese oft über, aber wilde Müllhaufen irgendwo inmitten der Natur sieht man dafür so gut wie nie.

Als sich Krämpfe und Dämpfe peu à peu auflösten und auch der tapfere Ringmuskel, schmerzend und pochend zwar, aber doch wie befreit zu normaler Dehnungskonstante zurückfedern konnte, da schweifte der Blick durch meine kleine Zelle, die mir die innere Freiheit wiederschenkte. Ich sah leuchtende Farben vor den Augen und seltsame Formen tanzten an den Wänden, wie ich es sonst nur einmal nach der Einnahme einer leicht zu hohen Dosis morphiumhaltigen Schmerzmittels erlebt hatte. Die Darmattacke, schwante mir, war wohl doch schädlicher als zuerst gedacht. Was war nur los? Destruktive Darmdämonen? Musste ich mit bleibenden Schäden rechnen?

Ich war höchst irritiert, denn auch beim Verlassen des anrüchigen Gehäuses sah ich immer noch intensive Farben, lauter schräge Formen und sphärische Gebilde. Ich war schon auf der Straße, fühlte mich von allen Lichtern geblendet, und selbst beim kurzen Blick zurück erschien mir das Toilettenhaus viel zu bunt, zu schillernd und voller krummer Kanten. Auch vor mir in den Shops: nur irrwitzige Farben, wahnsinnige Formen, alles glänzte, alles gleißte ... mein Herz pochte.

Erst in der schützenden Hülle meines kleinen Wagens kehrte nach und nach die Ruhe wieder ein. Doch war mir ach so flau zumute in der Magengrube – so unendlich flau. Selbst wenn jetzt die »Briscoes Lady« mit entblößtem Daumen oder sonst einem freien Körperteil am Straßenrand aufgetaucht wäre, um dringend von mir als Anhalterin mitgenommen zu werden – ich hätte (es) nicht gekonnt ...

Es brauchte noch eine ganze Weile, bis meine kleine Welt ihre Ordnung zurückhatte und ich wieder klar sehen konnte. Mit 80 glitt ich sanft auf dem Highway nach Norden. »Bertie« schnurrte beruhigend. Ich genoss die augenschonende Dunkelheit der Nacht und die gedeckten Farben des Interieurs. Im Radio sang Cyndi Lauper »True colours«. Oh, wie wahr!?

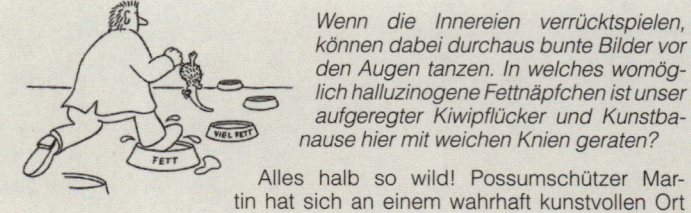

Wenn die Innereien verrücktspielen, können dabei durchaus bunte Bilder vor den Augen tanzen. In welches womöglich halluzinogene Fettnäpfchen ist unser aufgeregter Kiwipflücker und Kunstbanause hier mit weichen Knien geraten?

Alles halb so wild! Possumschützer Martin hat sich an einem wahrhaft kunstvollen Ort erleichtern dürfen. Letztendlich hat er seine optischen Illusionen einem Österreicher zu verdanken: Friedensreich Regentag Dunkelbunt Hundertwasser (geboren am 15. Dezember 1928 als Friedrich Stowasser) kam dereinst nach Aotearoa, um das Dorf Kawakawa aus seinem Dornröschenschlaf wach zu küssen. Von 1975 an erkor der Künstler diesen Ort in Neuseeland zu seiner Wahlheimat.

Die beschauliche Kleinstadt Kawakawa in der Northland Region profitiert noch heute von dem Umstand, dass der österreichische Künstler und Architekt dort für viele Jahre gelebt hatte und dem Örtchen ein Örtchen hinterließ: Die nicht nur Österreichern bekannte Hundertwasser-Toilette.

Dort geht es natürlich im Hundertwasserstil recht farbenfroh und ziemlich schräg zu – außen, wie auch innen. Selbst auf der gegenüberliegenden Straßenseite erschlägt einen beinahe die ganze Wucht Hundertwasserscher Kunstdrucke und Repliken: Mehrere Schaufenster sind vollgepackt mit Hochglanzkopien von allem, was der Künstler wohl jemals in seinem ganzen Leben erschaffen hat – den Touristen zum Wohlgefallen...

Am 19. Februar 2000 starb Hundertwasser auf der Rückreise von Neuseeland nach Europa an Bord der Queen Elizabeth 2 an Herzversagen.

Seinem letzten Wunsch entsprechend wurde er auf seinem Grundstück an der Bay of Islands beerdigt: Im »Garten der glücklichen Toten«, in Harmonie mit der Natur unter einem Tulpenbaum, ohne Sarg und nackt, eingehüllt in eine von ihm entworfene Koru-Flagge.

Das hat Stil ...

Das Nanumeter zeigt den subjektiv empfundenen Grad der Peinlichkeit und/oder Verlegenheit, der man in einer solchen Situation ausgesetzt sein kann. Auf einer Skala von 1 bis 10 bedeutet 10 die größtmögliche Verwunderung oder sogar Blamage.

Geschmacksverirrung.

Kein blasser Dunst von Küchenkunst.

Ostersonntag, 24. April. Ich erreichte Paihia sehr spät am Vorabend. Nachdem die Zitteramplitude meiner Hände auf Lambda Halbe abgeklungen war, hatte ich Siobhan von unterwegs per Handy angerufen und ihr schon mal von meiner Pechsträhne erzählt. Sie lachte herzlich – und was ich nie vermutet hätte – sie erkannte sofort, dass sich mein Albtraumszenario im Hundertwasserklo abspielte. Rund eine Woche zuvor hatte sie selbst dort haltgemacht.

Siobhan hatte die vergangene Woche bei einer Bekannten aus dem Segelsportklub gewohnt, aber für den Rest dieses Wochenendes hatte sie in Erwartung meiner Ankunft ein Zimmer in einem wirklich angenehmen Motel – sie kann es sich ja leisten, *Dad* Paul zahlt alles – vorausgebucht, damit wir's mal wieder so richtig krachen lassen konnten. Das Haus »Island View« war durchaus als gehobene Kategorie zu klassifizieren, mit viereinhalb Sternen auf der **»Qualmark«**-Plakette.

**Info zwischen den Zeilen von
Qualitätsfanatiker K.I.W.I. Qualmark**

In ganz Neuseeland ist das Qualmark-Gütezeichen zu finden. Es vermittelt mit seinem Sternesystem eine recht verlässliche und übersichtliche Qualitätssicherung bei der Suche nach einer geeigneten Unterkunft.

Darüber hinaus zeichnet das schwarz-gelbe Qualmark-Zeichen mit dem Farnblatt aber auch viele andere Unternehmen der Tourismusbranche mit Güteempfehlungen aus: Kultureinrichtungen, Mietwagenfirmen, Abenteuer- und Sportveranstalter und einige andere Attraktionen.

Beide hatten wir eine anstrengende Zeit hinter uns: Shiva war ziemlich matt, weil sie während der Wettbewerbswoche permanent mit widrigen Winden zu kämpfen hatte – und auch ich hatte ja ähnliche Probleme nur kurze Zeit zuvor. So beließen wir es in dieser Nacht bei einem eher schlichten körperlichen Beisammensein. In jeder Hinsicht abgeschlafft sanken wir schnell danach in die Kissen und fielen mit Vorfreude auf das Frühstück (das »Island View« ist eines der wenigen Motels, die ein Frühstücksbüffet anbieten) rasch in einen traumreichen Tiefschlaf.

Das Frühstücksbüffet war reichhaltig, und man hatte sogar die Möglichkeit, im Freien unter einer Pergola zu sitzen, was wir mit Freude taten. Die Kalt- und Warmtheke hielt überwiegend Kiwispezialitäten, also Elemente der englischen Frühstücksküche, bereit. Weißbrot war zu zwei hohen Türmen gestapelt, und ich war drauf und dran, mit einer Gabel 9/11 zu spielen. Siobhan hatte meine makabre Absicht bemerkt und es mir unter Androhung totalen Sexentzuges grimmig blickend verboten. Mehrere chromglänzende Turbotoastmaschinen, jeweils mit Schlitzen für 4 Brotscheiben gleichzeitig, waren ständig in Betrieb. An manchen Töpfen mit Aufstrich waren kleine Schilder mit Aufschriften wie *Marmalade, Jam* oder *Jelly* zu lesen. In einer Schale auf einer Kochplatte wurden Spaghetti in hellroter Tomatensoße warmgehalten. Pasta »al dente« waren hier wohl kaum zu erwarten. In einer Pfanne am Ende des Büffets brutzelten Speckstreifen, in einer anderen irgendwelche Würstchen unbekannter Machart.

Info zwischen den Zeilen von
Schleckermaul K.I.W.I. Marmalade

Das neuseeländische Frühstücksbüffet enthält meist drei verschiedene Grundtypen von Marmelade:

- »Marmalade«: Marmelade aus Zitrusfrüchten
- »Jam«: Konfitüre, manchmal mit Fruchtstücken, und
- »Jelly«: Gelee aus Beerenfrüchten

Als sich Shiva einen mittleren Berg der gnadenlos weich gekochten Spaghetti auf eine Toastbrotscheibe(!) lud, verging mir die Lust zum

Liebesspiel fast ohne ein entsprechendes Verbot. Sie forderte mich auf, einen dunklen, fast schwarzen und zähen Aufstrich aus einem weißen Porzellantöpfchen zu verkosten. Ich weiß nicht, was ich verbrochen hatte. Das Zeug schmeckte unerträglich – zuerst salzig, dann wieder salzig und zum Schluss tendenziell nach Gewürzkonzentrat unter Beigabe von Zucker; irgendetwas im hinteren Bereich meines Gaumens krampfte sich.

Ich würdigte Siobhan lediglich eines ausgedehnten, sehr, sehr bösen Blickes. Aber schlagfertig, wie sie nun einmal war, konterte sie diesen, indem sie süffisant grinsend mit Messer und Gabel demonstrativ ihre Spaghetti-auf-Toast-Kombination zerteilte. Wie barbarisch. Kein Zweifel: nicht genug des Horror-Roadtrips vom Vortag – Shiva wollte mich vermutlich für vermeintlich begangene Seitensprünge, die – wenigstens in den letzten Tagen – wirklich nicht stattgefunden hatten, bestrafen. Hatte ich etwa im Schlaf von der »Briscoes Lady« gesprochen?

Die Geschmäcker sind bekanntlich verschieden – aber ab und zu lässt sich über Geschmack doch recht gut streiten. In welches zweifelhaft-kulinarische Fettnäpfchen hat sich Martin hier von seiner Gespielin beim Frühstück leichtfertigerweise (ver)führen lassen?

Die dunkle, zähe, salzig schmeckende Masse, die dem Kiwipflücker hier aufgeredet wurde, war die typisch neuseeländische »Marmite«. Dieses überwiegend als Toastbrotaufstrich (am »besten« über einer kräftigen Schicht Butter) verwendete Lebensmittel ist britischen Ursprungs. Der traditionelle, langjährige Werbeslogan »Love it or hate it« sagt eigentlich alles. Martins Würgreflexe sind wohl zu Recht angesprungen, aber probiert haben sollte man diese Kiwi-Ikone durchaus mal.

Eine andere Kultspeise ist »Spaghetti on Toast«. Hierbei kommt es aber nicht allein auf die haarsträubende Kombination von Nudeln und Brot an – zu beachten ist auch, dass dieser Kiwiklassiker aus möglichst weich gekochten Dosenspaghetti mit reichlich dünnflüssiger Tomatensoße besteht, um das idealerweise vollkommen bedeckte Toastbrot, das man unter dem Pastaberg nicht mehr sehen darf, ganz und gar zu durchweichen. Mit dem beliebten Klassiker aus Italien hat diese Spaghetti-Variante allerdings nichts mehr zu tun. Gab es in der Geschichte nicht schon geringere Gründe, einen Krieg zwischen zwei Nationen anzuzetteln?

Das Nanumeter zeigt den subjektiv empfundenen Grad der Peinlichkeit und/oder Verlegenheit, der man in einer solchen Situation ausgesetzt sein kann. Auf einer Skala von 1 bis 10 bedeutet 10 die größtmögliche Verwunderung oder sogar Blamage.

Info zwischen den Zeilen von Geschmacksberater K.I.W.I. Marmite

Nachtrag zur »Marmite«: Dieser Aufstrich mit Kultcharakter hat seinen Ursprung in England, wird aber als Kiwiversion seit 1919 in Neuseeland hergestellt. Es besteht aus Hefeextrakt (einem Nebenprodukt beim Bierbrauen), Salz, Gemüseextrakt, Gewürzen und zugesetzten Vitaminen. »Marmite« steht in allen Supermarktregalen, und die Kiwis verfüttern es an ihre Kinder bereits im zarten Säuglingsalter. Aus dieser Tatsache ließe sich sicher wissenschaftlich mühelos das Phänomen des gourmetresistenten, zum Schrägen tendierenden Geschmacks der Neuseeländer begründen.

Außer der »Marmite« begegnet man überall auch der »Vegemite«. Das Internet ist voll von Seiten, auf denen die angeblich unglaublich starken Unterschiede zwischen diesen beiden Produkten beschrieben, ja regelrecht beschworen werden. Es grenzt mitunter an Glaubensbekenntnisse. Tatsächlich gilt – objektiv betrachtet – »Vegemite« lediglich als etwas mildere Version der »Marmite«. De facto ist es einfach das (Konkurrenz-)Produkt eines anderen Herstellers und wird in Australien produziert.

Doch die Moral von der Geschicht' – probier'n ersetzt studieren nicht...

Gourmet-Tipp von Chef K.I.W.I.

Marmite auf Toast (für 2 Personen)

Zutaten

4 Weißbrotscheiben, 1 Gläschen Marmite, gesalzene Butter, 4 Scheiben vom Cheddar-Käse, 4 Salatblätter, geflocktes Meersalz, schwarzer Pfeffer, Petersilie

Zubereitung

Die Weißbrotscheiben braun bis dunkelbraun toasten (keinesfalls zu hell belassen). Die getoasteten Brotscheiben abkühlen lassen und dick mit der gesalzenen Butter bestreichen. Nun die Marmite als geschlossene Deckschicht auf die Butter auftragen. Vorsicht beim Aufstreichen, die zähe Konsistenz der Marmite macht das gleichmäßige Auftragen nicht ganz einfach. Hier hilft es, die Marmite bereits einige Zeit zuvor dem Kühlschrank zu entnehmen oder das Gläschen kurzfristig im Wasserbad leicht zu erwärmen. Die Cheddar-Scheiben in dünne Streifen schneiden und dekorativ als Ornament- oder Gittermuster auf die Brote platzieren. Abschließend mit je einem Salatblatt belegen, leicht mit einigen Flocken Meersalz und etwas schwarzem Pfeffer aus der Mühle bestreuen. Zum Schluss mit Petersilie garnieren und servieren. Enjoy your meal. Marmite-Fans genießen dazu sehr gerne eine Tasse Kaffee mit etwas Milch und einem halben Teelöffel Zucker.

Spaghetti auf Toast (für 2 Personen)

Zutaten

2 Weißbrotscheiben, ca. 200 Gramm Dosenspaghetti in Tomatensoße, gesalzene Butter, geflocktes Meersalz, schwarzer Pfeffer, Petersilie

Zubereitung

Die Dosenspaghetti mit der Soße in einem Topf erhitzen. Parallel die Weißbrotscheiben hell- bis mittelbraun toasten (nicht zu stark rösten, das Brot soll später die Tomatensoße möglichst gut und schnell aufnehmen können). Toastscheiben dünn mit der gesalzenen Butter bestreichen, danach jeweils diagonal in zwei gleichgroße Dreiecke schneiden und leicht versetzt auf zwei großen, flachen Tellern platzieren. Die Spaghetti über die Toastbrotdreiecke gießen. Das Brot soll dabei vollständig von Pasta und Soße bedeckt werden. Mit einer Prise geflocktem Meersalz und etwas gemahlenem Pfeffer (am besten aus einer Pfeffermühle) bestreuen. Die Petersilie dekorativ über die Spaghetti verteilen. Servieren.

Eine gute Minute einziehen lassen (wichtig: das Toastbrot muss von der Soße vollständig durchtränkt sein), dann mit Messer und Gabel essen (Spaghetti unbedingt in zentimetergroße Stücke schneiden). Cheers. Liebhaber von Dosenspaghetti empfehlen zur Begleitung meist einen leichten und vor allem günstigen Chardonnay.

Anmerkung: Es wird schwierig bis unmöglich sein, Marmite (alternativ zur Not auch Vegemite) und Dosenspaghetti im deutschsprachigen Raum zu bekommen. Man bringt sich diese speziellen Ingredienzien am besten selbst vom Neuseelandurlaub mit (oder lässt sie sich mitbringen). Sich die Zutaten von einem Händler (z.B. www.bright-britain.de) schicken zu lassen, ist ein möglicher (aber etwas halbherziger) Kompromiss. Wie auch immer: Mit diesem Menü werden Sie der Star an jedem Neuseelandabend sein!

Rockoper.

Eile mit Weile.

Ostersonntag, 24. April. Siobhan und ich beschlossen bei jenem gemeinsamen Frühstück mit den wenigen kulinarischen Gemeinsamkeiten, den Tag bis zum frühen Nachmittag in Paihia zu verbringen. Dann, so planten wir, wollten wir noch ein Stück südwärts bis Whangarei fahren, um dort ein Quartier zu nehmen und vor allem noch im »Reva's« einzukehren.

Shiva hatte auf der *hen party*, die sie vor einer guten Woche besucht hatte, eine dringende Empfehlung für dieses Lokal erhalten. Anderntags, Montag, sollte es wieder zurück in die Heimat Auckland gehen.

Die Bay of Islands ist total auf Tourismus ausgerichtet und hält dementsprechend viele Ausflugs- und sonstige Betätigungsmöglichkeiten bereit. Ich war an der Tour »Hole in the Rock« stark interessiert, und auch für meine Begleiterin war diese *cruise* erste Wahl. Bevor wir zum Pier mit den Buchungsstellen für die verschiedenen Törns gingen, legte mir Siobhan ein etwa aktenkoffergroßes Päckchen in einer Plastiktüte von Briscoes (extra, um zu sticheln) ins Auto, verbunden mit der Kombination aus Frage und Bitte, ob ich dieses vielleicht nächste Woche einmal für sie in Milford bei einer Freundin abgeben könnte, die genaue Adresse läge dabei. Kein Problem.

Wir hatten Glück bei der Buchung von »**Hole in the Rock**« und konnten schon zehn Minuten später an Bord gehen. Das kam uns sehr entgegen – wir wollten an diesem Tag nicht zu viel Zeit für touristische Attraktionen investieren. Bei dieser Ausfahrt – so lockt der Veranstalter – kann man fantastische Meerestiere sehen: Der Törn gilt als hundert Prozent delfinsicher und als ziemlich walwahrscheinlich, was uns beide allerdings eher weniger interessierte. Shiva wurde auf der Regatta in ihrem Javelin praktisch ununterbrochen von Delfinen und gelegentlich von Orcas begleitet, und selbst ich als

Trockenschwimmer konnte bei Stanmore Bay auf der Whangaparaoa-Halbinsel desgleichen schon erleben.

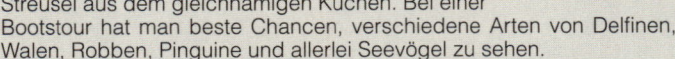

**Info zwischen den Zeilen von
Höhlenforscher K.I.W.I. Hole-In-The-Rock**

Die Bay of Island hält alles, was der Name verspricht: 144 Inseln ragen hier aus dem Meer wie Streusel aus dem gleichnamigen Kuchen. Bei einer Bootstour hat man beste Chancen, verschiedene Arten von Delfinen, Walen, Robben, Pinguine und allerlei Seevögel zu sehen.

Der Schiffstörn »Hole in the Rock« führt zum Cape Brett (mit einem schönen Leuchtturm) und der vorgelagerten Motukokako Island (auch Piercy Island genannt). Das ist die kleine Felseninsel mit dem berühmten Loch. Bei ruhiger See steuert der Skipper das Schiff tatsächlich durch diese Öffnung, was ziemlich abenteuerlich erscheint.

Mitten im Loch hält er an, und man steht in der »Grand Cathedral Cave«. Der Schiffsführer weist dann ausdrücklich auf die Möglichkeit hin, dass von der Höhlendecke Wassertropfen fallen könnten.

Unser beider Hauptinteresse lag an diesem Steinbrocken vor Cape Brett – oder genau gesagt: an dessen Loch. Bei ruhiger See nämlich fährt der Skipper mit dem relativ großen Boot voller aufgeregter Fahrgäste durch dieses relativ kleine Felsloch hindurch. Das sieht in der Perspektive vom Passagierdeck aus auch wirklich sehr eng aus, und alle Pulse beginnen zu rasen, wenn sich das Zweirumpfboot auf die Öffnung im Felsen zubewegt. Ist an diesem Tag die Wasseroberfläche ganz besonders ruhig, dann bleibt der Schiffsführer in dieser tunnelartigen Röhre, die vielleicht knapp die doppelte Länge des Katamarans hat, sogar stehen und lässt die Motoren zur Steigerung der Dramatik kräftig brummen. Dann jauchzen alle 150 Seelen an Bord wie im Chor. Auch Siobhan und ich wollten jauchzen. Aber wir hatten einen anderen Plan ...

Die Tour hinaus zum »Hole in the Rock« dauerte lange. Sehr lange. Der Skipper hielt die Gäste an Bord mit Erklärungen über geschichtliche Hintergründe der Bay of Islands wach und wirkte selbst erleichtert, als die ersten *bottlenose dolphins* in Sicht kamen. Nach fast anderthalb Stunden strammer Fahrt kamen der Leuchtturm von Cape Brett und endlich auch das Felseninselchen mit dem Loch deutlich näher. Die See war glatt, und außer dem Fahrtwind gab es keine weitere Luftbewegung. Kein Zweifel: Der Mann auf der Brücke würde uns seine »Rock Show« der felsigen Art mit Links präsentieren.

Die junge Frau McNish und ich gingen völlig unbeobachtet (alle waren auf dem Aussichtsdeck mit ihren Blicken felswärts gerichtet) zum Waschraum des Bootes und schlossen uns dort ein. Wir wollten uns genau in dem Moment körperlich vereinigen, in dem das Boot phallusartig in die steinerne Öffnung glitt. Als Psychologiestudentin liebt Shiva alle Arten von Symbolik.

Das Timing hätte nicht besser sein können: Nach einem eineinhalbstündigen Anlauf liefen beide Hochseeprojekte zur Freude aller Beteiligen lustvoll ihrem Höhepunkt entgegen.

Selbstverständlich dauerte der Rückweg dieselbe lange Zeit wie die Anfahrt – es gibt selten Abkürzungen auf Seewegen. Wir waren ungeduldig und sahen sehnsüchtig einem Hubschrauber nach, der gerade die löchrige Felseninsel umrundet hatte und nun wieder auf seinem flotten Rückflug nach Paihia war: In höchstens zehn Minuten würde seine Besatzung wieder festen Boden unter den Füßen haben, unser abschließender Landgang jedoch würde noch weit mehr als eine Stunde auf sich warten lassen.

Während ich mir gerade im Geiste vorstellte, ob es wohl sein könnte, dass die »Briscoes Lady« inkognito – mit Baseballmütze, Sonnenbrille und gelber Windjacke unkenntlich gemacht – unter den Passagieren sein könnte, spürte ich, wie sich Shiva im Dämmerschlaf an mich schmiegte. Das hatte die taffe junge Frau, die selten romantische Gefühle zeigt, bisher noch nie getan. Auch über mich selbst war ich ein kleines bisschen überrascht, als ich nämlich spürte, wie gut mir ihre Nähe tat.

Doch unsere Gedankenzeitlupe sprang schnell wieder zurück auf Normaltempo als das Brummen und Vibrieren der beiden Schiffsdiesel abrupt erstarb und wir gewahr wurden, dass der Kapitän einen Landungssteg ansteuerte – doch die Verbindung zum Festland konnte das hier noch längst nicht sein. Ob ein technischer Defekt einen Zwischenstopp erzwang? Gab es einen Notfall mit einem Passagier (mehrere Personen waren trotz der ruhigen Fahrt tatsächlich schwer seekrank geworden), der eine Unterbrechung erforderlich machte?

Ich wollte es nun genau wissen und stieg zur Brücke hoch, um dem Kapitän diese Fragen zu stellen. Um die Wichtigkeit meines Anliegens zu verstärken, brachte ich noch – im fingierten Namen aller Fahrgäste – die Hoffnung zum Ausdruck, dass die Unterbrechung nicht allzu lange dauern möge, weil jeder an Bord baldmöglichst wieder in Paihia ankommen möchte. Doch der Angesprochene be(un)ruhigte mich, als er freundlich lächelnd sagte, dass keinerlei Probleme, weder technisch noch medizinisch, vorlägen und ich mich nun auf den regulären, einstündigen Stopover auf dem kleinen Inselchen Urupukapuka freuen dürfte ...

Eine Fahrt mit dem Ausflugsdampfer hat immer etwas Beschauliches, schließlich ist man nicht mit dem Rennboot unterwegs. Welches nautische Fettnäpfchen brachte den ungeduldigen Kiwipflücker und seine Begleiterin hier in eine ganz spezielle Form von Seenot?

An der Bay of Island werden sehr viele interessante Schiffstouren der unterschiedlichsten Art angeboten. Dabei ist der Törn »Hole in the Rock« einer der beliebtesten und wird deshalb oft gebucht, sodass man manchmal auch Wartezeiten in Kauf nehmen muss. Diese recht spannende Fahrt gibt es in mindestens zwei Versionen. Eine davon enthält einen Zwischenstopp von einer Stunde Dauer auf der (an sich unspektakulären) Insel Urupukapuka. Dort hat man eine gute Stunde Zeit zur freien Verfügung, kann ein bisschen wandern, schwimmen oder in einem kleinen Lokal (es ist allerdings nicht immer geöffnet) eine Kleinigkeit einnehmen. Dem immer eiligen Martin war über die Freude des schnellen Eincheckens offensichtlich total entgangen, dass er genau diesen Törn gebucht hatte. Da ihm die Fahrt schon in der ersten Hälfte sehr lang vorkam, hat ihm diese zusätzliche Verlängerung durch den Inselaufenthalt einen gewaltigen Schlag in sein Geduldskontor versetzt. Aber in diesem Fall half es natürlich nichts, die Besatzung auf der Brücke mithilfe gewisser Schwindeleien subtil zur Eile zu mahnen. Man bekommt immer das, wofür man bezahlt hat. Und: gebucht ist gebucht!

Das Nanumeter zeigt den subjektiv empfundenen Grad der Peinlichkeit und/oder Verlegenheit, der man in einer solchen Situation ausgesetzt sein kann. Auf einer Skala von 1 bis 10 bedeutet 10 die größtmögliche Verwunderung oder sogar Blamage.

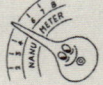

Wirtschaftswesen.

Herr Ober, bitte zahlen!

Ostersonntag, 24. April (Nachtrag). Als wir am späteren Nachmittag endlich wieder in Paihia ankamen, war ich mir nicht wirklich sicher, ob der vielstündige Ausflug zu diesem Lochfelsen und dem Inselchen mit dem unaussprechlichen Namen Top oder Flop war.

Wir wären an diesem Tag noch gerne zum nahen **Waitangi** gefahren, aber Siobhan meinte: »Waitangi läuft uns nicht weg, und bis Whangarei ist noch mehr als eine Stunde zu fahren, unsere Mägen knurren – und ein Quartier muss auch noch gefunden werden.«

Sie hatte ja recht. Erst, als wir schließlich wieder in unseren Autos saßen, machte sich eine gewisse Erleichterung bemerkbar – bei mir zumindest. Dass ich dann allerdings mit leicht aggressivem Fahrstil auf dem Highway Richtung Süden unterwegs war, zeigte mir wiederum, dass in mir immer noch etwas aufgestaut war, das abgebaut werden wollte.

Info zwischen den Zeilen von
Geschichtslehrer K.I.W.I. Treaty-of-Waitangi

Im kleinen Ort Waitangi, nahe Paihia an der Bay of Plenty gelegen, wurde am 6. Februar 1840 der berühmte und wichtige »Treaty of Waitangi« (Vertrag von Waitangi) zwischen der britischen Krone und dem Bündnis der vereinigten Maori-Stämme unterzeichnet.

Durch diesen »Treaty« wurde Neuseeland zur britischen Kolonie, und die Maoris erhielten den Status britischer Bürger, indem sie andererseits mit der Vertragsunterzeichnung ihre Souveränität aufgaben. Es wurde ihnen jedoch die Besitzstandswahrung an Grund und Land garantiert.

Bedingt durch damalige Übersetzungsdifferenzen ist der »Treaty of Waitangi« bis zum heutigen Tag ein kontrovers diskutiertes Dokument

geblieben, dessen häufig umstrittene Interpretationen reichlich Zünd-
stoff für Probleme zwischen Pakehas und Maoris enthalten.

Der 6. Februar ist neuseeländischer Nationalfeiertag.

Nur dem Zufall war es zu verdanken, dass ich – als »Bertie« bereits
kräftig meine Sporen spüren durfte – im letzten Moment ein ziviles
Polizeifahrzeug als solches identifizieren konnte, als ich es gerade
schwungvoll, jegliches **Tempolimit** verachtend, überholen wollte.
Die roten und blauen Signallichter hinter der Heckscheibe, oft
zusätzlich von einem Heckflügel getarnt, können bei sehr genauem
Hinsehen mit etwas Glück erkannt werden. Dieser Zufall hat mir
zweifellos die polizeilich erzwungene Investition in Höhe mehrerer
hundert Dollar erspart.

**Info zwischen den Zeilen von
Kilometerfresser K.I.W.I. Speed-Limit**

Das Tempolimit auf den (wenigen) autobahnähn-
lichen »motorways«, den Bundesstraßen, »state
highways«, und Landstraßen »highways« beträgt
100 km/h. Innerorts und in Wohngebieten gilt Tempo 50,
falls nicht durch entsprechende Schilder andere Geschwindigkeiten
angezeigt werden. Die Fahrgeschwindigkeiten werden häufig (gut getarnt)
überwacht, und bei Übertretungen kann es ziemlich teuer werden.

Die neuseeländischen Verkehrsschilder entsprechen internationalem
Standard, und Geschwindigkeiten und Distanzen werden in Kilometern
angegeben (km/h bzw. km).

Fortan hielt ich die Mini-Zügel leicht angezogen und kam dennoch
viel früher als meine Begleiterin im »Reva's« an. Das Lokal wirbt
für sich auf einer riesigen elliptischen Tafel mit dem Zusatz »on the
Waterfront« und »est. 1976«. Eine Gaststätte, die in den Siebzigern
gegründet wurde, hat in Neuseeland bereits einen gewissen histo-
rischen Anspruch. Sie befindet sich in einem auffallend schönen
Holzgebäude mit Säulen und Ornamenten, das unmittelbar am zen-
trumsnahen Hafenbecken liegt. Dort, so hatten wir besprochen, wartet
der Schnellere vor dem Restaurant auf den Zweitplatzierten. Ich hatte

aber das sichere Gefühl, dass Siobhan noch einige Zeit unterwegs sein würde. Beim kurzen Anruf auf ihrem Handy bestätigte sie einen mindesten viertelstündigen Rückstand (sie hatte in Kawakawa nochmals den Drang nach »Kunst« verspürt).

So entschied ich, das »Reva's« als mein Siegertreppchen zu betrachten und sogleich für ein kühles Bier zu betreten. Im Innern war es mit viel nautischen Accessoires dekoriert, aber nicht überladen. Ich hielt Kurs auf die Bar. Noch bevor ich an der mächtigen Zapfhahnorgel die beleuchteten Ovale mit den Labels der vielen angebotenen Biere lesen konnte, rief mir ein dicker, gut aufgelegter Barmann mit präzise geschnittener Dreimillimeter-Haarfrisur und scharf konturierter Koteletten-/Kinn-/Backenbartkombination zu: »*Sorry Sir – drinks only with food today!*« Im Klartext: kein Bier ohne Menü!

»Ein Glas Wasser ja – aber kein Bier, *sorry* – das *council* schickt Kontrolleure durch die Gegend«, quittierte der Gewichtige meinen durstigen Blick. Dass er in spätestens einer Viertelstunde eine umfangreiche Essensbestellung erwarten dürfte, beeindruckte ihn genauso wenig wie der Vorschlag, ein Flaschenbier zu nehmen und dieses draußen am Pier mit Blick auf die dümpelnden Jachten zu genießen. »*Sorry, no way.*«

Ich kommentierte die Situation mit der Frage, ob ich mich in dieser Stadt auf weitere solcher Kuriositäten einzustellen hätte, zum Beispiel: keine Leinen ohne Hunde?

Seton, als der er sich zwischendurch sehr höflich vorgestellt hatte, lachte dröhnend und: »*Bloody bureaucrats, sorry*«, war sein Schlusswort zu diesem Thema.

Doch war er nicht mit der bürokratischen Umsetzung bürokratischer Absurditäten selbst ein Bürokrat?

Info zwischen den Zeilen von Namensgeber K.I.W.I. Seton

»Seton« ist ein seltener Name altenglischen Ursprungs und bedeutet »Ort am Meer«. Man begegnet ihm ganz gelegentlich auch in den Varianten »Seaton« und »Seeton«.

Shiva war schneller als vermutet, und gerade rechtzeitig, bevor ich mich als leinenloser, begossener Pudel fühlen musste, stand sie neben mir an der riesigen Theke im »Reva's«. Damit machte sie weitere Verhandlungen mit Seton, dem Abwimmler, dessen Gesichtshaut an den bartfreien Stellen unfassbar glatt und glänzend war, obsolet. Als er uns zu einem Zweiertisch mit der Seele schmeichelnder Aussicht auf das nächtlich beleuchtete Hafenbecken führte, fiel mir sein birnenförmiger Körperbau auf. Mit einem für sein Gewicht erstaunlich federnden Gang kam er ein paar Minuten später wieder an unseren Tisch, und jetzt wusste ich, dass mich dieser Seton an eine New-Age-Version von Exkanzler Kohl erinnerte. Das fand ich sehr amüsant.

Wir entschieden uns beide für ein **Steak** – Siobhans *rare*, meines *medium* – je ein Glas Shiraz, *Syrah*, von Te Awa an der Hawkes Bay und als Abschluss für jeden ein Tässchen *flat white*. Seton bediente uns sehr freundlich – ich konnte den ganzen Abend nicht fassen, wie geschmeidig dieser Koloss war – und das Essen war für neuseeländische Verhältnisse gut – das Fleisch zart und präzise gegart, die Beilagen (Kartoffeln und Gemüse) dafür nur durchschnittlich, aber der angenehme Rotwein glich dieses Manko wieder aus.

Info zwischen den Zeilen von Fleischbeschauer K.I.W.I. Steak

Bei der Bestellung von Steaks fragt der Ober (»waiter« bzw. »waitress«) immer, welche Garung man wünscht:

»*rare*«	englisch, blutig
»*medium*«	halb durch
»*well done*«	durchgebraten

Besonders Rindersteaks sind in Neuseeland sehr empfehlenswert, das Fleisch ist durchweg von guter Qualität, und die meisten »Chefs« verstehen hier – anders als beispielsweise beim (Ver-)Kochen von Pasta – ihr (Grill-)Handwerk.

Wir ließen den Ausflug zum »Hole in the Rock« nochmals Revue passieren und kamen zur Antwort der Frage: Top oder Flop? – Top! Nur meiner Ungeduld war es zuzuschreiben, dass der Törn zunächst zäh und langweilig wirkte. Aber in Wahrheit war fast das Gegenteil richtig: Er hatte nämlich Siobhans Gefühl zu mir verändert. Vielleicht (oder wahrscheinlich sogar) hatte diese Veränderung auch nur zufällig auf dieser Cruise stattgefunden. Aber das »wo« spielte keine Rolle. Shiva war den ganzen Abend über stark auf mich ausgerichtet, was wirklich ungewöhnlich und neu war. Mit ihr zusammen unterwegs zu sein, hieß sonst immer nur, »dabei« zu sein – der Mittelpunkt war immer sie; und sie drehte stets gewaltig auf. Im Restaurant, Klub, sogar im Kino war ihr erklärtes Ziel: Kontakte, Kontakte, Kontakte. *Socializing* nennt man das hier. Nicht selten fuhr ich nachts allein nach Hause, weil die serotoninsüchtige Dame nicht mehr auffindbar war und mit jemand anderem durch die Kneipen zog oder sonst was veranstaltete. So war ich nun am Abend dieses Tages eher irritiert als müde.

Es war spät geworden und Shiva erinnerte uns daran, dass noch die Unterkunft für diese Nacht gefunden werden musste. Ich gab Seton ein – wie ich glaubte internationales – Zeichen für **»bitte bezahlen«,** indem ich den Arm senkrecht nach oben reckte und Daumen und Zeigefinger aneinander rieb. Seton kam auch tatsächlich sofort mit fließenden Riesenschritten zum Tisch, fragte allerdings nach meinem Anliegen. Seine Antwort war in ungefähr: »... *sorry Sir,* beim Rausgehen an der Kasse, bitte.«

Na gut.

Info zwischen den Zeilen von
Kassenwart K.I.W.I. Please-Pay-Here

In neuseeländischen Gaststätten zahlt man nie am Tisch. Kein Ober kommt mit der Geldtasche im Hosenbund auf bundesdeutsche Handzeichen herangeeilt, um abzukassieren. Das Höchste, was man erwarten kann, ist, dass die Rechnung im Lederetui gebracht wird.

Die Regel ist, dass man beim Rausgehen an der Kasse bezahlt. Es gilt das Prinzip »ein Tisch – eine Rechnung«. Wenn man separat bezahlen möchte, muss man die Gesamtsumme selbst mit seinen Tischbegleitern auseinanderdividieren. Die Bedienung reicht einem dazu – mit dem Ausdruck der Verwunderung – gerne einen Taschenrechner.

Übrigens: Beim Betreten der Gaststätte empfiehlt es sich, nicht einfach einen Tisch, der einem gefällt, anzusteuern. Als Standard gilt, dass man von einer Bedienung oder dem »floor manager« zum Tisch geführt wird.

Und: Nie wundern, wenn man ohne Tischbuchung freundlich aber gnadenlos wieder weggeschickt wird, obwohl das Lokal gähnend leer ist. Der Rezeptionist allein entscheidet, ob er zu den Tischreservierungen, die bereits vorliegen, noch Spontangäste dazu nimmt oder nicht; auch wenn einem selbst die Entscheidungsgründe auf ewig verschlossen bleiben.

Ich addierte überschlägig die Zeche, weil ich noch etwas Bargeld bei mir hatte, das ich gerne zum Begleichen der Rechnung verwenden wollte. Addition und verfügbares Cash passten recht genau zusammen, und so verließen wir unseren Tisch und steuerten auf Seton zu, der uns bereits wie ein Buddha lächelnd hinter seiner Kasse erwartete.

Er hatte die Summe schon aufaddiert – aber sie war wesentlich höher, als die von mir ermittelte! So gewaltig konnte ich mich nicht verrechnet haben. Ich prüfte die einzelnen Positionen auf dem Beleg, aber es war keine zu viel oder falsch. Mein Blick sprang zwischen Rechnung und Seton hin und her, bis er das Pingpongspiel meiner Augen beendete: »*Sorry Sir*, 20 Prozent Feiertagszuschlag, *sorry ...*«

Ich hätte dem Sorry-Sager am liebsten einen Feiertagszuschlag nach meiner Art verpasst ...

Die Neuseeländer lieben ihre Feiertage. Nur gibt es da ein paar Feinheiten, die manchem die Lust zum Feiern vergehen lassen. Sorry, aber welche gastronomisch-juristisch-monetäre Fettnäpfchenkombination brachte Martin Horn hier in die Nähe schlagender Argumente?

Der juristische Teil: Eine sehr seltsame gesetzliche Regelung in Neuseeland betrifft den Alkoholverkauf an Feiertagen. Außer generellen Einschränkungen für Verkaufsstellen wie »Liquor Stores« und Supermärkte gibt es noch eine spezielle, besonders kuriose Auflage für Hotels und Gaststätten, die da lautet: »Am Karfreitag, Ostersonntag, am 1. Weihnachtstag und am Anzac Day (vor 13 Uhr) dürfen alkoholische Getränke nur ausgeschenkt werden an Personen, die a) dort abgestiegen sind (Hotelgäste), b) dort angestellt sind (Mitarbeiter) oder c) dort eingekehrt sind zum Zwecke des Verzehrs von Speisen (Restaurantgäste)!«

Prost Mahlzeit Justitia.

Der monetäre Teil: Nicht weniger seltsam, wenn nicht unverschämt ist die Tatsache, dass an allen neuseeländischen Feiertagen (nicht nur an den oben genannten vier) in gastronomischen Betrieben 15 bis 20 Prozent Feiertagszuschlag, »holiday surcharge«, auf die Zeche des Gastes hinzuaddiert werden.

Warum? Begründet wird der Aufschlag mit einer anderen eigentümlichen Gesetzesregel, nach der Mitarbeiter, die an den Feiertagen arbeiten, den anderthalbfachen Stundenlohn bekommen und außerdem für diese Feiertagsarbeit zusätzlichen Urlaub nehmen dürfen. Allerdings betrifft dieses Gesetz alle Betriebe, die an Feiertagen geöffnet haben und in dieser Zeit Mitarbeiter beschäftigen, also keineswegs nur die Gastronomiebranche. Die Entstehungs- und Entwicklungsgeschichte dieser gastronomischen Unverfrorenheit kann nicht mehr nachvollzogen werden und gilt allgemein als eine Art ungeschriebenes Gesetz. Nun werden aber von Jahr zu Jahr die Stimmen derer immer lauter, die diese Gastunfreundlichkeit der Wirtevereinigung kritisieren und dagegen opponieren. Tatsächlich sieht man mittlerweile an Feiertagen immer häufiger große Tafeln vor den Restaurants stehen, die mit »No Holiday Surcharge« für sich werben. Wer nichts wird, wird Wirt...

Das Nanumeter zeigt den subjektiv empfundenen Grad der Peinlichkeit und/oder Verlegenheit, der man in einer solchen Situation ausgesetzt sein kann. Auf einer Skala von 1 bis 10 bedeutet 10 die größtmögliche Verwunderung oder sogar Blamage.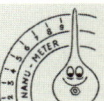

Boy Racer.

Junges Gemüse in alten Gurken.

Ostermontag, 25. April. Trotz später Stunde war es am gestrigen Abend nicht weiter schwierig, noch eine angenehme Bleibe für die Nacht zu finden. Siobhan zeigte sich überraschend gut organisiert und hatte – wieder aufgrund von Empfehlungen – die Adressen und Telefonnummern von drei Motels in einer Datei ihres supermodernen Businesshandys stehen.

Alle drei davon vermeldeten *vacancy*, Zimmer frei, und wir wählten eines, das verkehrsgünstig am südlichen Ortsrand von Whangarei lag und sogar ein Zimmer mit großer Sprudelbadewanne, *spa bath*, anbieten konnte. So ließen wir den Tag im heißen Wasser zwischen duftenden Schaumbergen und mit einem verschämten Gläschen »Wingspan« Sauvignon Blanc aus Nelson in der Hand bei munterer Plauderei zu Ende gehen. Shivas Liebesspiel war in dieser Nacht zärtlicher und intensiver als jemals sonst zuvor.

Beim fast schon mittäglichen Frühstück des nächsten Morgens – wir hatten uns beide für ***Eggs Benedict*** entschieden; sie mit Lachs, ich mit Schinken – fragte mich Siobhan, ob ich mich am Abend gerne in ihrem Apartment einfinden wollte?

Info zwischen den Zeilen von
Eiermann K.I.W.I. Eggs-Benedict

»Eggs Benedict« ist ein wahrscheinlich in New York erfundenes Frühstücksgericht – ohne jeglichen päpstlichen Hintergrund, versteht sich.

Eier nach Benediktart dürfen auf keiner Kiwi-Frühstücksspeisekarte fehlen. Es sind pochierte Eier auf halbierten »english muffins« (flache Milchbrötchen, getoastet), manchmal auch »bagels« (ringförmige, weiche Brötchen, getoastet). Dazu gibt es Schinken- oder Lachsscheiben nach Wahl oder auch – für Vegetarier – Avocadostücke.

Ich weiß es nicht auf den Tag genau, wie lange ich diese junge und eigenwillige Frau schon kenne, aber noch nie in dieser ganzen Zeit hatte sie mich in ihre Wohnung eingeladen – nicht zu meiner Zeit als Kiwipflücker in Te Puke und nicht danach als »Ruheständler« in Devonport. Ich wusste natürlich schon von Anfang an von ihrer *flat* in Mairangi Bay; ich hatte sie dort gelegentlich – immer unten auf der Straße wartend – zu verschiedenen Anlässen abgeholt. Ihre Eltern hatten sie ihr zum 21sten Geburtstag geschenkt. Außer dem banalen: »Man gönnt sich ja sonst nichts«, fiel mir kaum etwas Besseres als (nie ausgesprochenem) Kommentar dazu ein. Aber es ist, wie es ist – und es ist Siobhans Elfenbeinturm. Ich bin mir auch ziemlich sicher, dass sie noch nie auch nur einen einzigen ihrer ungezählten Liebhaber je in dieses Refugium mitgenommen hat. Und nun sollte ich ihr streng gehütetes Heiligtum betreten dürfen. Ich war wieder einmal irritiert und meine konfusen Gedanken erlaubten nur eine indifferente Antwort auf ihre Frage: »Wahrscheinlich ...«

Wir fuhren am Montagnachmittag wieder nach Auckland zurück. Siobhan im namenlosen X3, ich im Mini namens »Bertie«.

Sie hatte zwar das stärkere Fahrzeug, aber der bessere Fahrer war ganz klar ich (selbst unter Berücksichtigung des kleinen straßenverkehrstechnischen Malheurs von vor zwei Tagen). Den Deutschen eilt hier in Neuseeland generell ein bisschen der Ruf voraus, sie seien alle kleine Schumachers, wie es ja auch der Polizist schon zum Ausdruck gebracht hatte. Deshalb gehören wir auch zu der kleinen Gruppe der Daueraufenthalts- oder Einwanderernationen, die zum Erwerb des **Kiwiführerscheins** nur eine theoretische, aber keine praktische Prüfung ablegen müssen. Ganz im Gegensatz zu den Führerscheinantragstellern vieler anderer Staaten (allen voran wieder einmal die vorurteilsgeschädigten Asiaten), die grundsätzlich alle die praktische Prüfung absolvieren und gegebenenfalls zuvor Fahrstunden nehmen müssen.

**Info zwischen den Zeilen von
Fahrschullehrer K.I.W.I. Driver-Licence**

Zum Autofahren (und Motorradfahren) in Neuseeland genügt es, einen entsprechenden Internationalen Führerschein zu besitzen. Das gilt jedoch nur
für einen Aufenthalt bis zu 12 Monaten. Hat man vor, länger in Neuseeland zu bleiben, so wird es erforderlich, die »New Zealand Driver
Licence« zu erwerben.

Dafür gibt es interessante Spielregeln. Man muss eine theoretische Prüfung ablegen und in manchen Fällen auch eine praktische, was schlicht
und einfach davon abhängt, aus welchem Land man kommt.

Zur möglichen Erheiterung hier die Liste der Nationen, deren Auto fahrende Immigranten in Neuseeland keine Fahrprüfung ablegen müssen:

Australien, Belgien, Dänemark, Deutschland, England, Finnland, Frank-
reich, Griechenland, Irland, Italien, Japan, Kanada, Luxemburg, Nieder-
lande, Norwegen, Österreich, Portugal, Südafrika, Spanien, Schweden,
Schweiz und die USA.

Angehörige aller anderen Nationen, die vorhaben, länger als ein Jahr in
Neuseeland zu bleiben, müssen eine theoretische und eine praktische
Fahrprüfung ablegen.

Auch Siobhan hat einen gewissen asiatischen Touch, was ihr Ver-
hältnis zum Autofahren (und im positiven Sinne auch zu gewissen
Liebespraktiken) angeht: möglichst edler, europäischer Wagen, aber
wenig Ahnung von dessen Technik und Fahrleistung. Oft verbunden
mit der Hemmung, schneller als 80 km/h zu fahren, und leider mit
einem auffallend schlechten Orientierungssinn ausgestattet. **Asiatische Autofahrer** werden auf offiziellen Internetseiten neuseeländischer Verkehrsbehörden mit viel Aufmerksamkeit bedacht.

**Info zwischen den Zeilen von
Fernostkorrespondent K.I.W.I. Asian-Driver**

»Asiaten sind schlechte Autofahrer!« Neuseelands
Verkehrsexperten sind sich nicht ganz einig darü-
ber, ob diese Aussage Tatsache oder Legende ist.
Die Unfallhäufigkeitsstatistik des Landes zeigt im Vergleich der Natio-
nen zumindest keine Auffälligkeiten bei den Verkehrsteilnehmern aus
Asien.

Andererseits sagt »Land Transport New Zealand«, die Straßenbehörde im Verkehrsministerium, dass viele Fahrer aus asiatischen Ländern Schwierigkeiten haben, sich an die verkehrstechnischen Besonderheiten auf neuseeländischen Straßen anzupassen. Sie neigen zu einer übervorsichtigen Fahrweise, wodurch sie leider erst recht das Unfallrisiko erhöhen würden. Und so entsteht eine negative Kettenreaktion: Andere Fahrer werden ungeduldig und hupen, wodurch der asiatische Wagenlenker noch nervöser wird, als er ehedem schon ist.

Die größte Herausforderung für Autofahrer aus Asien – so die »LTNZ« – sei übrigens der Kreisverkehr.

Zum guten Glück fährt Shiva zumindest zügig und hält den Verkehr nie auf. In lockerer Formation glitten wir durch das nachmittägliche Whangarei. Stadtverkehr, Tempo 50, vielleicht 55, höchstens 60, wenn keiner geguckt hat. Doch dann, plötzlich, zwischen zwei Ampeln auf der südwärts führenden Tarewa Road, der Ausfallstraße hin zum State Highway 1, überholt uns (und einige andere Autos ebenso) auf der weiß schraffierten sogenannten *flush lane* extrem laut röhrend ein blauer Mitsubishi Evolution.

Ich war gleichermaßen erschrocken wie beeindruckt vom Mut und Selbstbewusstsein des **Rasers** und blickte sehnsüchtig noch eine Weile in die weite Öffnung des großvolumigen Auspuffendrohrs dieses Extremtieffliegers. Der »Mitsi Evo« (wie er von den jungen Kiwis kurz und griffig genannt wird) war das reinste Sammelbecken für alle Attribute des Rauschs der Geschwindigkeit: Spoiler vorne und hinten, tiefergelegtes Sportfahrwerk, Breitreifen auf Chromfelgen und – die Krönung – ein Turbolader sowie – die Dröhnung – ein extradicker Auspufftopf.

Info zwischen den Zeilen von
Verkehrsexperte K.I.W.I. Boy-Racers

Es gibt in Neuseeland eine besondere Autofahrerspezies: »Boy Racer«. Das sind junge bis sehr junge Führerscheinneulinge, für die das wichtigste in ihrem bis dato kurzen Leben »the need for speed« ist. Um diesem unstillbaren Bedürfnis an Geschwindigkeit nachzukommen, braucht der Teen einen japanischen Gebrauchtwagen der Typen Mitsubishi, Nissan oder Subaru, möglichst mit Turbolader. Damit werden gleichzeitig Ego und Selbstbewusstsein des jungen Kiwis turbogeladen. Auch auf der sozialen Leiter geht es dadurch röhrend aufwärts.

Selbstverständlich müssen diverse Modifikationen vorgenommen werden. Die wichtigste ist die Installation einer leistungserhöhenden Auspuffanlage mit einem ungewöhnlich wuchtigen Endrohr für die zwingend notwendige Steigerung des Lärmpegels. Das ist die Grundausstattung und das Markenzeichen aller Boy Racer. Weitere Anbauteile (Heckflügel, Chromfelgen etc.) sind optional und abhängig davon, ob auch der Geldbeutel einen Turbolader hat oder nicht.

Doch fast wie der real existierende Sozialismus machte die Ampel zur Einmündung zum State Highway 1 uns alle wieder gleich: Tempo Null für den Tempofreak, Siobhan, mich und etliche andere Verkehrsteilnehmer. Ich stand direkt neben »ihm« und glaubte beim Blick in sein Cockpit meinen Augen nicht zu trauen: Der Fahrer war ein blasser Milchbubi mit Baby Face und noch nicht einmal Flaum am kindlichen Kinn. Er hielt mit makkaronidünnen Fingern das Lenkrad, über dessen oberen Rand das frühreife Bürschchen nur in stocksteif-aufrechter Sitzhaltung hinwegsehen konnte.

Als sich unsere Blicke kreuzten, nickte ich dem Jungrennfahrer mechanisch aber höflich zu und rief wie in Trance noch: »Sportsfreund, darf ich fragen – nur so – ob du schon 18 bist?«

Er schüttelte den Kopf. Ich schüttelte den Kopf.

Schon sprang die Ampel auf Grün, und während sich mein roter Mini bleiern in Bewegung setzte, war der kleine Blaue mit bleiernem Gasfuß längst auf dem Highway meinem Blick entschwunden. Im Augenwinkel hatte ich noch den Radardetektor auf seinem Armaturenbrett gesehen. Cool ...

Gegen Neuseelands Führerscheinnovizen sind deutsche Jungfahrer geradezu Senioren. Denn früh übt sich hier, was ein guter Kiwi-Autofahrer werden möchte. In welches frühreife Fettnäpfchen ist unser kiwipflückender Minifahrer hier geraten?

Dass der forsch fahrende, kindliche Wagenlenker noch keine 18 war, erschüttert eigentlich überhaupt niemanden – den Fahrer selbst am allerwenigsten. Was Martin nicht wusste: Neuseelands Teenies können – kaum den Windeln entstiegen – bereits mit 15 Jahren(!) legal und auf allen öffentlichen Straßen Auto fahren. Zunächst zwar nur mit bestimmten Einschränkungen (Begleitperson, Fahrten nur am Tag etc.), aber spätestens mit 16 sind sie alle »frei«. Und wehe, wenn sie losgelassen ...

Die Autonovizen haben nämlich eine besondere Affinität zu ihren Fahrzeugen und kreieren deshalb sehr häufig einen auffälligen und gut hörbaren Kult rund um die Kardanwelle.

Weil aber die Teenies mit rund 30 Prozent Anteil an der Auto fahrenden Bevölkerung Neuseelands leider etwa 60 Prozent aller schweren Unfälle verursachen, will die jetzige Regierung gnadenlos drakonische Maßnahmen ergreifen, indem sie das Mindestalter für Führerscheininhaber auf das unglaublich hohe Alter von 16 Jahren heraufsetzen wird.

Das Nanumeter zeigt den subjektiv empfundenen Grad der Peinlichkeit und/oder Verlegenheit, der man in einer solchen Situation ausgesetzt sein kann. Auf einer Skala von 1 bis 10 bedeutet 10 die größtmögliche Verwunderung oder sogar Blamage.

Autodidakten.

Das gute »L« auf allen Straßen.

Ostermontag, 25. April. Die Fahrt war zäh – starker Osterrückreiseverkehr führte zu teilweise langen Staus, wie so oft auf dieser Strecke an solchen Nachmittagen. Die in Neuseeland üblichen, extra eingerichteten Überholabschnitte, *passing lanes,* brachten den Verkehr nur kurzzeitig in Schwung. Als es mal wieder nur im Schritttempo vorwärts ging, dachte ich kurz an den minderjährigen Boy Racer und wie er die Strecke bis hierher wohl bewältigt hatte? Dann, irgendwann, war ich wirklich froh, an diesem spätabendlichen Sonntag, nach all diesen nervenaufreibenden Erlebnissen, endlich den **Northern Motorway** erreicht zu haben. Der State Highway 1 geht kurz nach der Abzweigung Richtung Waiwera in den *motorway* über. Als ich diesen erreichte, ahnte ich noch nicht, dass zumindest noch ein Abenteuer zu bestehen war, bevor das Wochenende ausklingen durfte.

Info zwischen den Zeilen von
Geldeintreiber K.I.W.I. Toll-Road

Der nördlichste und neueste Abschnitt des »Northern Motorway« zwischen Silverdale und Waiwera ist eine sogenannte »toll road«, also ein gebührenpflichtiges Autobahnteilstück im Sinne einer Mautstraße.

Man kann, bzw. muss die Gebühren per Internetregistrierung im Voraus bezahlen (was allerdings immer wieder zu Verwirrung und Problemen führt). Ein vollelektronischer Scanner an der Autobahn »liest« beim Durchfahren das registrierte Kennzeichen und bucht automatisch den Betrag ab.

Es besteht aber auch die Möglichkeit, konventionell zu bezahlen: im Süden, an der großen Raststätte, »service station«, vor Silverdale, und im Norden, an einem Kiosk vor der Auffahrt, »on-ramp«, zum »motorway«.

Das erste Teilstück der »Autobahn« steigt recht steil an, um dann sogleich in einen kurzen Tunnel einzutauchen. Ich plagte »Bertie« ein bisschen, weil ich sehen wollte, wie gut er bergauf beschleunigt – er tat es besser, als ich erwartet hatte. Im Tunnel angekommen sah ich vor mir einen Porsche 911, polarissilber, mit einem weithin gut sichtbaren, gelben Schild in der Heckscheibe, auf dem zentral ein fettes, schwarzes »L« prangte. Mir war relativ schnell klar, dass das das Zeichen für »Left«, also links war, weil ich gehört habe, dass alle aus Europa oder USA importierten Autos mit Linkslenkung als *left-hand drive* gekennzeichnet werden müssen.

Aha, das können doch nur besser verdienende Deutsche sein, ehemalige FDP-Wähler womöglich, schoss es mir durch den Kopf, die sich ihren teuren und geliebten Elfer mit hierher zu den Kiwis genommen haben – soll's ja vereinzelt geben, und die Chance, einem solchen zu begegnen, ist im Raum Auckland relativ groß. Und dann ein Gedanke wie Donnerhall: War am Ende die »Briscoes Lady« (»L« für »Lady«?) mit an Bord? Auch **Promis** und *celebs* begegnet man ja recht häufig hier; und passen würde solch ein Fahrzeug schon zu ihr.

Info zwischen den Zeilen von Paparazzi K.I.W.I. Celebrity

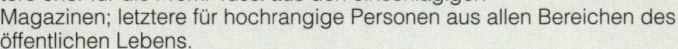

»Celebs« und auch »high-profile persons« sind Bezeichnungen für Prominente aller Couleur, erstere für die Promi-Tussi aus den einschlägigen Magazinen; letztere für hochrangige Personen aus allen Bereichen des öffentlichen Lebens.

Wer an Klatsch und Tratsch, »gossip«, aus der (neuseeländischen) Welt der Reichen und Schönen interessiert ist, liest bevorzugt »Woman's Day« und »Woman's Weekly«.

Ansonsten stehen die Chancen in Auckland nicht schlecht, neben einem Fernsehmoderator an der Ampel zu stehen oder einem Schauspieler im Café zu begegnen. Starallüren sind selten zu beobachten; meist verhalten sich »NZ celebs« sehr zwanglos und natürlich.

Ob ich mit dem flotten Wagen gleichziehen sollte, um nachzusehen, wer wirklich da drinsaß oder – interessanter noch – ob es schon die

neueste 911er-Baureihe war oder noch das Modell mit den hassge-
liebten Spiegeleierlichtern? Im Übrigen ist auf Neuseelands *motorways* das Überholen kraftstrotzender Sportwägen auch für Minis,
wie meinen treuen »Bertie«, keine Frage der Motorleistung zumal ja
überall Tempo 100 gilt.

Während ich mit den Gedanken spielte, glaubte ich das ziemlich
erotisch geformte, rundliche Hinterteil des Elfers mit der chrom-
glänzenden Aufschrift »Carrera« leicht schwänzeln zu sehen.

Vor meinem geistigen Auge erschien sogleich – wie in einer fil-
mischen Überblendung – Siobhans ebenso sportliche wie porsche-
ähnliche Heckpartie in sanfter Bewegung schwingend. Auch sie hat
an der gleichen Stelle, wie der Porsche, eine Aufschrift, genauer:
ein **Tattoo**. Nein, kein Arschgeweih in diesem Fall, vielmehr in der
schönen harmonischen Schreibschrift »Old English Adagio« die
geschriebenen Worte »*The Untamed Shrew*«. Mein Vokabular reicht
nicht aus, das zu übersetzen.

**Info zwischen den Zeilen von
Symbolologe K.I.W.I. Tattoo**

Neuseeländer beiderlei Geschlechts stehen im globalen Spitzenfeld der Tattooträger und lassen sich
mit immer größer werdender Begeisterung Unver-
gängliches in alle erdenklichen Stellen des Körpers (mitunter sogar
mitten ins Gesicht) stechen.

Dabei hat das klassische »Arschgeweih« einen besonders erfolgreichen Siegeszug über die ganze Welt hinter sich. Diese spezifische
Tätowierung des Steißbereichs (offiziell »arse antlers«) nennt man hier
auf der Doppelinsel »Tramp Stamp« oder »Slag Tag«.

Großer Beliebtheit erfreuen sich auch die »tribal« Tattoos mit traditionellen Maori-Motiven, die sehr gerne auch von Pakehas, den Nicht-Maoris,
getragen werden.

Doch die Realität, die mich flugs aus den Gedanken riss, war eine
ganz andere: Es wurde nun recht offensichtlich, dass den Porsche
wohl ein technisches Problem ereilt haben musste, denn er war unru-
hig auf Kurs, verzögerte dann stark und zog nach links in Richtung
Standspur. Da ich nicht wissentlich am Helfersyndrom leide, muss

es eher die Neugier gewesen sein, die mich veranlasste, ebenfalls nach links zu lenken und hinter dem Porsche – der inzwischen zum Stillstand gekommen war – anzuhalten. Warnblinklicht an – bei mir, beim Porsche nicht. Immerhin gingen dort nun die Türen auf, und das teure Stück entließ zwei aufgeregte, jugendliche Asiaten, ich wiederhole: jugendliche Asiaten, ins neuseeländische Abendlicht. Also wieder nichts mit der »Briscoes Lady«.

»Bertie« dagegen entließ einen innerlich genussvoll amüsierten Mitteleuropäer in dasselbe warme und weiche Licht des ausklingenden Tages. Da kamen sie auch schon Hände wedelnd auf mich zu, und alles, was ich aus ihrem schlechten Englisch heraushören konnte, war »... *don't know what* ...« und »... *help* ...«, aber ich sah schon im Weitergehen, dass der Porsche schlicht und einfach einen Platten hatte, rechts hinten. Als ich die beiden auf dieses Problem hinwies, waren sie noch irritierter als zuvor, und meine Versuche, mit ihnen zu kommunizieren, brachten lediglich zutage, dass sie aus Hongkong kamen, das Auto erst seit Kurzem besaßen und jetzt – nach der Panne – nicht wussten, was sie tun sollten.

Es war aussichtslos: Die jungen Asiaten waren völlig konfus und hätten nicht einmal einen Anruf bei der »AA« zustande gebracht. Also nahm ich die Sache in die Hand.

Die beiden Hongkongchinesen wurden allmählich wieder ruhiger und ließen mich gewähren. Ich ging zu ihrem Wagen, um das Warnblinklicht zu aktivieren. Der Porsche war picobello in Schuss, aber ein Linkslenker war es nicht. Wozu dann das »L«? Sie verstanden meine entsprechende Frage nicht. Sie verstanden auch nicht, als ich sie (im Scherz) fragte, wo das Ersatzrad sei. Ich wollte nur mal sehen, ob sie eine Ahnung hatten. Sie hatten keine.

Info zwischen den Zeilen von Vereinsmeier K.I.W.I. Automobilclub

Was in Deutschland der ADAC ist, ist in Neuseeland die »Automobile Association« oder eben kurz »AA«. Die gemeinnützige Organisation wurde im Jahre 1903 gegründet und hat sich als Verbandszweck Pannenhilfe und damit im Zusammenhang stehende Dienste für ihre Mitglieder auf die schwarz-gelbe Fahne geschrieben.

Wie beim ADAC sind die Dienste der »AA« inzwischen sehr umfassend geworden und enthalten alles Erdenkliche rund ums Auto, wie zum Beispiel Versicherungen, Finanzierungen, Produktion von Straßenkarten und Reiseführern usw.

Kurzum, das peinlich schmale Notrad war schnell installiert und der schlappe Extrembreitreifen hinter den Vordersitzen verstaut (er passte nicht in den Kofferraum). Den Chinesen war's recht, sie tänzelten glückstrahlend bei meinen letzten Handgriffen um mich herum, und einer von ihnen streckte mir plötzlich einen Geldschein entgegen, dessen Zahlenwert mehr als nur eine Null enthielt. Mit Mühe gelang es mir, ihn auf 20 Dollar herunterzuhandeln.

Dann fuhren sie von dannen. Ein 911er mit Notrad – ein erbärmlicher Anblick. Ich sah ihnen mit der grünen Dollarnote, die in meinen schwarzen Händen fast leuchtete, noch eine ganze Weile nach. Ihr Warnblinklicht war immer noch an und blieb es sicher bis zum Ende ihrer heutigen Reise.

In jedem »2-Dollar-Shop« Neuseelands gibt es diese gelben Plastikschilder mit dem schwarzen »L« zu kaufen. Was bedeuten sie nur? Und welchem Gerücht mit Fettnäpfchenpotenzial ist unser hilfsbereiter Kiwipflücker Martin dabei aufgesessen?

Es scheint so etwas wie eine »Urban Legend«, ein hartnäckiges Gerücht zu sein, dass das schwarze »L« auf gelbem Grund »Auto mit Linkslenkung« bedeutet. Verschiedene Quellen in gedruckten Medien und im Internet behaupten solches unerschütterlich seit Jahren. Das ist falsch!

Richtig ist: Das »L« steht für »Learner«!

Solange ein Führerscheinneuling den Status »Learner«[*] innehat, muss er das mit zwei entsprechenden Schildern an Front und Heck des

* Alle wissenswerten Details hierzu liefert die Internetseite der neuseeländische Regierungsbehörde NZ Transport Agency: www.nzta.govt.nz

Wagens jederzeit für alle anderen Verkehrsteilnehmer sichtbar machen. Jedes Schild ist 11 cm breit und 15 cm hoch; mit einem schwarzen »L« von 2 cm Balkenstärke auf gelbem Grund. Es gibt die »Learner Plates« an vielen Stellen zu kaufen, aber man darf sie sich gerne auch selbst basteln (das ist ausdrücklich erlaubt), wenn man sich exakt an die vorgeschriebenen Maße hält.

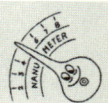

Das Nanumeter zeigt den subjektiv empfundenen Grad der Peinlichkeit und/oder Verlegenheit, der man in einer solchen Situation ausgesetzt sein kann. Auf einer Skala von 1 bis 10 bedeutet 10 die größtmögliche Verwunderung oder sogar Blamage.

Schnäppchenjagdfieber.

Im Rausch von Ramsch und Resten.

Diese Rückfahrt blieb noch lange in Siobhans und meiner Erinnerung haften. Ich hatte während meines »Pit-Stop«-Einsatzes an jenem Porsche des chinesischen Teams Shiva via Handy über meine Sondermission informiert. Da sie nur ein Stück weit hinter mir gefolgt war, hatte sie mich tatsächlich auf dem Randstreifen stehen sehen, sich aber weiter nicht gewundert, weil sie mein Faible für großvolumige Boxermotoren kennt und sich schon dachte, dass mein Stopp irgendetwas mit dem ebenfalls auf dem Haltestreifen stehenden Porsche zu tun haben würde. Sie wünschte mir viel Spaß und verabredete sich abschließend noch mit mir im »Warehouse« von Albany, bevor es nach Hause gehen sollte. Es seien dort ein paar Einkäufe zu erledigen und: »Keine Eile, ich bleibe dort solange, bis du eintriffst.«

»The Warehouse« in Albany hat abends bis spät geöffnet. Dieser »Aufschub« kam mir mehr als recht – ich hatte immer noch ein unerklärbar flaues Gefühl in der Magengrube, wenn ich an Siobhans Einladung in ihr Apartement dachte …

Ich kannte dieses »Warehouse« nicht, aber Siobhan sagte, ich könnte es gar nicht verfehlen, es sei ein knallrot getünchtes Gebäude mit der riesigen weißen Aufschrift »The Warehouse« – und überhaupt wunderte sie sich dann doch über meine Unwissenheit, denn angeblich kennt <u>jeder</u> in Neuseeland dieses Geschäft, weil dort <u>jeder</u> ein Schnäppchen jagen kann; es nicht zu kennen sei eine beschämende Bildungslücke – es sei eine ***retail store chain*** mit Kultcharakter …

Info zwischen den Zeilen von Einkaufsexperte K.I.W.I. Retail

»Department store retailer« verstehen sich im Wesentlichen als klassische Kaufhäuser und defi-

nieren sich als Unternehmen des Einzelhandels mit einem sehr umfassenden, tief gegliederten Warenangebot auf einer relativ großen Verkaufsfläche, sozusagen »alles unter einem Dach«.

Die bekanntesten Vertreter dieser Art in Neuseeland sind: The Warehouse, Farmer, Kmart und (mit Einschränkungen) im Fachsegment Haushaltwaren Briscoes (mit der vom Kiwiplücker platonisch verehrten »Lady« als Werbeleitfigur). Diese Vier gelten als »discount department stores« – also Billiganbieter mit dementsprechendem Qualitätsniveau der Waren.

Höherwertige Waren, freilich zu dementsprechend höheren Preisen, bieten die Department Stores: Smith & Caugheys (Auckland), Kirkdale & Stains (Wellington) und Ballantynes (Christchurch).

Wenn jemand eine Bildungslücke hatte, dann doch wohl die beiden Chinesen im Porsche, denen ich nach vollbrachtem Radwechsel sogar noch zeigen musste, wie man behutsam den sensiblen Kofferraumdeckel eines Elfers schließt – nicht einfach zuknallt – und zwar ohne sich einen Finger einzuklemmen. Alles in allem war wohl eine halbe Stunde bei diesem Radwechsel draufgegangen, aber es war noch nicht einmal sieben Uhr abends, als ich in Albany eintraf, wo – Siobhan hatte recht – das »Warehouse« mühelos aufzufinden war.

Nachdem ich mir in der relativ ordentlichen Toilette den Goodyear- und Porschestaub von den Händen gewaschen hatte, war der feierliche Moment gekommen, in dem ich dieses von Siobhan so kultisch verklärt dargestellte, rote Gebäude betreten durfte: Es war wie eine Zeitreise und ich fühlte mich in die Sechzigerjahre zurückversetzt, als ich als Dreikäsehoch an Mutters Hand das Kaufhaus Merkur mit seinem überquellenden, kreuz und quer gestapelten Warenangebot »erobern« durfte. Da war Einkaufen noch ein Abenteuer.

Genauso chaotisch und übervoll wirkte das »Warehouse« auf mich. Aber es reizte mich ungemein zum Stöbern: Vorbei an einer Insel, auf der bergeweise bereits Osterrestware gestapelt war, segelte ich regelrecht durch die Korridore, die aus einfachen, rot lackieren Regalen gebildet wurden. Es gab praktisch alles – von Lebensmitteln über Bekleidung und Unterhaltungselektronik bis hin zum Autozubehör. Ob sie hier wohl auch Ersatzreifen für Porsche hatten?

Auf Höhe des Doppelregals für Anglerbedarf (ich hätte mir nie zuvor träumen lassen, welch variantenreiches Instrumentarium man kaufen konnte, nur um Fische zu ködern und zu fangen) summte völlig überraschend mein Handy in der Tasche.

Es war Malcolm, mein athletischer, Insekten hassender *flat mate* mit einem Anliegen, das er im Tonfall einer Mischung aus höchster Dringlichkeit und inbrünstiger Bittstellung vortrug: »Es ist **Rugby** im Fernsehen. Die ›**All Blacks**‹ spielen gegen die ›Wallabies‹. Der Puls der Nation ist auf 180. Ich habe drei Freunde eingeladen und möchte dich fragen, ob wir das Match in deinem Zimmer ansehen dürfen?«

Mit der klaren Anweisung: »Schuhe aus und nicht rauchen«, und dem Hinweis, »du weißt, wo der Schlüssel liegt«, bewilligte ich Malcolms Antrag.

Info zwischen den Zeilen von Sportkommentator K.I.W.I. Rugby

Rugby ist der Nationalsport Neuseelands, mehr noch: Es ist ein wesentlicher Teil der Identität dieser Pazifiknation.

Ein oft gehörter Satz, der auch Slogan in einer Kreditkartenwerbekampagne war, nämlich: »Life is Rugby« bringt die überstarke Affinität der Kiwis zu diesem Sport deutlich zum Ausdruck.

Neuseeland ist Ausrichter der Rugby-Weltmeisterschaft 2011, und jeder ist gespannt auf die künftige Leistung der Nationalmannschaft, den abgöttisch verehrten »All Blacks«, nachdem diese in der WM 2007 bereits im Viertelfinale ausgeschieden sind. Dennoch stehen die »Ganz Schwarzen« immer noch auf Platz 1 der IRB (International Rugby Board) Weltrangliste.

Aber es muss nicht unbedingt ein Weltmeisterschaftsspiel sein, um alle neuseeländischen Räder stillstehen zu lassen: Wenn die »All Blacks« gegen die australischen »Wallabies« spielen, herrscht Ausnahmezustand im ganzen Land.

Der Grund, dass der Sportnarr dieses Spiel ausgerechnet dort sehen wollte, waren nicht etwa die Ordnung und die Sauberkeit in meinem Raum, sondern der 42 Zoll Flachbildfernsehapparat, den ich vor

Wochen einmal – zu meiner eigenen Überraschung – bei »**TradeMe**« für einen lächerlich niedrigen Preis ersteigert hatte.

Es ist ein ausgezeichnetes Gerät mit einem irreparablen Defekt: Ständig will ein Mitmieter darauf etwas im Großformat gucken – Kwan: *Cops with Cameras*, Charlene: *Outrageous Fortune*, Nora: *New Zealand's Next Top Model*, Malcom: siehe oben – und ich selbst: das Allerwenigste ...

Info zwischen den Zeilen von Auktionator K.I.W.I. Trade-Me

Während überall im Rest der Welt »Ebay« das Maß aller im Internet versteigerten Dinge ist, hat dieser Online-Gigant hierzulande nur eine fast beschämend untergeordnete Bedeutung. Neuseeländer er- und versteigern praktisch ausschließlich via »TradeMe«.

Diese Internet-Auktionsplattform hat einen unglaublichen Siegeszug hinter sich: Gegründet in 1999 entwickelte sich dieser www-Marktplatz mit dem Slogan »Kiwis Buy and Sell« innerhalb weniger Jahre zum perfekten Erfolgsmodell und ist die am zweithäufigsten geklickte Webseite Neuseelands – nach Google, versteht sich.

Der Gründer des virtuellen Auktionshauses, Sam Morgan, konnte seine Idee im richtigen Moment richtig gut versilbern, indem er sein »TradeMe« im Jahre 2006 für 750 Millionen Neuseelanddollar an den australischen Medienkonzern Fairfax verkaufte. Die neuseeländischen Medien philosophierten daraufhin lange über die Frage, ob dieser Deal als weiterer Teil des laufenden Ausverkaufs des Landes oder – im Gegenteil – als kluger Schachzug gegen die gierigen Aussies gewertet werden sollte.

Übrigens: Außer den üblichen Kategorien wie Autos, Computer, Kleidung und Möbel enthält »TradeMe« – typisch Kiwi – auch die wichtige Rubrik »flatmates wanted« (Mitbewohner gesucht).

Endlich konnte ich mich wieder auf den »roten Schuppen« konzentrieren, in dessen Labyrinth von Gängen ich unterwegs war. Bei den Schuhen sah ich eine schlanke weibliche Person in reizvoll gebückter Haltung ein Paar silberfarbige Pumps anprobieren. Über dem wirklich tief sitzenden Rand der Niedrigbundhose stand »*The Untamed Shrew*« – alles klar: Shiva!

Ich sollte sie endlich einmal fragen, was der Sinn und Zweck dieser drei Worte ist; aber noch konzentrierte sich mein Denken und Fühlen auf diese feuerrote Warenhö(h)(l)le. Siobhan hatte mich schon kommen sehen und streckte mir zur Beurteilung die auserwählten Silberpumps entgegen: 49 Dollar, echt Leder, kleines Chromlogo »Gina Milan«. Na ja, auf der Skala von 1 (Ramsch) bis 10 (Spitzenqualität) war diese Fußware höchstens 3-4, aber der Preis heiligt manchmal die Entscheidung ... Sie nahm die Schuhe. Und sie nahm mich in den Arm, biss mir zart ins Ohrläppchen und flüsterte mir eine Variante der Frage vom Frühstückstisch ins Ohr: »Zu mir oder zu mir?«

Das fand ich ganz witzig und willigte mit seltsam klopfendem Herzen und der Antwort »Letzteres ...« ein ...

Beim Verlassen dieses Geschäftes, das auf mich wie ein übrig gebliebener Dinosaurier unter den Kaufhäusern wirkte, fragte ich Siobhan, was Leute wie sie, die sich um ein paar Dollar hin oder her wirklich nicht scheren, dazu bringt, in einem Billigladen wie dem »Warehouse« einzukaufen. Das hätte dann fast doch noch zum Eklat geführt. Ich spürte, wie sie sich zwang, nicht schnippisch oder sarkastisch zu werden. Taktisch klug entgegnete sie: »*The Warehouse* stellt man in Neuseeland nicht infrage. Es ist eine Kiwi-Ikone!«

Alles Schreckliche strahlt immer auch eine gewisse Faszination aus. Welches Warenhausregal, gefüllt mit Fettnäpfchen aller Art, hat unser Kiwipflücker dieses Mal zum Wanken, ja beinahe zum Einsturz gebracht?

Selbst als Tourist sollte man »The Warehouse« kennen, man stolpert regelrecht drüber (das erste erwartet den ankommenden Neuseelandreisenden bereits in unmittelbarer Nähe des Flughafens von Auckland). Es ist 86 Mal im Kiwiland vertreten (was in der Relation zur geringen Größe des Landes als enorm viel angesehen werden darf), und die auffälligen roten Gebäude sind auch im Vorbeifahren als solche gut zu erkennen und kaum zu übersehen.

»The Warehouse« ist Arbeitgeber für immerhin 8.500 Kiwis (was bei rund 4 Millionen Einwohner auch nicht unterschätzt werden sollte) und hat sich seit der Gründung im Jahre 1982 zur Galionsfigur des neuseeländischen Einzelhandels emporgearbeitet. Schon die Kinder im Vorschulalter singen den Slogan mit der ohrwurmverdächtigen Melodie: »The Warehouse, The Warehouse, where everyone gets a bargain!« (»Bargain« ist das Schnäppchen).

Wegen der rot gestrichenen Gebäude wird das Unternehmen auch gerne »The Red Shed« genannt. Es ist der größte »Department Store Retailer« Neuseelands, das Konzept beruht auf niedrigen Preisen für massenhaft importierte Durchschnittsartikel einerseits und auf der konsequenten Geld-zurück-Garantie andererseits. Die Betreiber der »The Warehouse Group« sind deshalb angeblich auch stolz darauf, einen guten Prozentsatz der Klientel aus der Kategorie zu haben, die man im Deutschen als jene kennt, die »mit dem Mercedes zu Aldi« fahren. Von den Wohlhabenden soll man ja bekanntlich das Sparen lernen können ...

Aber der Rote Schuppen wird auch kräftig kritisiert. Drei Gründe dominieren die Anfechtungen: erstens die mindere Qualität der Artikel, die angeboten werden, zweitens der brutale Preiskrieg, bei dem benachbarte Einzelhändler meistens den Kürzeren ziehen, und drittens der angeblich ausbeuterische Umgang mit den Mitarbeitern.

Von nichts kommt nichts – auch Schnäppchen haben ihren Preis ...

Das Nanumeter zeigt den subjektiv empfundenen Grad der Peinlichkeit und/oder Verlegenheit, der man in einer solchen Situation ausgesetzt sein kann. Auf einer Skala von 1 bis 10 bedeutet 10 die größtmögliche Verwunderung oder sogar Blamage.

Hausaufgabe.

Die eigenen vier Wände.

Siobhans Apartment ist bemerkenswert. Erstens sieht es aus wie neu und zweites sind die Räume völlig anders eingerichtet, als alle neuseeländischen Häuser und Wohnungen, die ich bisher gesehen habe – und anders auch, als ich es von Shiva erwartet hätte. Die Einrichtung ist minimalistisch, es dominieren die Farben weiß und schwarz. Nur der gesamte Boden besteht aus dunkelbraunen Holzdielen – hochglänzend lackiert wie die Planken einer edlen Jacht. An einer weißen Strukturputzwand hängt ein Katana. Der ganze Wohnbereich ist offen gestaltet (was man hier *open plan living* nennt). Nur Bad und Schlafzimmer sind separate, mit Türen abgetrennte Räume.

Info zwischen den Zeilen von
Spezialarchitekt K.I.W.I. Open-Plan-Living

»Open plan living« bezeichnet die (auch im deutschen Sprachraum beliebte) Gestaltung eines offenen Wohnbereiches, die in modernen neuseeländischen Häusern inzwischen zu einem architektonischen Standard geworden ist. Damit entspricht diese Art der Innenarchitektur exakt dem Typus des Neuseeländers, der Licht, Luft und Sonne über alles liebt: keine unnötigen, störenden Wände und Mauern – alles möglichst offen und transparent.

In Verbindung mit einer Meerblick-Lage ergibt sich durch das »open plan living« auch für Nicht-Kiwis ein Wohngefühl der Extraklasse: Schnitzel brutzeln mit Aussicht auf den Pazifik – was will man mehr?

Als ich am Abend Siobhans Wohnung betrat, fiel mir als Erstes die breite Fensterfront mit Schiebetüren auf, die den Blick freigab auf Takapuna Beach, das Vulkaninselchen **Rangitoto** und einen weiten Bereich des Hauraki Golfs, über dem mächtige Wolken wie schneeweißer Kraterdampf aufquollen. Ich redete mir ein, dass mein Herz deshalb schon wieder so hoch schlug ...

**Info zwischen den Zeilen von
Inselbewohner K.I.W.I. Rangitoto**

Rangitoto ist eine kleine (ca. 23 km² Fläche) – inaktive – Vulkaninsel vor Auckland im Hauraki Golf. Das Inselchen ist unbewohnt, kann aber per Fähre leicht erreicht werden. Dort angekommen befindet man sich im größten Pohutukawa-Forst Neuseelands. Pohutukawa-Bäume blühen leuchtend rot als sogenannte »Christmas trees« zur Weihnachtszeit, also ist ein Besuch der Insel im Dezember oder Januar besonders empfehlenswert.

Rangitoto spielt eine gewisse Rolle in der Maori-Mythologie, der Name bedeutet in der Übersetzung etwa »die Tage des Blutens (des Kanuführers Tama-te-kapua)«.

Was mich jedoch an meiner (als hundert Prozent treffsicher angenommenen) Fähigkeit der Menschenkenntnis massiv zweifeln ließ, war eine schätzungsweise fünf Meter lange Bücherwand: Folianten, Gebundene und Paperbacks vom Boden bis unter die Decke; ohne Lücken Rücken an Rücken. Hatte Siobhan das alles gelesen?

Ihre Antwort kam, bevor ich die Frage zu Ende gedacht hatte: »Die Hälfte gelesen, drei Viertel regelmäßig zum Nachschlagen genutzt und den Rest gekauft, weil ich Bücher liebe wie andere Girls Schuhe«.

Aber hat sie nicht auch Schuhe mehr als genug? Auf jeden Fall war ich baff! Um dem Ganzen die Krone aufzusetzen: Ich war mir fast völlig sicher, die Bücher standen in weißen **Billy-Regalen**!

**Info zwischen den Zeilen von
Schwedenrätsellöser K.I.W.I. I.K.E.A.**

Neuseeländer warten sehnsüchtig auf den Schwedenmöbler Ikea – und sie warten vermutlich ziemlich vergeblich. Mehrere Anläufe soll es bereits von diesem blau-gelben Möbelhaus (vormals mit dem Elch) gegeben haben, sich mit einer Filiale im Inselstaat zu etablieren. Der jüngste Versuch, eine Niederlassung im Süden Aucklands anzusiedeln, soll an bürokratischen Hürden, die Behörden-Kiwis dem Elch in den Weg gestellt haben, gescheitert sein.

Doch den Produkten von Ikea eilt hierzulande weiterhin ein legendärer Ruf voraus, und viele Neuseeländer geben die Hoffnung längst noch nicht auf, in möglichst naher Zukunft Billy, Klippan und Ivar selbst zusammenschrauben zu dürfen.

Derweil muss man eben mit Möbelhäusern wie »Freedom« (im allerweitesten Sinne leicht an Ikea erinnernd) und »Danske Mobler« (das bis auf den Namen rein gar nichts mit skandinavischen Möbeln zu tun hat) vorlieb nehmen. Andere, wie beispielsweise »Big Save Furniture« geben bereits durch den Sparhinweis im Namen zu erkennen, dass Möbel in Neuseeland grundsätzlich relativ teuer sind.

Deshalb wagt eine immer größer werdende Zahl von Neuseeländern den Weg ins nächstgelegene Ikea-Haus – nach Sydney. Wer es sich leisten kann, sucht sich dort (oder freilich auch im Internet) etwas aus und lässt es sich nach Hause ins Kiwiland schicken.

Dann fiel mein Blick auf eine ganze Reihe dunkelroter, antiquarisch wirkender Buchrücken; es war eine Serie mit zwölf Nachdrucken von Sammelbänden aus dem 19ten Jahrhundert mit Shakespeare-Tragödien und -Komödien. Mein Blick glitt über die Titel. Eines hieß »*The Taming of the Shrew*«. Ich glaubte ein Déjà-vu zu erleben und bat Shiva, auf ihrem Rücken nachlesen zu dürfen. Sie lachte und ließ mich ihren Text lesen, wobei sie den Bund ihrer Skinny-Jeans deutlich tiefer zog, als für die Lektüre nötig gewesen wäre: Hier »*The Untamed Shrew*« bei Siobhan McNish – und dort »*The Taming of the Shrew*« bei William Shakespeare. Aha!

Doch die Widerspenstige, die sich nicht zähmen lassen will, wurde an diesem Abend immer zahmer. Ich konnte das alles nicht fassen – das Apartment, die Bücher, die Tätowierung, vor allem aber Siobhans Veränderung – und ich schämte mich ein bisschen für meine oberflächlich zusammengeschusterte (Unter-)Bewertung ihrer geistigen Fähigkeiten: Das Shakespeare-Tattoo haute mich schlichtweg um. Mein inneres Ich formulierte derweil eine ausführliche Entschuldigung für meine eklatante Fehleinschätzung von Siobhans Intellekt.

Unter normalen Gegebenheiten hätte ich längst meine Fühler in Richtung gemütlicherer Dinge ausgestreckt; nicht so an diesem Abend – und schon gar nicht an diesem Ort. Ich war befangen, gehemmt und unsicher. Auch die sonst zu allem und allzeit bereite

Shiva zeigte sich weiterhin von ihrer neuen, ungewohnt sanften Seite, die mich – und vielleicht sie selbst am meisten – das ganze Wochenende schon so verwirrte.

Um nicht vollends im Chaos meiner Gefühle zu ersticken, ging ich zum Durchatmen für ein paar kurze Minuten auf den kleinen Balkon ihres Apartments. Am linken Rand stand ein funkelnagelneuer Barbecue mit sechs verchromten Gasdrehknöpfen. Ein solches Grillungetüm hatte ich noch nie gesehen. Ich konnte mir nicht vorstellen, das Siobhan den BBQ jemals benutzen würde ...

Um möglichst geschickt meine Verlegenheit zu überspielen, erzählte ich ihr von meinem Plan, mit »Bertie« ans East Cape zu fahren, um einmal als Erster im ganzen Land die Strahlen der aufgehenden Neuseelandsonne zu sehen. Das wäre für mich die ganz persönliche Umsetzung der Prognose Andy Warhols: »In der Zukunft wird jeder für 15 Minuten weltberühmt sein.« Die Prominenz muss ja nicht zwingend eine öffentliche sein.

Siobhan hielt beim Auspacken ihrer neuen Silberpumps kurz inne, schaute mich stumm an und wandte sich gleich wieder ihren *Warehouse*-Schuhen zu, die sie in einer Art Apothekerschrank verstaute.

Shiva führte mich nicht(!) durch die Wohnung. Sie drückte mich irgendwann an den Schultern zielgerichtet auf eine weiße Ledercouch, und ich versuchte in einem neuerlichen Anlauf mein Gedankenknäuel zu entwirren, indem ich das Bild des allmählich in der Dunkelheit versinkenden Hauraki Golfs auf mich wirken ließ. Es half nichts. Dann kam die Frau, von der ich niemals gedacht hätte, dass sie so belesen und ... und ... überhaupt so war, wie sie in diesem Moment war, mit einer Flasche »Church Road« Merlot von ihrer Kücheninsel zurück. Sie ging auf mich zu, setzte sich neben mich und begann: »Also Folgendes ...«

Ich erschrak wie selten zuvor – etwa vor Erleichterung? – als genau in diesen Satzanfang hinein mein Handy (dem Anschein nach nervöser als sonst) summte. »Moment, das drücke ich weg«, murmelte ich kurz, doch als ich »Malcolm« auf dem Display leuchten sah, ahnte ich Schlimmes. Siobhan erteilte mit kurzem Nicken die Freigabe zur Annahme des Gespräches.

Es war tatsächlich nichts Gutes: Vor partyartigem Hintergrundgeräusch hörte ich den Rugby-Fan mit lauter Stimme rufen: »Martin, bist du in der Nähe? Eine Wand in deinem Zimmer ist von oben her feucht«, ich sollte das unbedingt begutachten. Er meinte weiter: »Ich habe leider überhaupt keine Zeit, mich darum zu kümmern – du weißt doch: die All Blacks! Es sieht übrigens auch in einigen anderen Räumen nicht gut aus. Es war ein kräftiger Schauer am Abend.«

Auch Shiva stufte die Situation als nicht aufschiebbar ein und gab mir im Gehen noch den Tipp, unbedingt die Klamotten zu checken, die Feuchtigkeit könnte alles ruinieren – sie hat das alles selbst schon erlebt.

Kurzschluss.

Die Straßen waren, vermutlich Rugby-bedingt, frei wie nie. So traf ich schon kurz nach Malcolms aufgeregtem Anruf am Haus in Devonport ein. In meinem Zimmer erwartete mich – noch lange bevor ich die nasse Wand überhaupt gesehen hatte – ein schockierender Anblick: Malcolm und seine drei Sportsfreunde hatten alles belagert, Bett, Stühle, Schreibtisch. Überall lag irgendetwas herum: Hier die vier angetrunkenen Quasi-Hooligans, dort volle und leere Bierflaschen (Speight's, Tui, Mac's – etwas Preiswertes tut's ja nicht), dazwischen Alcopop-Dosen (»Woodstock« – Cola mit Bourbon) und fast flächendeckend Chipstüten und andere fettige Knabbereien. Früher hatten *gays* deutlich mehr Stil bewiesen ...

Keiner der Chaoten kümmerte sich um den Wasserschaden. Ich komplimentierte sie raus, und sie trollten sich missmutig und murrend ins Zimmer des *personal trainers*. Endlich konnte ich mich dem eigentlichen Problem widmen. Es sah beunruhigend aus: Nicht nur Bereiche der Außenwände, auch innere Wände und weite Flächen der Zimmerdecke waren sichtbar feucht. Siobhans Rat, Kleider und Wäsche zu überprüfen, führte zum Ergebnis, dass alles muffig roch. Das konnte doch nicht von einem einzigen abendlichen Schauer herrühren! Ich raste leicht panisch durch die gemeinschaftlichen Räume – überall ein ähnliches Bild: Nässe an Wänden und Decke und modriger Geruch in den Schränken.

Ich wagte einen Blick in Malcolms Raum. Die Stimmung dort wäre mit »depressiv« als viel zu fröhlich beschrieben gewesen. Dass das Quartett nicht in unkontrollierbares Schluchzen ausbrach, war alles – aber nicht der Nässe wegen: Die All Blacks schienen das Spiel zu verlieren. Andererseits war das Feuchtigkeitsproblem auch hier nicht dazu geeignet, die Gemüter zu erhellen: Dunkle, nasse Ovale an der Decke bis zur Tropfenbildung, wenn nicht Tränenbildung in diesem Fall der treffendere Begriff gewesen wäre.

Die Zimmer von Lene und Nora waren verschlossen; die jungen Damen aushäusig. Kein Wunder, wenn ihnen Malcolm einen Rugby-Abend angedroht hatte. Nur Kwan saß in stoischer Ruhe vor seinem Computer und spielte Mah Jongg. Die apokalyptische Welt um ihn herum schien ihn als asketischen Asiaten genauso wenig zu interessieren wie das katastrophale Rugby-Spiel Neuseeland vs. Australien. Nasse Wände auch bei ihm: »Nichts Neues«, gab er mir – ohne hochzusehen – zu verstehen, »das war vor dem Sommer schon einmal so. Trocknet wieder.«

Auf die Trockenzeit warten? Unmöglich. Etwas musste geschehen! Auch als Mieter trägt man eine gewisse Verantwortung für das Gebäude, in dem man wohnt. Ich suchte im Zickzacklauf einen Plastikeimer, fand in der Küche keinen und betrat – zum ersten Mal, seit ich hier wohnte – die Garage. Für einen Moment war meine Nervosität wie ausgeblendet: Ich stand in einem fast fünfzig Quadratmeter großen Miniuniversum. Diese Garage war Schrotthalde, Holzlager, Werkstatt, Stauraum, Waschküche, Bier- und Weinkeller, Bootshaus (mit einer Optimistenjolle unterm First) und Automuseum (unter einer Plane stand ein verwitterter **»Trekka«**-Geländewagen). Es roch nach Sumpf. Wasser sammelte sich in Pfützchen am Boden. Natürlich war auch ein Eimer in diesem Allzweckgerätemagazin leicht zu finden. Als ich mit einem solchen in der Hand wieder ins Haus zurückkam, ertönte ein vierkehlig synchroner Schrei aus Malcolms Zimmer – es musste wohl die Decke unter ihrer Wasserlast zusammengebrochen sein. Aber wieder war Rugby die wahre Ursache des lautstarken Gefühlsausbruchs; die All Blacks hatten ein paar glückselig machende Punkte erkämpft.

**Info zwischen den Zeilen von
Treckerfahrer K.I.W.I. Trekka**

Der »Trekka« ist ein Geländewagen, der von 1966 bis 1973 in Neuseeland gebaut wurde. Er ist überhaupt das einzige Auto, das je in diesem Land produziert wurde.

Motor und Getriebe stammten von Skoda. Es gab zwei Ausführungen des Fahrzeugs, eine mit 1.000 ccm Hubraum und 42 PS Leistung sowie eine mit 1.200 ccm und 47 PS. Der Wagen wurde in den Versionen mit geschlossener Kabine und als Pick-up produziert. Mit einiger Fantasie erinnert die Form ganz entfernt an einen Landrover, konnte jedoch dessen Fahrleistungen nicht einmal annähernd erreichen.

Immerhin 2.500 Exemplare des Trekka wurden während seiner Produktionszeit hergestellt und einige davon nach Australien und Indonesien exportiert.

Der Trekka zählt ganz klar zu den großen technischen Ikonen des Landes und ist das Sinnbild der sogenannten »Kiwi can-do«-Haltung im Neuseeland der sechziger Jahre.

Ich versuchte, den Eimer so zu platzieren, dass eventuell ablösende Tropfen von ihm aufgefangen wurden. Dazu musste ich einen der Chaoten, einen gewissen Roger, etwas zur Seite bugsieren; der aber stöhnte nur unwillig und brummte mich an: »*Kiss*«. Dann warf ich einen Lappen über einen Besen und begann, die Zimmerdecken damit abzureiben – im Rugby-Raum zuerst (der Fernsehsender zeigte gerade Werbung, und ich hielt nur kurz inne, als die »Briscoes Lady« zu sehen war). Dieses Mal war es Malcolm persönlich, der mir: »*Kiss*« zumurrte. Aufforderung zur Männerliebe in der Werbepause?

Die Decken und Wände waren schnell abgewischt – gebracht hat es wahrscheinlich nicht viel – aber immerhin war Kwan der Einzige, der sich für meinen Einsatz kurz bedankte und nicht mit »*Kiss*« quittierte; nur helfen wollte auch er nicht.

Dann lief ich nochmals durch alle Räume und rückte alle Schränke und Kommoden eine Handbreit von den Wänden weg. Die Luft muss zirkulieren können. Keine Frage, dass sich die Viererbande wieder bei der Betrachtung des hochintellektuellen Fernsehereignisses gestört fühlte. Jetzt war ein Andrew, ein muskulöser Maori mit nussbrauner Haut, den sie »Handy-Andy« nannten, an der Reihe: »*Kiss*« mit einem vorangestellten »*Ay bro*« zu rufen.

Zu guter Letzt hatte ich die ultimative Idee; glaubte ich wenigstens: In der Garage fand ich eine Heißluftpistole, *heat gun,* mit der ich in meinem Zimmer begann, die schlimmste Wand trocken zu fönen. Zugegeben: Das Gerät emittierte außer Hitze vor allem

Lärm, viel Lärm. So wunderte es mich nicht besonders, als, bedenklich schwankend, dieser »Handy-Andy« im Türrahmen erschien und (allen Lärm übertönend) brüllte: »*Ay bro, kiss!*«

Ich schaltete das Gebläse ab und sagte in gestelzt gespieltem ruhigen Ton: »Ich weiß nicht genau, zu welchem Spielchen ihr mich auffordern wollt – einen Kuss gibt es definitiv nicht – für keinen von euch und nirgendwo hin. Meine Schmusepartner suche ich mir immer noch selber aus. Wenn dir, ›Handy-Andy‹, das zu langweilig ist, dann widme dich eben deiner offensichtlichen Obsession für Mobiltelefone. Ein schöner Fetischismus kann ja auch ganz prickelnd sein. *End of story!*«

Heftig, heftig. Oft sind es die kleinen Missverständnisse, die zu den großen Problemen führen. In welches Doppel-Fettnäpfchen ist unser übereifriger Martin durch seine leicht überzogenen Hausmeisterambitionen hier mit voller Wucht getreten

Erstens: »Handy-Andy« hat sicher nichts Abnormales mit Mobiltelefonen im Sinn. »Handy« ist ein Adjektiv und steht für: praktisch, geschickt.

Zweitens: »Kiss« (oder in eigentlich korrekter Schreibweise: »K.I.S.S.«) hat weder mit dem Kuss noch mit der amerikanischen 70er-Jahre Rock-Band irgendetwas zu tun.

Vielmehr stellt »Kiss« als Kurzwort das Konzentrat eines besonders ausgeprägten Teils der Kiwi-Mentalität dar. Es heißt in Langschrift: »Keep it simple, stupid«, also wörtlich »Halte es einfach, Dummkopf« oder freier »Mach' es nicht zu kompliziert« und wird im besten Kiwisinne oft gebraucht, wenn sich jemand mit viel Aufwand an eine Sache heranmacht, bei der auch eine Einfachlösung mehr als ausreichend wäre. (Das KISS-Prinzip).

Man findet in Wörterbüchern häufig »Kiss« auch als »In der Kürze liegt die Würze« übertragen, was jedoch nur einen kleinen Bereich von Spezialfällen abdeckt und die Kiwibedeutung nicht präzise trifft.

Das Nanumeter zeigt den subjektiv empfundenen Grad der Peinlichkeit und/oder Verlegenheit, der man in einer solchen Situation ausgesetzt sein kann. Auf einer Skala von 1 bis 10 bedeutet 10 die größtmögliche Verwunderung oder sogar Blamage.

Tropfstein.

Dichtung und Wahrheit.

Da mühte ich mich ab und dann so was. Ich war sauer ... Allerdings musste ich einsehen, dass meine verzweifelten Hausrettungsversuche leider – und fast buchstäblich – ein Schlag ins Wasser waren.

Dennoch durfte das noch lange kein Grund für Malcolms phlegmatisches Viererpack sein, einfach mit Nichtstun zu glänzen und sich stattdessen umso mehr von innen zu befeuchten: Die ganze Gruppe näherte sich unaufhaltsam dem **Vollrausch**.

Info zwischen den Zeilen von Abstinenzler K.I.W.I. Alcohol

Man muss es leider offen aussprechen: Neuseeland hat ein nationales Alkoholproblem, mit dem es das Land ins internationale Spitzenfeld dieser Disziplin geschafft hat.

Mit offensichtlich wirkungslosen Kampagnen versucht das neuseeländische Gesundheitsministerium einen aussichtslosen Kampf gegen den exzessiven Alkoholkonsum, der mehr und mehr auch Jugendliche und sogar Kinder (Teens unter 14) betrifft.

Roger Brooking von der Alkohol- und Drogenberatungsstelle in Wellington spricht von »mindestens 700.000 Problemtrinkern in Neuseeland«, was bei stark 4 Millionen Einwohnern des Landes einen erschreckenden Prozentsatz darstellt.

Dabei fällt jedem Betrachter sofort eine spezifisch neuseeländische Trinkgewohnheit auf: Die Rede ist vom »binge drinking«. Hier handelt sich um das bewusste Rauschtrinken (vulgo: Kampftrinken, Komasaufen), was die Kiwis beiderlei Geschlechts und aller Altersklassen allzu gerne praktizieren.

Die Regierung unter John Key scheint mittlerweile die Lösung des Problems erkannt zu haben und hat die Promillegrenze für Autofahrer von 0,8 auf 0,5 heruntergesetzt. Internationale Suchtwissenschaftler erwarten allerdings hierdurch überhaupt keine Veränderung beim Trinkverhalten der Neuseeländer.

Die zweite politische Maßnahme ist eine Zwangsverteuerung alkoholischer Getränke und neue, schärfere Einschränkungen bei der Vergabe von Verkaufs- und Ausschanklizenzen. Die gleichen oben genannten Wissenschaftler erwarten dadurch eher eine Zunahme(!) des Alkoholmissbrauchs. Das eigentliche Problem, so sagen sie, sei »der zwanghaft verkrampfte Umgang der neuseeländischen Ministerien und Behörden mit dem Thema Alkohol« an sich und verweisen u. a. auf statistische Bezugszahlen aus dem Amerika der Prohibitionszeit.

Aucklands Bürgermeister John Banks geht dabei noch weiter, indem der die entscheidende Frage stellt und gleich selbst beantwortet: »Meinen wir (Neuseelandpolitiker) es ernst mit dem Thema Alkoholmissbrauch? Die Antwort ist nein, definitiv nein.«

Nach einer Erhebung der »World Health Organisation (WHO)« ist der jährliche Pro-Kopf-Konsum reinen Alkohols in Neuseeland mit 9 Litern beinahe doppelt so hoch wie der Weltdurchschnitt (5 Liter).

Auch am Malaysier Kwan schien unser feuchtnasses Wohnungsproblem regelrecht abzuperlen. Vielleicht hatte ich ein kleines bisschen überreagiert, aber wenigstens wollte ich Sorge dafür tragen, dass meine Kleidungsstücke und sonstiges Hab und Gut keinen Schimmel und keine Stockflecken ansetzen. Und besonders zuträglich für die Gesundheit sollen modrige Wohnräume auch nicht sein.

Was gab es also in dieser verfahrenen Situation Besseres zu tun, als die weitere Schadensbekämpfung in jene Hände zu legen, in die sie ohnehin gehörte? Im Übrigen schossen mir die ganze Zeit Gedankenfetzen wie »Schadensmeldepflicht«, »Unterlassung« sowie »Teilschuld« und andere beunruhigende juristische Begriffe durch den Kopf. Damit war klar, dass ich dem Vermieter umgehend Bescheid sagen musste.

Hinter der Eingangstür hing ein eingeschweißtes Blatt mit allen wichtigen Adressen und Daten, die das Haus betreffen; ganz oben die der Eigentümer. Gerade als ich die Nummer von James und Judy wählte, drang aus der Sport- und Trinkzentrale eine Serie von Tönen, die den melancholischen Gesängen der Wale verblüffend ähnlich waren – sollte heißen: Man sah schwarz für die All Blacks. Dann folgte als Trauersalut eine Vierersalve Dosenzischen.

James meldete sich am anderen Ende der Leitung kurz und mürrisch. Ich hatte ihn als sachlichen aber sehr freundlichen Menschen vor ein paar Tagen kennengelernt. Jetzt klang er vom ersten Moment an genervt, sehr genervt: »Ist es sehr dringend? Der Zeitpunkt ist ungünstig!«

Ahnte ich einen Grund für seine Ruppigkeit, der mit »Rug« beginnt und »by« endet? Doch die Substanz seines Hauses hatte für mich oberste Priorität – und das Wohl seiner Mieter – dachte ich, und blieb hartnäckig. Falsch gedacht!

Ich musste von *Landlord* James in einem Blitz-Crashkurs lernen, dass sein Haus eines von 89.000 undichten Gebäuden, *leaky buildings,* in Neuseeland ist, was nun einmal wie eine unheilbare Krankheit der Bauten betrachtet werden muss: »Ich kann dein Problem verstehen, aber ich kann's nicht ändern. 30.000 Dollar für Ausbesserungen letztes Jahr haben nichts genützt. In spätestens drei Jahren werde ich das Haus abreißen müssen, und mit ihm wird sich eine Dreiviertel Million Dollar in Wohlgefallen auflösen. *Sorry,* ich habe das größere Problem. Und nochmals *sorry,* ich habe jetzt wirklich keine Zeit mehr – Neuseeland geht gerade unter.«

So klang James' straffer Kurzmonolog, der die Situation auf den Punkt brachte. Mit einem devoten: »*Sorry Sir,* ich wollte nicht stören ...«, legte ich auf, nachdem James das Gespräch schon längst beendet hatte. Zum zweiten Mal an diesem Tag hatte ich mich für eine eklatante Fehleinschätzung sehr zu schämen.

Wie in Trance begann ich das Zimmer aufzuräumen. Dann fand ich im dünnen Stapel meiner Post einen Flyer von Briscoes – die Lady in einem ärmellosen Top und engen Jeans vorne drauf – mit einer sensationellen Botschaft im Text ...

Steter Tropfen höhlt den Stein – das Sprichwort muss in Neuseeland erfunden worden sein. In welches offenbar undichte Fettnäpfchen ist unser übereifriger Kiwi-pflücker hier mit voller Wucht getreten?

Punkt Eins (grundsätzlich): Man sollte in Neuseeland besser niemanden zu Hause anrufen, wenn ein Rugby-Länderspiel, zumal gegen Australien, übertragen wird.

Punkt Zwei (spezifisch): Neuseeland hat – außer dem des Alkoholmissbrauchs – ein sehr ernst zu nehmendes Problem mit Flüssigkeiten: »leaky buildings«!

Undichte Häuser und Wohnungen, aber auch Firmengebäude und neu erbaute Hochhäuser (z. B. das »Sentinel« in Takapuna) sind wie eine neuseelandeigene Landplage. Eine Studie der Otago University stellt fest, dass Wasser und Feuchtigkeit in 75 Prozent aller Wohnhäuser Neuseelands dringt, und liefert sogleich einen Bezug zu den Flüchtlingslagern in Palästina, wo die Vergleichsquote mit 78 Prozent nur unwesentlich schlechter ist.

Daraus folgt im nächsten Schritt, dass 38 Prozent der feuchten Wohnungen Schimmel- und Fäulnisbefall zeigen, woraus sich wiederum für die Bewohner eine fünfzigprozentige Wahrscheinlichkeit ergibt, von Atemwegskrankheiten befallen zu werden.

Es ist müßig, auf dieses Phänomen näher einzugehen, die Ursachen zu suchen oder abzuwägen, was dagegen getan werden könnte. Man muss die Fakten akzeptieren, wie sie sind. Wer, wie der Kiwipflücker, das Pech hat, in einem »leaky building« zu wohnen, kann als Mieter immerhin jederzeit ausziehen. Das echte Problem hat tatsächlich der Eigentümer, dessen Gebäude unaufhaltsam verrottet, bis nur noch der Grundstückswert übrig bleibt.

Das Stadtparlament von North Shore City hat den aktuellen Gesamtschaden der verfaulenden Häuser auf landesweit mindestens zwei Milliarden Dollar beziffert. North Shore Bürgermeister Andrew Williams resümiert: »Dieser Betrag ist erheblich höher als die Kosten für Schäden, die jemals von irgendeiner Naturkatastrophe in Neuseeland verursacht wurden.«

Da es keine Versicherung für »leaky buildings« gibt, und auch die Bauunternehmer, die die betroffenen Häuser möglicherweise schlampig errichtet haben, nicht in Regress genommen werden können, bleibt den Gebäudebesitzern nur das Hoffen auf ein Rettungspaket der Regierung. Es wird nun darauf hinauslaufen, dass ein Viertel der Reparaturkosten von der öffentlichen Hand übernommen werden und der Staat eine Darlehensbürgschaft für die verbleibenden 75 Prozent gewährt.

Vor diesem Hintergrund wird es einigermaßen verständlich, dass ein »Landlord« etwas genervt reagiert, wenn ihn ein überaktiver Mieter auf feuchte Stellen im Haus hinweist – und das auch noch während eines Rugby-Länderspiels ...

Das Nanumeter zeigt den subjektiv empfundenen Grad der Peinlichkeit und/oder Verlegenheit, der man in einer solchen Situation ausgesetzt sein kann. Auf einer Skala von 1 bis 10 bedeutet 10 die größtmögliche Verwunderung oder sogar Blamage.

Beziehungskiste.

Liebe deinen Nächsten.

Dienstag, 26. April. Ich habe in der vergangenen Nacht denkbar schlecht geschlafen – kein Wunder bei den sich überschlagenden Ereignissen des gestrigen Tages. Damit nicht genug; im Morgengrauen wurde ich wachgemorst: Textnachricht auf dem Handy. Ich habe Morsecodes in das Gerät programmiert, an denen ich sofort den Absender einer Meldung erkennen kann, ohne aufs Display sehen zu müssen. Es war eine Message von Siobhan: die Tonfolge »··· · ––– –·––« schreckte mich aus dem zerrissenen Schlaf; ich war glockenwach. Sie schrieb: »Mars. Ich bin sicher, Du spürst es. Heutzutage trennen sich Paare per Handy. Mit diesem Text möchte ich das genaue Gegenteil bewirken. Nimm Dir alle Zeit der Welt zum Nachdenken. Ich habe eine harte Woche vor mir. Antworte am Wochenende. Oder gar nicht. Shiva«

Richtig: Da war diese Schwingung im Raum (gegen deren Resonanz sich mein Unterbewusstsein vermutlich wehrte). Nun hieß es Farbe bekennen. Zuerst glaubte ich, der Boden würde mir unter den Füßen weggezogen. Dann kam dieser Drehschwindel. Schließlich blieb ein Katergefühl zurück. Noch war die Zeit auf meiner Seite.

Im erwachenden Tageslicht hatten die feuchten Wände etwas von ihrem Schrecken verloren, aber nach wie vor fühlte sich alles klamm an. Ich bildete mir ein, trotz Dusche und frischer Kleidung muffig zu riechen. Ich werde wohl alles durchwaschen müssen. Plötzlich sah ich durchs Fenster den blauen Ford von James und Judy vorfahren. Verkriechen oder formell entschuldigen? Schnell eine Münze werfen? Unsinn. Flucht nach vorn.

Ich öffnete die Tür, und alle Entscheidungen wurden mir sofort aus der Hand genommen: Judy drückte mich sofort innig an sich, *big hug,* und ihr Gatte entschuldigte sich für seine schroffe Art beim Telefonat vom gestrigen Abend: Ich sei schlichtweg sein Ventil für die Dualität zweier Staatsprobleme Neuseelands – Rugby-Sieg der Aussies und *leaky buildings* – gewesen; dafür sei Judy von seiner schlechten Laune verschont geblieben. Also deshalb hat sie mich an sich gedrückt ...

Ich suchte Zerstreuung. Meine innere Balance war bei Weitem nicht wieder hergestellt, aber es ging mir ein bisschen besser. Ich dachte an Shivas Text und entschloss mich, für sie den noch offenen, in Paihia erteilten Lieferauftrag nach Milford auszuführen und davor noch ins »Warehouse« zu fahren. Ich hatte eine Idee.

Sehnsucht.

Gelobtes Einkaufsland.

Siobhan hat ja recht: Es ist schon etwas dran, an diesem »Warehouse«. Sicher kann man über dessen angeblichen Kultstatus streiten, wenn man aber über das Ramschige hinwegsieht, dann ist das Einkaufserlebnis gar nicht mal so übel. Schließlich muss *The Red Shed* für viele Neuseeländer sogar als so etwas wie der »Notnagel« (ein wirklicher Ersatz ist es freilich nie und nimmer) für nicht vorhandene Megastars des Einzelhandels wie Aldi und Ikea herhalten. Denn hier wurde die mir unterstellte Bildungslücke wahrlich offenbar: Während ich das »Warehouse« nicht kannte, kennen die meisten Kiwis durchaus die beiden Handelsikonen Aldi und Ikea, haben sie doch generell ein Faible für die guten Dinge aus Europa.

Im »Warehouse« von Albany suchen sie Mitarbeiter. Ich habe meinen *CV* im Personalbüro abgegeben. Diese Bewerbung war von mir nicht wirklich ernst gemeint – das Kiwipflücken ist eigentlich meine Welt (auch wenn es kaum jemand verstehen kann) – aber ich bin mir nicht sicher, ob ich jemals wieder auf die Plantage zurückgehen werde. Wer weiß ... Ich werde einfach die Reaktion abwarten und schauen, ob überhaupt eine Einladung vom »Warehouse« zum *job interview* eintrifft.

Info zwischen den Zeilen von Berufsberater K.I.W.I. C.V.

»CV« steht für »Curriculum Vitae« und bedeutet »Lebenslauf«. Der »CV« ist in Neuseeland die Basis jeder Bewerbung und unterscheidet sich in Inhalt und Aufbau von seinem klassischen, deutschen Pendant: Er ist umgekehrt chronologisch geordnet, die jüngsten Daten kommen zuerst, so beginnt der Lebenslauf also mit der Beschreibung der momentanen Situation und geht dann rückwärts bis zur ersten Schulausbildung.

Darüber hinaus enthält der »CV« viele Dinge, die in einer Bewerbung, wie wir sie im deutschen Sprachraum kennen, eher seltsam anmuten würden: Hobbys, Freizeitbeschäftigungen, private Interessen, soziale, wohltätige und gemeinnützige Aktivitäten und persönliche Lebensziele.

Das »Job Interview« ist das klassische Bewerbungsgespräch, zu dem man nach der Abgabe des »CV« eingeladen wird – sofern man in die engere Wahl kommt, versteht sich.

Übrigens: Kaum jemand erscheint in Neuseeland zum »Job Interview« geschniegelt und gebügelt, geschweige denn mit Anzug und Krawatte, obwohl es natürlich auch hierzulande Unternehmen mit »dress code« (Banken, Versicherungen) gibt. Aber bei der ersten persönlichen Vorstellung sieht der Boss oder der Personalchef den Bewerbungskandidaten gerne unverkleidet und ohne sonstige Showattribute, die den wahren Typus nur störend verschleiern würden.

Ich habe immer ein paar *CVs* als Kopien bei mir und mich tatsächlich schon öfters bei allen möglichen Geschäften und Unternehmen beworben. Das macht Spaß und ist spannend, weil es ohne äußeren Druck (eigentlich sogar ohne jegliche Notwendigkeit) erfolgt. Ich bin schon zu einigen Interviews eingeladen worden, die immer interessant waren und in mehreren Fällen auf konkrete Stellenangebote hinausliefen, die ich aber alle – bis auf den Kiwipflücker – wieder abgesagt habe. Das kümmerte nie jemanden; sie haben dann eben den nächsten Kandidaten genommen.

Mein Plan war ursprünglich, mich bei Briscoes zu bewerben, um mit meiner Recherche zur »Briscoes Lady« wieder einen Schritt weiterzukommen. Aber ausgerechnet hier habe ich unerklärbare Hemmungen.

Suchaktion.

Ich holte Siobhans Paket aus »Berties« Kofferraum nach vorne auf den Beifahrersitz. Meine »Intima temporalis« hatte sich für die Segelbootwettfahrt an der Bay of Islands von einer Bekannten namens Colleen Connor einen verdammt sexy Neopren-Anzug geliehen. Bevor Siobhan mit dem Kautschukteil im Gepäck zu diesem Bootsrennen abgereist war, hatte sie das Ding extra für mich zur Begutachtung angelegt.

Demnach muss diese Colleen Connor also eine ähnlich chilischotenscharfe Figur haben. Ich war gespannt. Siobhan nannte sie wegen des Stabreims im Namen nur Coco. Ich war also – ausgestattet mit dem frisch gereinigten Neoprenfummel und einer Straßenadresse – unterwegs nach Milford, wo es übrigens auch ein »Warehouse« gibt.

Ich tastete nach dem Zettel, auf dem die Adresse stand und der zusammen mit dem *wetsuit* in der Briscoes Tragetasche auf dem Sitz links neben mir lag. Dummerweise war das Blättchen von abperlenden Wassertropfen nass geworden, aber eigentlich war bis auf die Hausnummer der Rest noch gut lesbar, und die Straße, die auf dem Zettel stand, war schnell gefunden. Während mir im Geiste noch schnell die »Briscoes Lady« im dunklen Neopren erschien, bog ich zielsicher in die Sylvan Park Avenue ein. Nur ein, zwei Minuten noch und ich könnte jene schlanke Coco in Augenschein nehmen. Aber deren Auftritt sollte noch ein wenig auf sich warten lassen.

Diese Avenue ist eine Ringstraße und dementsprechend lang. Bis hierhin kein Problem. Die wassergeschädigte Hausnummer auf dem Notizzettel mit der **Wohnadresse**, *street address,* hatte zwar eher die Form eines Schmetterlings angenommen, aber mit viel Fantasie war so etwas wie die Zahl »32« zu erkennen. Also los: Im Dreißigerbereich – so mein Gedanke – werde ich den Namen Connor auf dem

Briefkasten oder Klingelschild wohl nach kurzer Suche ausfindig machen können.

Konnte ich aber nicht: Kein einziger Name war sichtbar – wo auch immer – nicht auf der *letter box,* nicht an der Haustür. Und das nicht nur im Zielbereich der Gebäudenummer plus/minus 30 – nirgendwo, wirklich nirgends. Es war zum Verzweifeln.

Erster Lösungsansatz: Bei der Nummer 32 klingeln. Klingeln? Keines der Häuser hatte hier eine Klingel. Also klopfte ich. Ein freundlicher, bärtiger Herr, der etwa den doppelten Zahlenbetrag seiner Hausnummer alt sein mochte, öffnete die Tür, aber Connor hieß er nicht und eine Colleen sei ihm weder in seinem Haus noch in der näheren Nachbarschaft bekannt.

Klassische Fehlanzeige also. Nur aufgeben wollte ich deswegen längst noch nicht. Ich könnte ja Siobhan anrufen, aber das schloss sich aus Gründen, die nicht weiter erklärt werden müssen, vollkommen aus.

Info zwischen den Zeilen von
Hausverwalter K.I.W.I. Street-Address

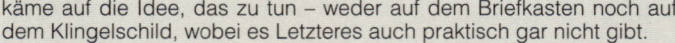

Mit Ausnahme von ein paar wenigen Wohnsilos in Auckland findet man in Neuseeland nirgendwo die Namen der Bewohner an den Häusern. Kein Kiwi käme auf die Idee, das zu tun – weder auf dem Briefkasten noch auf dem Klingelschild, wobei es Letzteres auch praktisch gar nicht gibt.

Die Post verteilt Briefe und Päckchen ausschließlich nach der Hausnummer. Das ist wichtig zu wissen, weil durch einen banalen Schreibfehler oder harmlosen Zahlendreher eine möglicherweise dringend erwartete Postsendung auf Nimmerwiedersehen im Nichts verschwinden kann, was leider oft vorkommt. Selbst nach Jahren des Wohnens in ein und demselben Haus erhält man fast täglich Post mit den Namen eventueller Vorbewohner oder sonst wem – den Postboten kümmert es wenig: Er verteilt stur nach Hausnummer...

»Wenn der Postmann zweimal klingelt« – vergessen Sie's in Neuseeland. Häuser haben hier keine Türklingeln. Kiwis sehen so etwas als reine Geldverschwendung: warum klingeln, wenn man auch klopfen kann?

Man sieht also: Die Suche nach einer bestimmten Person im Wohngebiet kann schwierig werden. Da aber der Neuseeländer laut jüngerer Statistik durchschnittlich 3 Handys besitzt, heißt die beste Lösung: Zielperson anrufen und sich den Weg beschreiben oder lotsen lassen.

Ich muss den Herrn aus der 32 wohl eine Spur zu lange und zu belämmert angestarrt haben, denn anscheinend tat ich ihm leid und er bat mich ins Haus, wo ich bei einer Tasse Tee im Telefonbuch nachschlagen könnte. Gute Idee. Er hieß Tim, eigentlich: Timothy. Drinnen stellte er mir seine Frau Mary vor, ebenfalls eine sehr nette Person, die ich mir allerdings lieber nicht im Neoprenanzug vorstellen wollte. Der Tee war hervorragend – Mary reichte noch einen Teller mit *shortbread* dazu – aber die Suche im Telefonbuch verlief ergebnislos. Diese Colleen »Coco« Connor wohnte sicher mit ein paar *flat mates* zusammen (genau wie derzeit ich selbst), und Wohngemeinschaften lassen üblicherweise keinen Festnetzanschluss legen. Ich stippte – einer südwestdeutschen Gewohnheit folgend – einen *shortbread finger* tief in den Tee. Im Hochnehmen brach die teegetränkte Hälfte ab und klatschte spritzend in die Tasse. Ich spürte wie Tim und Mary einander schweigend ansahen und bedenkenschwer die Köpfe wiegten.

**Info zwischen den Zeilen von
Tee-gern-Seher K.I.W.I. Shortbread**

»Shortbread« ist ein (ursprünglich schottisches) Gebäck aus Mürbeteig, das klassischerweise in England und deshalb sehr gerne auch in Neuseeland bevorzugt zum Tee gereicht wird. Die Ingredienzien dieses sehr beliebten Keksgebäcks sind im Grunde lediglich Butter, Zucker, Mehl und Stärke.

Das »shortbread« begegnet einem in drei Formvarianten:

- handtellergroße Scheiben, von denen man vorgeprägte Segmente abbricht,
- kleine, etwa 1 cm dicke Scheiben, »shortbread rounds«, oder
- fingerlange »shortbread fingers«.

Ich fragte Tim, ob es vielleicht Sinn machen würde – ich brauchte Bedenkzeit und brach mir dann fast die Zunge –, das *Local Residents' Registration Office* anzurufen. Tim lachte herzlich und gab mir zu verstehen, dass Neuseeland bei Weitem nicht so »gut« durchorganisiert sei wie Deutschland, und ein Einwohnermeldeamt so ziemlich das Letzte sei, was die Leute sich hier wünschen: »Kiwis sind Individualisten und wollen nicht gerne von Bürokraten behelligt werden.«

Ich spürte, wie mein Gesicht langsam rot anlief; ich täuschte zur Tarnung einen kleinen Hustenanfall durch die Krümel des *short-bread* vor, das ich seit der Teebombe nur noch trocken hinunterwürgte.

Dann nahm Tim die Sache in die Hand. Er rief seinen Freund und Anglerkollegen, Bruce, am anderen Ende der Ringstraße an. Von ihm wusste er, dass dieser sich als Organisator des örtlichen **Neighbourhood Watch** bestens mit den kleinräumigen Gegebenheiten des Wohngebietes auskannte.

**Info zwischen den Zeilen von
Aufpasser K.I.W.I. Neighbourhood-Watch**

In vielen Gemeinden, vor allem in der Nähe städtischer Ballungszentren, formieren sich in den neuseeländischen Wohngebieten Nachbarschaftswachen, die unter dem Überbegriff »neighbourhood watch« bekannt sind.

Nachdem die goldenen Zeiten vorbei sind, in denen Neuseeländer zur Arbeit oder sonst wohin gingen, ohne ihre Häuser und Autos abzuschließen, sind leider auch hier die Einbruchsraten im Laufe der Jahre kontinuierlich angestiegen.

Entsprechend dem »Kiwi can-do«-Prinzip haben sich deshalb zur Prävention krimineller Taten – nach amerikanischem Muster – in vielen Wohnstraßen oder -blocks die Anwohner zu eben diesen »neighbourhood watch«-Gruppen zusammengetan.

Natürlich übernehmen diese Kleinorganisationen keinerlei polizeiliche Aufgaben. Vielmehr hat sich die Nachbarschaft beim »neighbourhood watch« gegenseitige Aufmerksamkeit auf die Fahnen geschrieben: Sowie jemand verdächtige Vorgänge in der betreffenden Umgebung wahrnimmt, wird diese Beobachtung sofort an die Polizei oder andere Behörden gemeldet.

Volltreffer! Colleen, Coco, Connor – die ganzen Namen sagten ihm zwar nichts, aber es könnte eigentlich nur das Haus mit der Nummer 82 sein. Dort wohnten seit knapp zwei Jahren vier junge Frauen und – ja – *wetsuits* hätte er auch schon über dem Geländer des Decks hängen sehen.

32? 82? Da hätte ich ja eigentlich auch selbst drauf kommen können.

Ich klopfte wenig später an die Tür der Hauses 82. Coco war da. Die Figur von Siobhan hatte sie allerdings doch nicht ganz. Neopren ist dehnbarer als ich dachte ...

Von wegen: von Amts wegen! Neuseeländer mögen keine Überverwaltung. Paradoxerweise gibt es deshalb Fettnäpfchen wie Nummern an den Häusern. Welches stand dieses Mal für den Kiwipflücker erwartungsfroh bereit?

Die meisten Neuseeländer (zumal jene mit britischen Wurzeln) wissen, wie »well organized« Bewohner oder Besucher aus dem deutschsprachigen Raum sind. Kiwis wollen von Neuankömmlingen nicht unbedingt hören, was alles in NZ besser gemacht werden sollte. Vor allem im Rahmen eines Plausches beim Fünfuhrtee empfiehlt es sich für den Gast, sich auch wie ein Gast zu verhalten, sonst fühlen sich Neuseeländer (zurecht) schnell bevormundet. Ordnung schaffende Behörden, wie auch öffentliche Gebühreneinzugsstellen, sind den Kiwis suspekt. Bürokratische Einrichtungen existieren für Bereiche, in denen das tägliche Leben ohne übergeordnete Kontrollen vielleicht wirklich nicht funktionieren würde. Ein Einwohnermeldeamt zählt nach neuseeländischem Maßstab ganz klar nicht dazu.

Die Führerscheinverwaltungsabteilung im Transportministerium ist das höchste der Gefühle, was die Registrierung von Wohnorten angeht, aber selbst hier hat man die Wahl, ob die Adresse auf der Lizenz erscheinen soll oder nicht (die Mehrheit entscheidet sich erwartungsgemäß für »nicht«). Da die Neuseeländer extrem gerne umziehen, wären Einwohnermeldeämter binnen kürzester Zeit ohnehin hoffnungslos überlastet und würden schnell zu gigantischen Wasserkopfbehörden werden. Das würde den Steuerzahler Unsummen kosten und zudem zusätzlich individuelle Gebühren auslösen. So etwas mögen die Kiwis überhaupt nicht.

Anmerkung: Objektiv betrachtet wird leider auch im Kiwiland die Fraktion der Beamten immer stärker, und die Bürokratie nimmt ganz allmählich europäisches Format an. Man hört und liest in den letzten Monaten immer häufiger den Begriff »Nanni State«, Bevormundungsstaat. Nicht nur professionelle Kritiker warnen vor der schleichenden Überverwaltung des Landes. Wer Neuseeland kennt und liebt, kann diese Mahnungen sehr gut verstehen.

Das Nanumeter zeigt den subjektiv empfundenen Grad der Peinlichkeit und/oder Verlegenheit, der man in einer solchen Situation ausgesetzt sein kann. Auf einer Skala von 1 bis 10 bedeutet 10 die größtmögliche Verwunderung oder sogar Blamage.

Rollenspiele.

Die Bisse der Stuten.

Nach der lehrreichen Teestunde bei Tim und Mary fuhr ich wieder ins Haus nach Devonport zurück. Zugegeben: Es gab ein gewisses Versuchungspotenzial auf meinem Dienstweg zu Coco, aber Shivas sensationelle Textmeldung lief wie ein Laufband mit Leuchtschrift in einer Endlosschleife durch meinen Kopf und machte mich vollkommen verführungsresistent. Doch all das konnte Coco freilich nicht wissen. Sie musste aber von Siobhan bereits von meiner Existenz gehört haben, und ich hatte das sichere Gefühl, dass sie etwas von mir wollte; keine Einbildung. Coco hatte offenbar ein gewisses Problem damit, in Bezug auf Siobhans Persönlichkeit und Erscheinungsbild, lediglich in der zweiten Liga mitzuspielen.

Sie war attraktiv – keine Frage – aber Shivas Schatten war viel zu hart und ließ das Licht so mancher ihrer Freundinnen sehr dunkel erscheinen. Es bedurfte keines Psychologiestudiums, um zu erkennen, dass es eine bedeutende Aufwertung für Cocos Ego gewesen wäre, mich zu erobern, kurz darauf wieder fallen zu lassen und mich vor Siobhan scheitern zu sehen. Der klassische Männermord.

Die blondmähnige Coco trug ein weißes loses Top, dessen Aufgabe alles war, nur nicht das Verhüllen von nicht öffentlichen Körperpartien; und sie trug einen weißen Minirock aus Jeansstoff mit den ebengleichen (Nicht-)Eigenschaften wie ihr Top.

Sie wusste anscheinend auch schon von meinem Faible für sportliche Autos, denn sie bat mich fast drängend ins Haus und führte mich durch eine Zwischentür direkt in die Garage, wo sie mir ihren gelben Mazda MX 5 präsentierte. Hübsch?

Ja, aber zu schrill und im übertragenen Sinne zu »billig«.

Coco meinte mir sogleich die wahre Eleganz des Flitzers präsentieren zu müssen und kniete sich zum Öffnen des Verdecks so auf den Fahrersitz, dass mein heutiger Bedarf an erotischen Ausblicken auf durchscheinende Dessous in der Farbe der Unschuld mehr als ausreichend gedeckt war.

Nachdem sie die beiden Verriegelungen oberhalb der Windschutzscheibe gelöst hatte und wieder aus dem kleinen Wagen geklettert war, wird sie sich allerdings alleine in der Garage wiedergefunden haben. Ich jedenfalls war während dieser allzu durchschaubaren, geradezu durchsichtigen Vorstellung stillschweigend wieder gegangen und davongefahren. Ich sah Coco nur noch kurz in »Berties« Rückspiegel aus dem Haus auf die Straße laufen ...

Kälteschock.

Schmutziges Geschäft.

Nun war ich also endlich wieder in meinen zwar feuchten aber einigermaßen sicheren vier Wänden. Halb offene Türen, hinter denen unlautere Absichten lauern, führen bei mir zur Fluchtreaktion. Erschwerend kam hinzu, dass diese Coco ein erbärmlich schlechtes, schief sitzendes Tattoo überm Steiß trug.

Ich brauchte eine Aufgabe, um mich emotional abzukühlen und vielleicht auch um Siobhans »Laufband« im Kopf ein wenig dimmen zu können. Also beschloss ich, meine gesamte angemoderte Wäsche durchzuwaschen, hatte aber keine Idee, wie das geht. Glücklicherweise war die gute Lene, das Mauerblümchen nach der Metamorphose, in ihrem Zimmer und bot mir auf meine Frage hin umfassende Hilfestellung an. Sie wollte nur noch kurz ein Telefonat erledigen – ich sollte derweil die Sachen in Weißes und Buntes trennen. Das war schnell erledigt, aber Lenes Anruf zog sich in die Länge. Ich hatte keine Eile.

Beim Warten fiel mein Blick wieder auf den Briscoes-Flyer, den ich fast ein bisschen lieblos zwischen anderer Post und Werbung hatte liegen lassen. Trotz seines spektakulären Inhalts hatte ich im ganzen Trubel der vergangenen Tage das Blättchen ganz vergessen, dessen Botschaft einen echten Knüller enthielt: Es war die Ankündigung einer festlichen Eröffnung der wohl größten Briscoes-Filiale im ganzen Land.

Der bereits vorhandene Standort im Silvia Park von Mt. Wellington – so ging aus dem Prospekt hervor – war nach monatelanger Umbauarbeit nun kurz vor der Fertigstellung. Sonderangebote allenthalben, Haushaltswaren zu Schleuderpreisen und Clowns in den blau-gelben Briscoes-Farben sollten Familien in Scharen am Eröffnungswochenende nach Aucklands Süden locken.

Aber das alles war nichts, nichts, nichts gegen das Highlight des Events: Sie, die »Briscoes Lady«, die Werbe-Ikone persönlich, meine geheime Obsession, Tammy (den Namen konnte ich mittlerweile als hundert Prozent richtig annehmen) würde am Samstag zwei Stunden lang Kochbücher signieren! Ihr Auftraggeber hatte eine umfangreiche Sammlung von Rezepten für **typische und authentische Gerichte aus Neuseeland** mit Tammy als Sympathiefigur in Form eines stattlichen Buches herausgegeben.

Info zwischen den Zeilen von Unfeinschmecker K.I.W.I. Food

Neuseeland darf sich einiger Superlative aus vielen Themenbereichen rühmen – nur aus der Kategorie »Esskultur« ist (leider) ganz sicher nichts Herausragendes dabei. Die Kiwiküche (»Kiwiana Cuisine« oder heiter »Kwisine Kiwiana«) ist grundsätzlich angelsächsisch geprägt und hat es nie zu wirklicher Eigenständigkeit geschafft.

Durch die starken Einwandererströme kam sehr schnell das gesamte Spektrum der asiatischen (vor allem der chinesischen, thailändischen, indischen) Küche hinzu. Die originale Neuseelandküche hatte durch den enormen Publikumserfolg fremdländischer Speisen somit nie eine wirkliche Chance, aus ihrem internationalen Schattendasein herauszutreten.

Die typisch neuseeländischen Nationalgerichte sind schnell aufgezählt:

Fish 'n' Chips: Panierte Fischfiletstücke mit Pommes frites oder frittierten Kartoffelspalten, dazu Remoulade (tartar sauce)

Roast lamb/mutton: Lamm-/Hammelfleischbraten mit Kartoffeln, Kumara, Kürbis

Steak: Rind- oder Schweinefleisch gegrillt (bevorzugt auf dem Barbecue)

The boil-up: Einfaches (Eintopf-)Gericht auf Basis des »hangi« der Maoris. Traditionell: Schweinefleisch, Kartoffeln, Kürbis etc. im Stapeltopf gemeinsam gegart. Boil-up gibt es natürlich auch mit vielen anderen Zutaten und Fleischsorten

Meat pies: Teighülle mit einer Füllung aus gehacktem oder gewürfeltem Fleisch (Rind u. a.) und »gravy«, einer dicken Bratensaftsoße. Variationen enthalten auch Gemüse, Käse und oft auch Kartoffelpüree, »potato mash«.

Während ich das Datum der Signierstunde in mein Handy eingab und mit dem Morsecode »··· --- ···« als Erinnerungssignal programmierte, malte ich mir in Gedanken aus, wie ich das Kochbuch gestaltet hätte – aber da waberte schon wieder dieses »Mars. Ich bin sicher, Du spürst es …«-Laufband durch meinen Kopf.

Es stoppte erst, als – endlich – Lene mich aus dem Tagtraum riss: »Auf geht's. Nimm Dein Zeug, Weißes zuerst. Ab in die Garage!«

Garage? Ich war von Handwäsche im Waschbecken ausgegangen.

Die Studentin ging zielstrebig in die hinterste Ecke der Garage voran. Ich folgte wie ein Packesel. Was ich bei meiner Erstbegehung des Schuppens als Metallschrott erachtet hatte, war anscheinend eine Waschmaschine. Auf jeden Fall blieb die fürsorgliche Lene vor einem angerosteten, ziemlich verdreckten Blechgehäuse stehen und vermittelte mit ihrer Zielstrebigkeit den Eindruck, dass sie durchaus wusste, was sie tat. »Wirf die Wäsche rein«, wies sie mich an.

Ich kannte Waschmaschinen als weiß glänzende, für Männer relativ beeindruckende aber unheimliche Geräte mit einer runden Tür wie ein Bullauge in der Front, mit Drehknöpfen für automatische Waschprogramme und Temperaturen und mit Schubladen fürs Einfüllen verschiedener Waschmittel. Aber jetzt sollte ich meine gute Markenwäsche von oben in eine primitive runde Trommel, die von einem gräulichen Belag überzogen und nicht viel mehr als ein offener Bottich war, werfen!? Ich zögerte.

»Was ist los? Wirf schon rein!«

Also warf ich das Bündel unter Protest in den grauen Schlund.

Lene legte einen Kippschalter an der Wand um, und sofort hörte man das Rauschen fließenden Wassers, das die Trommel zügig füllte. Die flinke Engländerin nahm eine zerknautsche Waschmittelpackung vom feuchten Fußboden auf und streute nach Augenmaß eine gewisse Menge des Pulvers, das in großen Klumpen in die Trommel fiel, hinzu. Der Wasserzulauf stoppte kurz vorm Überlaufen – und die Trommel begann sich langsam zu drehen.

Ich schaffte es wenigstens zu fragen, welche Temperatur sie eigentlich eingestellt hatte.

»Keine«, sagte Lene kaltschnäuzig, »die wäscht nur kalt!« Jetzt verschloss die Expertin das große runde Loch mit einem schmuddeligen Deckel, der seitlich an der Maschine lehnte. Oh Lene!

»Fertig«, jubelte sie mir zugewandt, »schau in einer Stunde nach. Wenn die Trommel steht und das Wasser abgelaufen ist, kannst du die Sachen rausnehmen und hier drüben in die Wäscheschleuder packen. Gleichmäßig verteilen und laufen lassen, bis kein Wasser mehr aus der Schnaube kommt. Dann zum Trocknen aufhängen. Das kriegst Du doch hin, oder?«

Dann war sie auch schon wieder weg. Telefonieren. Nach Hause telefonieren ...

War das nun eine Museumsführung mit der Demonstration funktionsfähiger Exponate aus der Frühzeit der Waschmaschinentechnik (geschätzt: Vierziger Jahre, vielleicht sogar davor)? Und dann auch noch diese Wäscheschleuder – einfach eine verbeulte Tonne mit einer rotierenden Trommel aus Lochblech. Meine Zweifel wuchsen ins Unermessliche. Ich schaltete das Waschfossil aus, aber das Wasser blieb drin und lief nicht ab. Also fischte ich die Wäschestücke einzeln aus der kalten, schaumlosen Brühe. Sollte ich die Teile schleudern?

Nein! Schluss, aus, stopp – das war doch alles unzumutbar. Ich sammelte die glitschig-nassen Textilien in einem Eimer, packte die ganzen anderen Klamotten in einen Wäschesack und fuhr nach Glenfield in einen Waschsalon ...

Männer und Wäschewaschen – zwei Welten prallen aufeinander. In welches nasskalte Fettnäpfchen ohne Schaumkrone ist unser Kiwipflücker bei seinem panischen Selbstrettungsversuch dieses Mal senkrecht von oben getreten?

Bottichwaschmaschinen oder »top loader« sind in Neuseeland sehr weit verbreitet. Sie sind absolut keine Museumsstücke und werden auch heute noch in großen Stückzahlen produziert. Sie entsprechen damit dem aktuellen Stand der Technik – wenn auch an der Modernität ihrer Technologie kräftig gezweifelt werden darf.

Der große neuseeländische Hersteller »Fisher & Paykel« hat erst spät seine Produktionslinie um Frontlader erweitert, die in Europa schon seit langem Standard sind. Kiwi-Hausfrauen sind aber von ihren Gewohnheiten offenbar schwer abzubringen und hängen nicht nur sehr an ihren Topladern, sondern darüber hinaus auch am Wäschewaschen mit kaltem Wasser. Die Basisausführung mancher Waschmaschinenmodelle hat von vornherein keine Heizvorrichtung, und in der Bedienungsanleitung wird vorgeschlagen, separat vorgewärmtes Wasser in den Bottich der Maschine zu schütten, wenn man denn unbedingt warm waschen will.

In vielen Häusern aller Baujahre, die man mieten kann, stehen (meistens in der Garage) solche Bottichwaschmaschinen als fester Teil der Grundausstattung, und manch ein mitteleuropäischer Neu-Neuseeländer erschrickt zunächst gewaltig bei deren Anblick. Zwar wird der Mieter, der dieses Gerät anfangs vielleicht tatsächlich benutzt, niemals Probleme mit verfärbter Wäsche haben, aber richtig sauber wird sie eben auch nicht.

In Verbindung mit dem hohen Prozentsatz an undichten, feuchten Wohnungen führt das binnen kurzer Zeit zu einem dichten Grauschleier, der sich mit säuerlich-muffigem Geruch im ganzen Haus auf Dauer ausbreitet.

Ehrenrettungshalber muss aber auch gesagt werden, dass Frontlader, die effizienter und sauberer waschen, mittlerweile auch auf dieser Doppelinsel immer mehr im Kommen sind. Selbst deutsche, italienische (und auch asiatische) Markenfabrikate sind in Neuseeland überall in den »appliance stores« erhältlich, jedoch zu deutlich höheren Preisen als inländische oder australische Maschinen.

Das Nanumeter zeigt den subjektiv empfundenen Grad der Peinlichkeit und/oder Verlegenheit, der man in einer solchen Situation ausgesetzt sein kann. Auf einer Skala von 1 bis 10 bedeutet 10 die größtmögliche Verwunderung oder sogar Blamage.

Kauflustgewinn.

Allzeit bereit.

Dienstag, 26. April (später Abend). Gibt es etwas Lästigeres als einen Ohrwurm zu haben – eine dieser simplen Melodien, deren *hookline* man den ganzen Tag, manchmal länger, nicht mehr aus dem Kopf bekommt? Ja! Ich hatte – viel schlimmer als eine Melodie von Lady Gaga – einen regelrechten Hirnwurm: Shiva ging mir nicht mehr aus dem Gedankengehäuse. *Lady who?* Einerseits wäre ich wirklich gerne mit ihr auf Dauer zusammen. Gaga? Andererseits war mir noch nicht einmal klar, ob ich überhaupt in Neuseeland bleiben wollte.

Was sollte ich tun, um auf klare oder wenigstens andere Gedanken zu kommen? Kiwifrauen gehen zu therapeutischen Zwecken einkaufen. Warum nicht auch ich? Der Kühlschrank war leer und ein Einkauf ließ sich deshalb ohnehin nicht mehr lange aufschieben (im Übrigen waren meine Mitmieter auch gute Mitesser). Ich fühle mich allerdings in Supermärkten nicht besonders wohl und arbeite am liebsten schnell und systematisch den Einkaufszettel ab. Vor allem hasse ich Gedränge in den Regalkorridoren und an der Kasse. Also schob ich den unvermeidbaren Gang möglichst weit nach hinten bis zum späten Abend. Das Schöne hier ist, dass einige der großen Lebensmittler rund um die Uhr geöffnet haben. Nachts nach acht – stellte ich mir vor – würde ich vielleicht den ganzen Supermarkt als einziger Kunde für mich alleine haben und – wenn ich wollte – durch die Gänge stepptanzen können.

Ich spekulierte also auf eine gemütliche Einkaufstour, aber schon im Parkhaus der New World in College Hill ging es zu meiner allergrößten Verwunderung rund wie bei einem Auftritt der Rolling Stones. Glücklicherweise sind die Kiwis keine aggressiven Autofahrer, und trotz chaotischem Ein- und Ausparken allerorten fand ich schließlich ein Plätzchen – nur ein großes Quantum Geduld war gefordert.

Um meinen Parkplatznachbarn nie auch nur den kleinsten Schaden zuzufügen, habe ich diese kantenschützenden Weichplastikprofile auf die Türränder des Mini geklemmt. Zum Dank für meine Rücksichtnahme sammelt »Bertie« fortwährend neue Einschläge von achtlos aufgeschlagenen Türen mit seinen glattflächigen Flanken ein.

Im Laden angekommen war es auch nicht besser. Ein Einkaufskampf schien entbrannt zu sein. Massenhaft Leute – oft im Familienpulk – durchpflügten die Verkaufsflächen. Einkaufswägen, *shopping carts, trolleys,* mit zu Bergen aufgetürmten Waren wurden wie Waffen und Schutzschilde zugleich eingesetzt. Dann wieder minutenlange Staus vor der Kühltruhe oder anderswo, die lange Umwege erforderlich machten. Der Hauptgrund für blockierte Gänge in neuseeländischen Supermärkten ist, wenn zwei (oder mehrere) sich treffen und in tranceartiger Selbstversunkenheit zu schwatzen beginnen und mit ihren Einkaufswägen jegliches Durchkommen unmöglich machen. Dementsprechend häufig war auch die Einkaufsstandardfloskel *»excuse me, please«* von irgendwoher zu hören. Ein wenig unwirsch drängte ich den Wagen und mich durch die proppenvollen Korridore.

Und dann sah ich die »Briscoes Lady«!

Ich war – entnervt zwar, aber immerhin mit allem fündig geworden – mit meinem Einkauf fertig und strebte zu einer der Kassen. Die »Lady« stand am *checkout* für kleine Einkäufe bis maximal 12 Artikel. Als ich ihr ganz nahe war, musste ich feststellen, dass sie es doch nicht war. Aber Frisur, Statur und die Gesamtansicht von hinten waren der Werberühmtheit täuschend ähnlich, soweit man so etwas auf der Basis von Prospektfotos und Fernsehbildern überhaupt beurteilen kann. Allerdings hätte ich mittels einer kurzen (Un-) Wahrscheinlichkeitsberechnung auch feststellen können, dass sie es kaum sein konnte, hatte ich doch dieser Tage erst aus dem Internet erfahren, dass die »Briscoes Lady« aus Christchurch kommt. Warum sollte sie dann Anfang der Woche in einem **Supermarkt** in Auckland einkaufen gehen, wenn sie ihre Signierstunde erst am Samstag im Süden der Stadt hat?

**Info zwischen den Zeilen von
Chefökonom K.I.W.I. Supermarket**

Die führenden Supermärkte Neuseelands sind: New World, Foodtown, Woolworth, Countdown, Four Square und Pak'n Save.

Allen gemeinsam ist ein relativ ähnliches Warenangebot mit Unterschieden, die sich lediglich bei sehr genauem Hinsehen offenbaren. Warenpräsentation und Image der Geschäfte variieren je nach Ladenkonzept und Marketing, weshalb sich auch das Publikum von Markt zu Markt unterscheidet. Pak'n Save (mit den auffälligen, gelb gestrichenen Gebäuden) behauptet in der Eigenwerbung, die günstigsten Lebensmittelpreise Neuseelands zu haben (»Our policy: New Zealand's lowest food prices«). Prinzipiell lohnt es sich aber immer, auf die regelmäßigen Aktionsangebote zu achten. Alle neuseeländischen Supermärkte führen Wein und Bier, aber keine Spirituosen.

Die Gedanken waren rasch verflogen, als eine Stimme mich fragte: *»How are you? How's your day been?«*

Es war die Kassendame, die diese freundliche Erkundigung als Grußformel verwendete. Ich war also an der Reihe und wusste im Moment nicht so recht, was ich antworten sollte. Ich beeilte mich, den Inhalt meines etwa halb vollen Einkaufswagens, der unter anderem auch drei große Schachteln **Schmerztabletten** (im Auftrag von Nora), eine Streudose mit Ameisensand (im Auftrag von Malcolm) und weitere Non Food Artikel enthielt, hastig auf das Laufband zu legen und dabei gleichzeitig – ganz Aldi-konform – nach dem Fach für die Plastiktüten zu suchen. Ein solches Fach gab es natürlich wieder einmal nur in meiner bundesrepublikanisch geprägten Fantasie.

**Info zwischen den Zeilen von
Apothekenfachmann K.I.W.I. Painkiller**

Schmerzmittel und entzündungshemmende Medikamente sind in Neuseelands Apotheken, Supermärkten und Superetten (»Tante-Emma-Läden«) rezeptfrei erhältlich. Die gängigsten Marken sind: Aspro, Nurofen, Panadol und Voltaren.

Die verwendeten Wirkstoffe sind Aspirin, Paracetamol, Ibuprofen und Codein. Letzteres wird immerhin zur Gruppe der Opiate gerechnet und ist beispielsweise in D und A strikt verschreibungspflichtig.

Für rund 30 verschiedene Produkte, die meistens eine Kombination der o. g. Stoffe enthalten, geben die Neuseeländer mehr als 13 Mio. Dollar jährlich aus.

Alles ging jedoch seinen neuseeländischen Gang, denn am Ende des Laufbandes nahm bereits eine wirklich hübsche aber leider minderjährige Schülerin, die sich hier sicherlich ein paar Dollar dazuverdiente, meine Sachen mit schlanken Händen in Empfang und verstaute alles ordentlich nach Warengruppen getrennt – Obst zu Obst, Konserven zu Konserven, Kühlfachartikel zu eben denselben und so weiter – in lauter **Plastiktüten**, viele Plastiktüten, die sie dann für den Abtransport behutsam in einen freien *trolley* stellte.

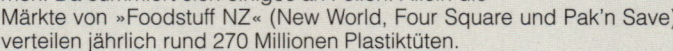

**Info zwischen den Zeilen von
Tütenkleber K.I.W.I. Plastic-Bag**

Neuseeländer sind es gewohnt, an der Supermarktkasse ihre Einkäufe in Plastiktüten gelegt zu bekommen. Da summiert sich einiges an Folien: Allein die Märkte von »Foodstuff NZ« (New World, Four Square und Pak'n Save) verteilen jährlich rund 270 Millionen Plastiktüten.

Während »Pak'n Save« als Einziger im Bunde eine Tütengebühr von 10 Cent verlangt, gibt es die Kunststoffsäckchen an allen anderen Stellen gratis. Neuseeländer lieben ihre Gratistüten sehr, sind jedoch kaum bereit (außer eben bei Pak'n Save), dafür zu bezahlen.

Ich hatte erwartet, für die Tüten bezahlen zu müssen, sah aber keine entsprechende Anzeige auf dem großen Kassendisplay. Eigentlich wollte ich nicht unbedingt (wiederum nach Aldimaßstab) geschätzte vier Dollar für acht Plastikbeutel bezahlen müssen, die ich im Grunde gar nicht brauchte (die Hälfte hätte es auch getan). So wagte ich nach dem Preis der Foliensäcke zu fragen und erntete erneut ein freundliches Lächeln und ein fröhliches: »*No worries, it's free!*«

Ich war erfreut, aber kurz darauf auch peinlich berührt, weil ich im Laufbandstrom meines kunterbunten Einkaufs auch zwei Päckchen mit – ich umschreibe mal: Gummiwaren – auf die blutjunge, bestimmt noch unschuldige Tütentussi zustreben sah. Das junge Ding mit der modernen, gut geschnittenen Langhaarfrisur hatte sofort meinen verklemmten Gesichtsausdruck wahrgenommen. Sie übergab mir mit gespielter Unterwürfigkeit den Wagen mit den Plastiktüten und wünschte mir breit grinsend viel Spaß und Genuss mit meinem Einkauf. Ich bemühte mich, ihr möglichst grimmig in die Augen zu schauen, und nur ihrer Jugend hatte sie es zu verdanken, dass ich sie nicht mit vollem und virtuosem Einsatz meiner bewährten Charmeklaviatur angebaggert habe ...

Wenn man am wenigsten damit rechnet, lauert das nächste Fettnäpfchen längst schon im Supermarktregal zwischen Schmerztabletten und Kautschukartikeln. Selbst beim harmlosen Einkaufen konnte Martin »Der Kiwipflücker« Horn nicht vor weiteren Peinlichkeiten sicher sein. Wo liegt hier das Fettnäpfchenpotenzial verborgen? Dazu drei wissenswerte Informationen.

Einkaufsverhalten

Kiwis verstehen das Einkaufen nicht als Pflichtübung, sondern als Erlebnis – auch bei den notwendigen Dingen des täglichen Bedarfs. Als ruhigster Einkaufstag gilt der Montag. Auch der Sonntag ist bei gutem Wetter unproblematisch. Doch wehe es regnet, windet oder stürmt: Dann verschwindet alles in den »Malls« und »Supermärkten« und kauft genüsslich ein.

Gedränge und blockierte Gänge sind dabei völlig normal, und – wichtig – keiner regt sich darüber auf. Jeder bleibt freundlich und bahnt sich mit einem »sorry« oder »excuse me« höflich seinen Weg. Man knüpft auch gerne Kontakt und hat einen flotten Spruch auf Lager, wenn man sich mehrfach gegenseitig behindert hat: »You again?« oder »Haven't seen you for ages!«

Kassenservice

Kiwis sind es gewohnt, ihre Einkäufe vom Kassenpersonal sinnvoll nach Warengruppen getrennt in Plastiktüten gepackt zu bekommen. »New

World« hat dafür extra Hilfskräfte, die diese gefüllten Tüten sogar wieder in einen Einkaufswagen zurückstellen. Die Kassenbesatzung bei »Pak'n Save« legt die Waren zwar unvertütet aber sauber geordnet in einen Wagen (die Tüten gibt es hier nur auf Anforderung).

Die ziemlich große Gruppe der Neuseeländer, die sehnsüchtig auf die Ankunft von Aldi und Co. warten, darf gespannt sein, welchen Kassenservice dieses maßstabgebenden Handelsunternehmens sie dann genießen darf: »german style« oder »kiwi style«?

Plastiktüten

Neuseeländer sind es auch gewohnt, die Plastiktüten gratis zu bekommen. So wird es überall gehandhabt (einzige Ausnahme (siehe oben im Infoteil): »Pak'n Save«).

Inzwischen hat natürlich auch Neuseeland das Thema »Jute statt Plastik« erreicht. Um Flut und Fluch des Plastiks einzudämmen, war es politisch unvermeidbar, in 2009 eine Gebühr für die Kunststofftüten einzuführen – 10 Cent – woraufhin ein Sturm des Verbraucherprotestes über das schmale Land hinwegfegte. Selbstverständlich wurde die neue Regelung deswegen (zumindest offiziell) nicht zurückgenommen, aber immerhin ziemlich aufgeweicht. Die gängige Praxis ist derzeit allerdings, dass die Tütengebühr in den meisten Geschäften tatsächlich nicht (bzw. nicht mehr) abkassiert wird.

Das Nanumeter zeigt den subjektiv empfundenen Grad der Peinlichkeit und/oder Verlegenheit, der man in einer solchen Situation ausgesetzt sein kann. Auf einer Skala von 1 bis 10 bedeutet 10 die größtmögliche Verwunderung oder sogar Blamage.

Schmerzfrei.

Kleine Kratzer kratzen keinen.

Die Einkaufsschlacht war längst noch nicht geschlagen. Weitere zum Teil hinterhältige Scharmützel sollten folgen. Fürs Erste jedoch war ich froh, diese unerwartete hektische Betriebsamkeit der nächtlichen New World wieder hinter mir lassen zu können. Auf dem Weg zum Parkhaus hatte ich die kleine, vorwitzige Plastikpackerin immer noch vor dem geistigen Auge. Warum nur kam mir jetzt plötzlich Roman Polanski in den Sinn und die Frage, ob dessen Probleme mit einer Minderjährigen vielleicht an der Kasse eines Supermarktes begonnen hatten? Aber gerade so wie der Regisseur war auch ich längst noch nicht in die ersehnte Freiheit entlassen worden. Auf dem Parkdeck wuselte es immer noch wie im Ameisenhaufen, und ich musste den Einkaufswagen im Slalom zwischen den vielen rangierenden Fahrzeugen hindurch manövrieren.

Dann kam die Krönung des verkorksten Einkaufstages – (Fanfare/Tusch) – als ich beim Beladen »Berties« im Augenwinkel sah, wie ein reichlich gefüllter Einkaufwagen herrenlos aber schwungvoll von schräg hinten auf mein kleines aber feines Auto zurollte und – ehe ich es verhindern konnte – in dessen Heckflanke einschlug. Sah ich Funken sprühen und Lack splittern?

Als längst nichts mehr zu retten war, wankte eine gewichtige Dame mit ausgestreckten Armen hinterher. Sie riss den *trolley* energisch an sich und strebte mit einem hingenuschelten: »Sorry, *Sir*« schon wieder in Richtung der Familienkutsche, von der sie gekommen war.

»Halt, so geht das aber nicht ...«, rief ich ihr noch unsicher hinterher, aber sie ließ sich in ihrer Einkaufswagenfahrerflucht nicht aufhalten. Zum Glück war ihr **Kennzeichen** – BIGMUM – leicht zu merken.

Info zwischen den Zeilen von
Nummernschildbürger K.I.W.I. Licence-Plate

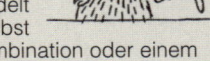

»Personalized licence plates« sind unter Neuseelands Autofahrern extrem beliebt. Dabei handelt
es sich um Fahrzeugkennzeichen mit einer selbst
gewählten, individuellen Zahlen-Buchstabenkombination oder einem
Text, bestehend aus maximal sechs Lettern.

Weil der fahrbare Untersatz nach »beach, boat, barbecue« mindestens
des Kiwis viertliebstes Kind ist, sieht man auf Neuseelands Straßen
unfassbar viele Kennzeichen, die eine mehr oder minder interessante
Botschaft des Fahrers an den Rest der Inselwelt tragen.

Ein paar wenige Beispiele: HOT 911, BMW 520, SPORTY, ALC HOL,
BYE BYE und alle anderen, die man sich nur denken kann.

Damit aber nicht einmal genug: Auch hierzulande arbeiten Prägefirmen
und Behörden nicht umsonst. Sein persönliches Outing per Nummern-
tafel lässt sich der neuseeländische Wagenbesitzer einiges kosten. 600
Dollar für drei Buchstaben, gefolgt von drei Zahlen und 800 Dollar für
sechs Buchstaben. Es ist nicht ganz billig, den anderen Verkehrsteilnehmern in Godzone I LOVE U zu sagen.

Guter »Bertie«, treuer Mini! Kratzer? Ja! Allerdings trug genau
diese – die linke – Flanke noch immer jene Schrammen aus der Pos-
sumnacht, aber eine davon erschien mir neu und hätte der Art und
Position nach gut zum *trolley* der Fettleibigen gepasst. Was tun?

Während ich – halb auf den Knien – die weitere Umgebung um
den Einschlagbereich aus verschiedenen Winkeln anpeilte, ließ mir
der Gedanke an eine rechtliche Auseinandersetzung mit der Dame
bereits die Achselhöhlen nass werden.

Doch alles Gute kommt manchmal auch von hinten, als plötzlich
eine sanfte Stimme sagte: »*No worries,* die Einkaufswägen haben
hier doch Plastikkappen an den Ecken; da kann eigentlich gar nichts
verkratzt haben. Und, glaube mir, ein paar Einschläge mehr oder
weniger an einem älteren Auto kümmern in diesem Land wirklich
niemanden, den Besitzer am allerwenigsten.«

Ich sah hoch, bekam weiche Knie und kam nicht in die Senkrechte: Da stand die kecke Tütenschnecke! Mein Blick hangelte sich
an ihren braun gebrannten, schlanken Beinen wie an Gleisen entlang
nach oben, aber der Bahnhof war (zum guten Glück für alle Beteili-

gten) durch ihren dunkelgrünen New World Uniformkittel vor meinen unstatthaften Blicken geschützt. Sie war mit nachgeeilt, weil sie angeblich im vorangegangenen Kassenchaos vergessen hatte, eines der Plastiksäckchen (ausgerechnet jenes mit den *rubbers*) in meinen Wagen zu legen.

Nun platzierte sie die Tüte mit dem peinlichen Inhalt, begleitet von einer gleichermaßen ungezogenen wie provozierenden Hüftbewegung, im offenen Heck meines roten Autos und rief mir – der ich immer noch nicht aus der Hocke hochkam – zu, dass sie übrigens vierundzwanzig sei und keineswegs so jung, wie jeder sie schätzt. Dann drehte sie sich energisch um, sodass ihr blondes Haar, von der Fliehkraft gezwungen, für einen Moment wie ein Heiligenschein über ihrem Haupt schwebte.

Zu guter Letzt fiel ihr im Weggehen ein kleines bekritzeltes Kärtchen aus den inzwischen gar nicht mehr so unerreichbaren Tiefen ihres Kittels zu Boden. Halb zog der Zettel mich, halb sank ich zu ihm hin. Beinahe wäre meine Hand von einem Kurven schneidenden Honda platt gefahren worden, doch kam – fast schlimmer noch – das Kärtchen unters Rad. Nur bitte nicht am nassen Reifen kleben bleiben, so mein Gedanke, sein Geheimnis wäre wohl für immer perdu gewesen.

Das Glück war mir hold: Das Papier fiel rasch zu Boden, und unter dem schmutzig grauen Abdruck eines ordinären Yokohamaprofils war »Tanya« und »021 162 14 ...« zu lesen.

Als gastarbeitender Erntehelfer aus deutschen Landen hegt und pflegt Herr Horn seinen schönen Mini – dem er sogar einen hübschen Namen gegeben hat – sicher mit Inbrunst. Leider lohnt sich das nicht im Kiwiland. Selbst beim Versuch über den eigenen Schatten zu springen ist deshalb manch einer schon im Fettnäpfchen gelandet, so auch dieses Mal unser guter Kiwipflücker.

Neuseeländer haben zwar eine ausgeprägte Affinität zum Auto, aber der Durchschnittskiwi sieht das Fahrzeug nur als Mittel zum Zweck.

Hingebungsvolle Pflege des fahrbaren Untersatzes ist ihm eher fremd. Auch bei denen, die sich ab und an einen (vielleicht sogar europäischen) Neuwagen oder hochwertigen Gebrauchten leisten können, ist die erste Liebe schnell verflogen und der Ärger über kleine Kratzer, Schrammen und Dellen lässt ebenso schnell nach.

Selbst die meisten (wenn nicht alle) auf den ersten Blick geschniegelt und gebügelt wirkenden Nobelkarossen haben verkratzte Felgen und Frontschürzen – neuseeländische Randsteine sind Spoilerkiller – aber keiner regt sich wirklich darüber auf.

Schlecht daran im Umkehrschluss: Neuseelands Autofahrer gehen leider auch mit fremdem Blech recht achtlos um. Auf Berührung Ein- oder Ausparken gehört hierzulande genauso zur automobilen Tagesordnung wie derbes Aufstoßen der Türen mit entsprechend einschlagender Wirkung im Lack des Nachbarwagens.

Auch wenn es schwerfällt: Das Sammeln von Parkplatzschlachtwunden ist in NZ schlichtweg unvermeidlich. Man gewöhnt sich also besser daran. Zuviel Getue um ein paar »dings and dents« stößt auf Unverständnis. Größere Lackreparaturen lassen sich deswegen selten durchsetzen und würden in einer gewaltigen Unverhältnismäßigkeit von Aufwand und Wirkung enden, zumal auch viele Fahrer in Neuseeland überhaupt nicht versichert sind – die Pflicht zum Abschuss einer Haftpflichtversicherung für Autohalter gibt es (noch) nicht.

Die hektische »Spurensuche« des Kiwipflückers und die Sorge, dass sich hier möglicherweise jemand der Fahrerflucht strafbar gemacht haben könnte, war in diesem Fall sicher übertrieben. Natürlich ist bei größeren Schäden, die über das Maß einer Bagatelle hinausgehen, auch in Neuseeland nicht zu spaßen, aber die Schadensdefinition ist eindeutig wesentlich dehnbarer als im deutschsprachigen Raum.

Das Nanumeter zeigt den subjektiv empfundenen Grad der Peinlichkeit und/oder Verlegenheit, der man in einer solchen Situation ausgesetzt sein kann. Auf einer Skala von 1 bis 10 bedeutet 10 die größtmögliche Verwunderung oder sogar Blamage.

Schwedenrätsel.

Über den Daumen gepeilt.

Die Ereignisse dieser Einkaufsnacht wollten mir nicht mehr aus dem Sinn gehen. Die Zerstreuung war gelungen; das Soll sogar übererfüllt. Allerdings hatte das auch seinen Preis: Ich musste am späteren Abend feststellen, dass ich doch vom Pneu des Honda erwischt wurde – nur leicht zum Glück – an Ring- und Mittelfinger; keine blutende Wunde, aber der Nagel war über Nacht in den Yokohamafarben rot und schwarz unterlaufen und pochte seitdem recht schmerzhaft. Doch dieses Opfer musste gebracht werden.

Ich gebe zu, beim Verlassen des Parkhauses noch einmal gewendet und das Auto hastig auf einem Behindertenparkplatz abgestellt zu haben. Dann rannte ich wie besessen zur New World hoch, zog wahllos ein paar Süßigkeiten aus einem Regal und strebte sofort wieder dem *checkout* entgegen. Ich wollte mich einfach wieder an der Kasse anstellen und die blonde Tanya mit anderen Augen – sozusagen mit geschärftem Blick – betrachten. Aber es gab nichts zu betrachten. Ich konnte die vierundzwanzigjährige Überreife nirgendwo ausmachen. Das ausgekochte Früchtchen hatte es faustdick hinter den Ohren und muss genau gewusst haben, dass ich noch einmal zurückkommen würde. Wie konnte ich nur derart pubertär reagieren?

Ich rannte von einer Kasse zur anderen, aber es war nichts an Tanyas Abwesenheit zu ändern. Noch war ich die Marionette meiner eigenen Hormone: Ich versuchte Zeit zu schinden in der Hoffnung, mein Zielobjekt würde jeden Moment aus Waschraum oder Lager zurückkehren. Nichts dergleichen geschah. Ich umkreiste wie ein Sputnik die Tiefkühltheke und spürte plötzlich, wie die kalte Luft gut tat und mir – im wahrsten Sinne des Wortes – einen kühlen Kopf bescherte. Ich nahm noch schnell eine »**Hokey Pokey Ice Cream**« von »Tip Top« aus der Truhe – für die innere Kühlung.

**Info zwischen den Zeilen von
Süßigkeitenspezialisten K.I.W.I. Hokey-Pokey**

»Hokey Pokey« gehört zu der erlesenen Gruppe
der in Neuseeland erfundenen Produkte und zählt
damit klar zu den Kiwi-Ikonen (»Kiwiana«): Es ist
eine Eiscreme-Spezialität der Herstellerfirma Tip Top.

Die Basis ist Vanilleeis mit darin enthaltenen kleinen Stückchen »Sponge
Toffee«. Letzteres wiederum ist ein Zucker-/Sahne-Konfekt von leichter,
schwammartiger Beschaffenheit. Das Eis ist insgesamt ausgesprochen
süß – mit voller Absicht, denn Neuseeländer lieben Süßigkeiten von
ganzem Herzen.

Langsam wurde mir nun bewusst, wie surreal die Szene war, in der
ich mich befand. Wie in einem verzweifelten Akt der Selbstkasteiung stellte ich mich an der längsten Schlange an (es war immer noch
eher eine »*True Hell*« als eine New World) und versuchte innerlich
Buße zu tun. Immerhin hatte ich mich auf Shiva zu konzentrieren.
Mit diesem Gedanken versuchte ich Bewusstsein und Unterbewusstsein wieder in die richtige hierarchische Ordnung zu bringen.
Es gelang mir nicht.

Dann war ich an der Reihe. Mein libidogesteuerter Einkauf machte
6,66 Dollar. Blöde Zahl. Ich gab einer damenhaften, rotgesichtigen
Kassiererin sieben Dollar; sie gab 30 Cent zurück!?

»Es fehlen noch 4 Cent«, reklamierte ich genervt.

»*Sorry, swedish rounding*«, war die etwas lakonische Antwort der
leicht Überschminkten, »*so it's 6 Dollars and 70 Cents. Have a nice
evening.*«

*Spätestens beim Geld hört bekanntlich
alle Freundschaft auf. Selbst beim Nachzählen des Wechselgeldes lässt der
Kiwiflücker garantiert kein Fettnäpfchen aus. Welches hat er diesmal auf
den Cent genau erwischt?*

Auch wenn es nur 4 Cent Differenz beim
Rückgeld waren, so ging es unserem Kiwiflücker vor allem auch ums Prinzip. Verständlich, aber
in Neuseeland ist eben alles etwas anders:

Die neuseeländische Währung enthält seit 2006 keine 5-Cent-Münzen mehr. Dennoch haben nur wenige Produkte in den Geschäften die dazu passenden Preise. Ganz im Gegenteil: Die meisten Lebensmittel, aber auch viele andere Waren, haben Preise, die auf einzelne Cents – besonders oft auf 99 – enden.

Für Barzahler bedeutet dies, dass Preise, die auf 1c, 2c, 3c und 4c enden, zum nächsten 10-Cent-Wert abgerundet und Preise, die auf 6c, 7c, 8c und 9c enden, zum nächsten 10-Cent-Wert aufgerundet werden.

So wie wir ihn kennen, hatte sich Martin unter einer »schwedischen Rundung« bestimmt etwas ganz anderes vorgestellt. Seine Reklamation ging durch seine Unwissenheit komplett ins Leere, denn für einen Kassenzettelbetrag von 6,66 sind nun einmal 6 Dollar 70 Cent in bar zu bezahlen. Merke: Ein Hokey-Pokey-Eis zum Locke- oder Schwellenpreise von 99 Cent kostet den Barzahler de facto 1 Dollar.

Und was passiert mit den Beträgen, die auf 5c enden? Das dürfen die Geschäfte nach eigenem Ermessen selbst entscheiden. Die meisten befolgen jedoch die Empfehlung des für solche kniffeligen Fragen zuständigen NZ-Ministeriums und runden ab.

Tipp für Pfennigfuchser: Immer so einkaufen, dass die Summe auf 5c endet – Kleinvieh macht auch in Neuseeland Mist ...

Vermeidungsstrategie: Wer mit Kreditkarte oder der neuseeländischen Eftpos-Karte bezahlt, hat diese ganzen Sorgen nicht.

Das Nanumeter zeigt den subjektiv empfundenen Grad der Peinlichkeit und/oder Verlegenheit, der man in einer solchen Situation ausgesetzt sein kann. Auf einer Skala von 1 bis 10 bedeutet 10 die größtmögliche Verwunderung oder sogar Blamage.

Ich wusste, dass Shiva für ein paar Tage ins Haus ihrer Eltern gezogen war. Sie sagte es mir bei jenem Besuch in ihrem Apartment, der sich langsam aber sicher zu einem Schlüsselereignis unserer Beziehung herauskristallisieren sollte. Das Semester an der Massey University hatte inzwischen wieder begonnen, und es sei wohl notwendig, eine Zeit lang in Klausur zu gehen, um sich auf den neuen Stoff vorzubereiten – oder auch, um sich völlig neu zu orientieren. »*Good on you*«, sagte ich darauf *kiwi-like*, eine **Redensart**, *expression*, die hier in fast jedem Gespräch mindestens einmal zu hören ist und die man sich richtig gut angewöhnen kann. Schließlich wollte ich ja auch betont locker wirken.

Info zwischen den Zeilen von
Sprachwissenschaftler K.I.W.I. Expression

Um Redensarten und spezielle Ausdrücke sind die Neuseeländer bekanntlich nie verlegen. In diesem »Zwischenruf« geht es um »good«, »fair« und »sweet«:

»Good on you«, (»good on ya«)	Gut gemacht! (Aber auch: in Ordnung!)
»Good for you«	Schön für Sie / Dich. (Aber auch: alle Achtung!)
»Good to see you«	Schön, Sie / Dich zu sehen,
»Fair enough«	In Ordnung; schön und gut; verständlich; na gut.
»(Well that's) fair enough«	Dagegen ist nichts einzuwenden; nichts dagegen.
»Fair enough, but...«	Meinetwegen, aber,,,
»Sweet as«	Sehr cool.
»Sweet«	Gut; klasse; super; krass.
»To be sweet on a girl«	Von einem Mädchen hingerissen sein.

Ich versuchte analytisch vorzugehen. Dennoch hatte ich Schwierigkeiten mit der Tatsache, dass Siobhan während ihrer Wettbewerbswoche an der Bay of Island wieder mit anderen Männern rumgemacht hatte: Sportstypen mit Fünftagebart, Surfer, Segler, Sportbootfahrer – das machte sie schon immer an. Ihre Zielgruppe ist natürlich schier unermesslich, schließlich sind Neuseeländer alle in irgendeiner Weise Wassersportler; ein Jet Ski steht in vielen Garagen und ein Surf Board hat eigentlich jeder.

Dass sie sich an fremder Haut reiben musste, war mir zwar von vornherein klar – wir hatten schließlich eine entsprechende Vereinbarung –, aber es regte mich von Mal zu Mal mehr auf und ich konnte mir nicht länger einreden, es sei keine Eifersucht. So fühlte ich mich jedes Mal regelrecht dazu gezwungen, ihre Fehltritte zu parieren, was hierzulande wirklich nicht zu schwierig ist – und ein Fünftagebart wächst mir in der halben Zeit.

Selbstversorgung.

Getränkerechnung ohne den Wirt.

Mittwoch, 27. April. Ich hatte das yokohamage-prägte Kärtchen in den ebensolchen Fingern der einen Hand, das Telefon in der anderen, als im Fernseher ein neuer Werbespot mit der »Briscoes Lady« lief. Es ging wieder um eine neue Prozentaktion, und sie saß dabei in Rot gekleidet mit übereinandergeschlagenen Beinen auf einem moosgrünen Sofa. Das hatte eine unglaubliche erotische Spannung; nur irgendetwas an ihren Haaren störte mich. Dann wählte ich Tanyas Nummer ...

Wir trafen uns am Donnerstagabend auf dem Parkplatz vor dem »Balti«, einem kleinen, relativ atmosphärischen indischen Lokal. Tanya war vor mir dort. Sie kannte mein kleines rotes Auto, und als ich in die Parkbucht steuerte, stieg sie aus einem schwarzen Suzuki Swift (nichts Übertriebenes, aber immerhin mehr als ich bei einer jungen Person erwartet hatte, die sich spätabends im Supermarkt ein paar Dollars dazuverdient). Das nette Auto war ein Geschenk des Vaters zu ihrem **21sten Geburtstag**, wie ich später noch erfahren sollte. Sie verließ ihr Fahrzeug mit einer Flasche Sekt, *bubbles,* in der Hand und kam fast schwebend auf mich zu. Auch ich hatte selbstverständlich ein Fläschchen – für hinterher und alle Fälle – im Handschuhfach deponiert und ließ es dort natürlich liegen; was sollte ich den Schampus auch noch mit ins Lokal tragen, so wunderschön sah das Etikett nicht aus und der Gastronom würde mitgebrachte Getränke in seinen Räumen auch nicht gerne sehen wollen. Ich wunderte mich, dass sie das tat.

**Info zwischen den Zeilen von
Altersforscher K.I.W.I. Twenty-First**

Der 21ste Geburtstag ist ein außergewöhnlich großes Ereignis im Leben junger Neuseeländer. Viel-

leicht hat das mit der etwas ungewöhnlichen juristischen Definition der Minderjährigkeit zu tun, die zwar erst mit 20 Jahren endet, man aber bereits mit 18 die meisten Rechte wie Erwachsene innehat: Wahlrecht, Vertragsfähigkeit, Testamentsrecht und vor allem das Recht zum Alkoholgenuss.

Als das wahre und gefühlte Volljährigkeitsalter gilt dennoch (oder gerade deswegen) die traditionelle Schwelle zum Erwachsenwerden mit der Vollendung des 21sten Lebensjahres – und dementsprechend wird dieser Geburtstag gefeiert wie kaum ein anderer. Da kann sich dann durchaus einmal ein Auto unter den Geschenken befinden.

Ihr freundliches Hallo holte mich sofort ins Hier und Jetzt zurück. Statt einer Blume hatte ich – hübsch verpackt in einem bunten Kästchen – einen Kinogutschein für zwei Personen dabei.

Wir mussten ein sehr typisches Bild abgegeben haben, denn kaum hatten wir das »Balti« betreten, kam auch schon ein Mitarbeiter (oder gar der Inhaber) auf uns zugeeilt, dessen optischer Blickfang ein buschiger, langhaariger Schnauzbart war, bei dem mir nicht eindeutig klar wurde, ob die Haare direkt von der Oberlippe oder in einer kunstvollen Kurve aus der Nase kamen. Der ansonsten sehr freundliche Herr hatte ein paar Speisekarten in der Hand und führte uns an den vermutlich lauschigsten Tisch im ganzen **Restaurant**. Dieser stand in einer nischenartigen Aussparung der Wand, die mit weißem indischem Ornamentschnitzwerk eingerahmt war – totale Tadsch-Mahal-Romantik, wie man es schon in vielen Bollywoodfilmen gesehen hat. Es lief Punjab-Musik.

Info zwischen den Zeilen von
Gastgastronom K.I.W.I. Restaurant

Die meisten Restaurants der Durchschnitts- oder Mittelklasse sind in Neuseeland eher sachlich und einfach eingerichtet. Langes Sitzen wie beim »gemütlichen Lieblingsitaliener« in Europa ist hier sowieso kein Thema; Neuseeländer gehen sehr früh zum Dinner, und spätestens um 22 Uhr hat der letzte Gast in der Regel das Lokal schon wieder verlassen. Wer es erst (nach) Mitternacht ausklingen lassen will, zieht dafür in eine Bar oder einen Nachtklub weiter.

Für ein erstes, halbwegs stilvolles Date bei einem schmackhaften Essen wählen viele Kiwis eine asiatische oder indische Gaststätte – viele davon

Es musste etwas Besonderes mit diesem Lokal auf sich haben; immer wieder kamen Gäste herein, von denen tatsächlich die meisten eine Weinflasche mit in den Gastraum brachten. Ich war irritiert und es gelang mir überhaupt nicht, mich auf die erotische Komponente des Abends zu konzentrieren. Ich konnte nun nicht mehr anders als Tanya über ihre Sektflasche hinweg zu fragen, ob hier alle den Restaurantbetreiber ärgern und womöglich um seinen Getränkeumsatz bringen wollten?

Bevor sie noch eine Antwort parat hatte, stieg die Irritation prompt auf den nächsten Level, als unser Ober mit vibrierenden Barthaaren plötzlich wieder in unserer Nische erschien. Breit lächelnd, aber ohne etwas zu sagen, nahm er Tanyas Schaumwein vom Tisch und enteilte damit so flott, wie er gekommen war. Meine blonde Begleiterin schwieg demonstrativ, legte einen leicht gekünstelten, verführerischen Blick auf und berührte, wie zur Beruhigung, meine Hand. Sie hatte es nicht nur faustdick hinter den Ohren, sie hatte auch den Schalk im Nacken, denn ihr war längst klar, dass ich mich wieder einmal auf rutschigem gesellschaftlichen Terrain befand, und sie beschloss, mich dort noch eine Weile schlingern zu lassen.

Kaum drei Minuten später war der Bärtige wieder zurück, zwei Sektgläser und Tanyas »Deutz« in der Hand, von dem er den Folienschutz und die Agraffe entfernt hatte – der Korken war noch drin. Er stellte die Gläser vor uns ab, öffnete routiniert die Flasche mit dezentem »plopp« und fragte, während er einschenkte, ob wir schon bestellen wollten?

»*No, please give us another minute*«, Tanya wollte und ich konnte nicht – wenn das mal nur kein schlechtes Omen für den Rest des Abends sein sollte ...

Eines war sicher: Tanya wollte erobert werden. Sie ließ mich bewusst mit der Antwort auf die Flaschenfrage zappeln. Also gut: Ich nahm die Herausforderung an. Wenn ich in manchen (neuseeländischen)

Dingen auch ahnungslos sein mag, so weiß ich mir aber immer zu helfen. So auch in diesen entscheidenden Momenten des Abends. Ich musste diesen Punkt für mich gewinnen und hatte einen spontanen Plan: Mit der Bitte, mich für ein gewisses Bedürfnis entschuldigen zu dürfen, verließ ich unsere Nische, orientierte mich kurz und ging – außerhalb des Blickfelds der blonden Provokateurin – zu einem Tisch mit zwei Paaren, die ich kurz zuvor mit zwei Weinflaschen hatte eintreten sehen. Dann stellte ich ihnen mit einem höflich vorangestellten *»excuse me, please«* die Frage des Abends.

Doch wie in einem abgekarteten Spiel wollten sie mir partout keine vernünftige Antwort geben: Sie waren in bester Stimmung und machten sich auf sympathische, geistreiche Art einen großen Spaß daraus, mich vollends zu verwirren. Spiel, Satz und Sieg – natürlich für Tanya.

Was für den einen das Selbstverständlichste der Welt ist, kann für den anderen ein Buch mit sieben Siegeln sein. Welches alkoholhaltige aber äußerst geheimnisvolle Fettnäpfchen lauerte in diesem Lokal auf den Kiwipflücker?

Der Schlüssel zu diesem neuseeländischen Rätsel liegt in der Buchstabenkombination BYO. Diese drei Lettern stehen für »Bring Your Own«, was ganz einfach die Möglichkeit oder Erlaubnis für den Gast bezeichnet, die eigenen (alkoholischen) Getränke in eine Gaststätte mitzubringen. Selbstversorgung à la Kiwi.

Ursprünglich war die Idee des BYO auf jene Lokale beschränkt, die keine Schanklizenz und deswegen einen klaren Wettbewerbsnachteil gegenüber den Volllizenzierten hatten. Im Laufe der Zeit erfreute sich »Bring Your Own« einer immer größer werdenden Beliebtheit und wurde daher auf praktisch alle Einrichtungen des Gastgewerbes ausgedehnt. Heute schließen nur sehr wenige (in der Regel sehr gehobene) Etablissements die Variante BYO ausdrücklich aus.

Die überwiegende Mehrzahl aller Speisegaststätten wirbt offensiv und überall bestens ersichtlich mit dem Kürzel BYO.

»Bring Your Own« ist in Neuseeland also Teil einer Tradition und über die Maßen populär, weil man damit nun mal auch Geld spart. In jedem Stadt- oder Ortsbereich, in dem sich ein paar Gaststätten angesiedelt haben, findet man dementsprechend auch genügend »liquor stores«, Spirituosengeschäfte, die meistens abends lange und am Wochenende sogar bis in die späte Nacht geöffnet haben.

Als Nicht-Angelsachse gilt es eine hohe mentale Hürde zu nehmen, wenn man sich das erste Mal überwinden soll, mit einer Flasche Wein oder Sekt in der Hand ein Restaurant zu betreten, als sei es das Selbstverständlichste der Welt. Am besten man übt das ein paar Mal in Begleitung von Kiwi-Freunden.

Das Nanumeter zeigt den subjektiv empfundenen Grad der Peinlichkeit und/oder Verlegenheit, der man in einer solchen Situation ausgesetzt sein kann. Auf einer Skala von 1 bis 10 bedeutet 10 die größtmögliche Verwunderung oder sogar Blamage.

Gerne hätte ich Siobhan angerufen. Nur: Was wollte ich ihr eigentlich sagen? Smalltalk schloss sich aus. Zudem hatte ich ihren Wunsch zu respektieren, mich nicht vor dem Wochenende zu melden. Natürlich hätte ich ihr gerne (als Pflaster für mein angekratztes Ego) von meiner neuen Eroberung (die längst noch keine war) berichtet; allerdings war der Abend beim Inder objektiv betrachtet insgesamt eher ein Flop. Tandoori Tikka Masala und Malai Kofta waren trotz gewisser Appetitprobleme meinerseits sehr gut, doch die angeblich aphrodisierende Wirkung des Curry stellte sich überhaupt nicht ein. War das der Anfang vom Ende meines Talents als Charmebolzen?

Überhaupt war Tanya den ganzen Abend über unausstehlich gewesen. Sie genoss es sichtlich, mich – wie bei einem Running Gag – die ganze Zeit über wegen des BYO-Phänomens aufzuziehen, und anstatt andere Körperteile zu beglücken, führte sie mich nur an der Nase herum. Mir wurde sehr schnell klar: Da läuft an diesem Abend rein gar nicht mehr. Was blieb mir also anderes übrig, als auf den fahrenden Zug aufzuspringen und den Quatsch mitzuspielen?

Das Fläschchen »Deutz« war schnell geleert, und wir verabschiedeten uns an ihrem Suzi Swift mit kleinen Wangenküsschen. Während ich noch das Für und Wider einer zweiten Verabredung abwog, war Tanya wieder einmal schneller: Schon im Auto sitzend fragte sie in bewusst nebensächlichem Ton, ob ich nicht Lust hätte, sie am morgigen Vormittag kurz zum Shopping zu begleiten. Sie wollte sich der anhaltend schönen Wetterlage wegen Badeklamotten kaufen – der Sommer sei zwar nicht mehr lang, aber ihr aktueller *swim suit* franse an den Ränder zusehends aus. Ich könnte es mir in Ruhe überlegen – und im Falle einer positiven Entscheidung sähe man sich eben morgen um elf in der Hurstmere Road vor dem Starbucks Café.

Schilderwald.

Donnerstag, 28. April. Dieses Biest hatte es darauf angelegt, mich um den Finger zu wickeln – na warte – mit mir nicht! Mit dem festen Entschluss, die Spielführung nicht mehr aus der Hand zu geben, näherte ich mich am Morgen kurz vor elf dem verabredeten Treffpunkt. Von Weitem schon sah ich sie an einem der Außentische des Caféhauses sitzen; zwei(!) große Tassen eines dampfenden Kaffeegetränkes standen vor ihr. Als sie mich aus der Richtung des großen Parkplatzes kommen sah, winkte sie mir in ihrer fröhlichen Art mit einer Bewegung, die »schnell, schnell« bedeutet schon aus einiger Entfernung zu. Ich war längst noch nicht an ihrem Tisch angekommen, da rief sie bereits ungeduldig: »*Hurry up*, dein *Flat White* wird sonst kalt, und wir wollen doch gleich weiter!«

Das erste Scharmützel dieses Tages hatte ich also bereits verloren.

Info zwischen den Zeilen von
Kaffeeexperte K.I.W.I. Flat-White

Der »Flat White« ist eine typisch neuseeländische Zubereitungsart für Kaffee und wurde tatsächlich sogar in NZ erfunden.

Die Basis des „Flat White" bildet ein einfacher (oder auf Wunsch doppelter) Espresso, über den die heiße, nur schwach-schaumige Basis aufgeschäumter Milch vom unteren Bereich des Aufschäumgefäßes gegossen wird. So erzielt man das »Flat«, nämlich die glatte, weiche und sanfte Struktur dieser Kaffeespezialität. Damit kommt der »Flat White« dem italienischen »Caffè Latte« sehr nahe.

Der »Flat White« soll in den frühen Achtzigern in Auckland entwickelt und damit gleichzeitig die weltberühmte Café-Kultur Neuseelands begründet worden sein. Dieser Anspruch indes wird Neuseeland – wie vieles andere ebenso – mit einer fadenscheinigen Beweisführung von Australien streitig gemacht.

Ich kämpfte zwar dagegen an und konnte trotzdem nicht verhindern, dass mir die Knie spürbar weich wurden. Die vielen einkaufsbesessenen Leute in der Hurstmere Road machten mich zusätzlich nervös, und als ich – von Tanya zur Eile genötigt – meinen Schritt beschleunigte, rannte ich gegen eines dieser hüfthohen, tragbaren Werbeschilder, die von den Ladenbetreibern hier in Massen auf den Gehweg gestellt werden, um Kunden anzulocken oder Leute wie mich zu Fall zu bringen. Vor buchstäblich jedem Geschäft stand solch ein *footpath sign*, und weil der Wind stramm genug durch die Straße wehte, waren einige davon längst umgekippt und bildeten ganz gemeine Fußangeln.

In jenen Sekundenbruchteilen nach der Kollision mit dem Schild, in denen ich praktisch waagerecht in der windigen Luft von North Shore City lag, beschloss ich erstens – im Falle körperlichen Überlebens – nach dem Aufprall sofort den Eigentümer der Werbetafel zu verklagen. Zweitens – im Falle geistigen Überlebens – mich nie mehr wieder mit dieser Tanya treffen zu wollen. Und drittens die Klärung der Frage – ganz gleich, welche physischen und psychischen Folgen der Sturz auch haben mochte – wie ich überhaupt jemals wieder aus dieser Nummer herauskommen sollte. Mit dem Bild der sinkenden Titanic vor Augen schlug ich hart auf und – überlebte ...

Ironie des Schicksals: Das gefährliche Reklameschild auf dem Gehweg gehörte zu einer Apotheke, trug die überdimensionale Abbildung eines Heftpflasters und einen Slogan, der etwas von Schutz und Linderung bei kleinen Verletzungen versprach. Das Einzige, was mir in jener Situation vielleicht hätte helfen können, wäre ein Pflaster für die Seele gewesen, denn – obwohl überzeugter Sportverweigerer – konnte ich mich gut abrollen und überstand den Sturz ohne äußere Blessuren.

Da hockte ich also in scheinbar bequemer Haltung auf meinem von bunten Gehwegtafeln eingerahmten »Walk of Shame« als hätte ich mich einfach nur zu einer kurzen Rast entschlossen. Urplötzlich fand ich meine Fassung wieder, lehnte mich demonstrativ gegen das unfallverursachende Schild und gab ein bisschen den Coolen. Keine Minute später streckte mir jemand eine zarte Hand entgegen – es war natürlich die taffe Tanya, die mir symbolisch aufhalf und mit einem Male gar nicht mehr schnippisch wirkte. Mit einem glaubwürdig klingenden: »*Good to see you*«, umarmte sie mich und drückte mir einen satten Kuss auf die Wange. Dann schob sie mich in gespielter Anstrengung zum Caféhaustisch – ganz souverän und ohne girliemäßige Mitleidshysterie.

Bei Tanyas vorbestelltem, aber immer noch dampfend heißen *Flat White* ließ ich den Blick die Straße rauf und runter schweifen und konnte es einfach nicht fassen: Ein wahrer Wald aus mobilen Werbeständern jeglicher Provenienz behinderte den starken Storm der morgendlichen Einkaufswilligen: dachförmige zum Klappen, solche mit massivem Sockel oder schwenkbarem Kreuzfuß, einfarbige, bunte und viele andere Varianten. Mir verschloss sich der Sinn dieser Schilder vollkommen. In deutschen Städten undenkbar, die Ordnungsämter würden durchdrehen. Und außerdem: Da guckt doch eh keiner drauf …

Wirb oder stirb – heißt es recht drastisch. Auch neuseeländische Geschäfte wollen nicht untergehen und werben gerne für ihre Dienste. Sie alle bedienen sich dazu eines speziellen Werbeträgers. Welches fast ein Meter hohe Fettnäpfchen mit Werbeaufdruck stellte sich unserem Kiwipflücker in dieser Einkaufsstraße in den Weg?

Das »Footpath Sign« gehört genauso zum neuseeländischen Bild einer jeden Geschäftsstraße wie das »Open«-Schild im Schaufenster. Praktisch jeder Shop hat eine solche Tafel vor der Tür stehen. Diese tragbaren Werbeschilder werden bei Ladenöffnung vors Geschäft auf den Gehweg gestellt und abends entsprechend wieder hereingeholt.

Neuseeländer sind ausgesprochen visuelle Menschen und beachten diese Schilder durchaus, auch wenn sich Martin das kaum vorstellen kann. Allein die Tatsache, dass das »Footpath Sign« vor der Ladentür steht – Werbebotschaft hin, Informationsgehalt her – signalisiert dem emsigen und eiligen Shopper über einige Distanz, dass dieses Geschäft geöffnet hat. Das macht Sinn, zumal die Ladenöffnungszeiten von Shop zu Shop extrem unterschiedlich sein können. Geschäfte oder Lokale auf höher liegenden Stockwerken könnten ohne ihr »Footpath Sign« unten auf der Straße im Grunde nicht überleben.

Andererseits stellen diese Werbeaufsteller auch Hindernisse dar, was in der Natur ihrer Sache liegt, aber ihre Platzierung auf dem Gehweg ist unter Einhaltung gewisser Abstände und Freibereiche (die natürlich – typisch Kiwi – selten wirklich beachtet werden) legal. Schilder, die morgens von einer Windböe umgeworfen werden, bleiben in der Regel bis zum Abend so liegen, die Kiwis laufen mit schlafwandlerischer Sicherheit im Slalom um sie herum – und alle sind zufrieden.

Das Nanumeter zeigt den subjektiv empfundenen Grad der Peinlichkeit und/oder Verlegenheit, der man in einer solchen Situation ausgesetzt sein kann. Auf einer Skala von 1 bis 10 bedeutet 10 die größtmögliche Verwunderung oder sogar Blamage.

Schaumbremse.

Schamloses Zapfen.

Der Kaffee tat gut. Danach zogen wir durch ein paar Geschäfte in dieser Straße, aber Tanya wurde nicht fündig. Sie wollte keinen dieser superknappen Badeanzüge oder Bikinis, obwohl sie sich das in Bezug auf die Figur gut hätte leisten können. Sie stellte sich eindeutig etwas wirklich Praxistaugliches vor, sie wollte damit schwimmen und nicht schaulaufen; die nahtlose Bräune holte sie sich sowieso im Sonnenstudio und nicht am Strand. Überdies war es ihr viel zu hektisch auf der Straße und in den Läden – und das, es überraschte mich, obwohl sie ein echtes Kiwigirl war. Sie schlug den Rückzug vor und rannte damit bei mir offene Türen ein. Ich hatte es längst schon satt, mich auf bogenförmigem Kurs durchs verhasste Schilderdickicht hindurch zu lavieren.

Nach kurzer Beratung planten wir mit einem Zwischenstopp beim Sportgeschäft Rebel Sport (Tanyas Idee) auf die Whangaparaoa-Halbinsel hinauszufahren (mein Vorschlag), um dort – nach dem Fehlschlag im indischen »Balti« – im italienischen »Venetia« zu einem kleinen, verspäteten Lunch oder auch nur einem Snack einzukehren. An diesem eher unscheinbaren Restaurant war ich bereits mehrfach vorbeigefahren; es machte äußerlich einen schlichten aber guten Eindruck. Danach, so der Plan, könnten wir den Nachmittag am Strand der windgeschützten Army Bay verbringen.

Die Suche nach Badesachen im Sportgeschäft war sehr erfolgreich. Tanya war in bester Stimmung und fiel, entgegen meiner Befürchtung, tatsächlich nicht mehr in die Rolle des *chicks,* also der albernen Tussi von vorgestern, zurück. Aber sie blieb herausfordernd und lud mich in eine der großen Umkleidekabinen ein, definierte aber sofort die Spielregeln: Ich hatte mich ohne Wenn und Aber abzuwenden, während sie sich umzog, und durfte auf das Schlüsselwort »*look at that*« die drei infrage kommenden Modelle nur visuell, niemals jedoch (»*never ever*«) haptisch begutachten. Die junge Frau kannte ihren Pappenheimer.

Ich hielt mich strikt an die Anweisung. Die ganze Sache war auch so irritierend genug.

Mein Favorit war ein knapper schwarzer Einteiler mit zwei großen elliptischen Durchbrüchen im Bereich der Taille, aber Tanya entschied sich für einen betont sportlichen aber nicht minder sexy Bikini in einem dunklen – kaum zu glauben – Kiwigrün mit einem bustierartigen Oberteil.

Da der Ausflug zur Bucht damit gesichert war, musste auch ich mir in Ermangelung einer eigenen Badehose kurz entschlossen – nachdem meine, nun ja, Verwirrung abgeklungen war – eine solche kaufen. Ich bat sie natürlich nicht mit in die Kabine; Tanya hätte das mit Sicherheit (und völlig zu Recht) total bescheuert gefunden.

Der Parkplatz vor dem »Venetia« war etwa zur Hälfte belegt, ein Tisch für zwei müsste demnach leicht zu kriegen sein. Mit der Entschlossenheit des routinierten »*Bring-your-own*«-erfahrenen Restaurantgastes nahm ich die Sektflasche aus dem Handschuhfach, die dort seit zwei Tagen noch immer einer sinnvollen Verwendung entgegen träumte. Natürlich war sie inzwischen nicht mehr wirklich kalt, aber ich wollte dieses *BYO*-Ding unbedingt durchziehen. Noch einmal würde ich mich in der neuseeländischen Gastronomie nicht blamieren. Doch Tanya bremste mich in meinem Eifer: »Spar den Sekt besser für eine *bubbly* Gelegenheit auf. Die ergibt sich vielleicht früher, als du denkst. Mir ist es jetzt eher nach einem erfrischenden Bier als nach lauwarmem *champagne*.«

Das »Venetia« war für neuseeländische Verhältnisse – wo in der Durchschnittsgastronomie die Sachlichkeit dominiert – durchaus hübsch eingerichtet (klischeehaft-italienisch zwar mit Chiantiflaschen als vertropften, staubigen Kerzenhaltern und ausgefransten Fischernetzen, die garantiert nicht vom Mittelmeer stammten – aber das Bemühen um mediterranes Flair war lobenswert). Knapp die Hälfte der Tische war belegt. Eine füllige aber freundliche Bedienung, der ein stattlicher Schwimmring zwischen schwarzer Hüft-hose und kurzem weißen Top entquoll, wurde von einem goldenen Namensschildchen als Zorica vorgestellt. Ich war zwar »venezi-anisch« gepolt und hätte eher Giulia oder Chiara in Goldlettern erwartet – aber Adria ist Adria. Sie führte uns an einen Zweiertisch am Fenster.

»*Grazie mille*«, bedankte ich mich beim Setzen polyglott und ern-tete dafür von der *waitress* nur ein: »*Pardon*«, mit mindestens drei Fragezeichen.

Das Lokal führte Biere vom Fass. Aus vier verschiedenen Sorten konnte gewählt werden, und noch vor dem Blick in die Speisekarte bestellten wir jeder ein Monteith's Pilsner. Das würde an diesem warmen Frühnachmittag bestimmt gut tun. Wir freuten uns darauf.

Die Menüs waren schnell gewählt: Tanya entschied sich für eine »**Pizza** Sweet Chili Chicken« und eingelegte Oliven als Vorspeise. Ich hatte große Lust auf **Pasta** und wählte das *today's special,* das mit bunter Kreide auf eine Tafel geschrieben war: »Spaghetti Meat-ball Napolitana topped with Parmesan« und davor etwas Pizzabrot (zum Bier). Es waren wohl keine drei Minuten vergangen, als Zorica bereits zur Aufnahme unserer Bestellung erschien – das war erstaun-lich schnell – genauso schnell wie die beiden Pilsner, die sie bereits auf einem Tablett an unseren Tisch trug.

**Info zwischen den Zeilen von
Spaghettiträger K.I.W.I. Pizza-Pasta**

Italienische Küche in Neuseeland ist meistens alles andere als authentisch. Man tut wirklich gut daran, seine mitteleuropäischen Geschmackserwartun-gen bei der Bestellung neuseeländischer Pizza und Pasta auf einen möglichst neutralen Level zu justieren. Es kommt garantiert anders, als man denkt.

Pizza

Original italienische Holzofenpizza (»wood fired pizza«) wird nur an extrem wenigen Plätzen angeboten. Aber das Problem ist weniger die Methode des Backens, als die Teigmischung an sich. Diese ist prak-tisch überall auf den neuseeländischen Geschmack ausgerichtet, was bedeutet, dass der Boden meistens fad und langweilig schmeckt. Beim Belag kann man den Kiwis allerdings eine gewisse Fantasie bescheinigen. Ein italienischer Pizzabäcker würde sich jedoch angesichts der Rezepturen sicherlich irritiert am Kopf kratzen: »sweet chili chicken«, »apricot chicken«, »chicken satay«, »garlic prawn« und »potato wedges«, um nur ein paar wenige Beispiele für NZ Pizzafavoriten zu nennen. Diese Pizzas sind belegt mit: süßem Chilihühnchen, Hühnchen mit Aprikose, Erdnusshühnchen, Knoblauchgarnelen und frittierten Kartoffelspalten.

Pasta

Die Parallele zur oben genannten Pizza ist die klare Ausrichtung auf den neuseeländischen Geschmack, womit die Würzung allgemein flach und unkonturiert ausfällt. Auch hier haben sich die Zubereitungsarten im Laufe der Zeit weit vom italienischen Ursprung entfernt, z. B. »meatball napolitana«, »chicken carbonara«, »butter chicken & cream sauce« und »lamb ragout«. Der deutsche Gaumen freut sich dabei auf Pasta mit: Fleischklößchen mit Tomatensoße, Hühnchen nach Carbonara-Art, Butterhühnchen (indisches Curry) mit Sahnesoße und Lammragout.

Na gut ...

Auf den ersten Blick traumhaft: Das Bier hatte eine goldene Farbe und kam tatsächlich in einer Pilstulpe; auf den zweiten Blick niederschmetternd: Die Gläser kamen absolut randvoll und ohne jegliche Blume, nur eine münzengroße, blasige Schauminsel trieb eher versehentlich wie Spucke auf der Oberfläche. Noch bevor Zorica die Biere vor uns abstellen konnte, schritt ich energisch ein: »*Scusi!* Tropfbier wollen wir uns nicht unterschieben lassen. Zwei Frischgezapfte vom Fass, *per favore!* Wir werden in den sieben Minuten, die das dauert, bestimmt nicht verdursten!«

Ohne sich von meiner Reklamation auch nur im Geringsten beirren zu lassen, hatte die Schwimmringträgerin eines der schaumlosen Biere seelenruhig vor Tanya abgestellt. Das zweite war bereits im Endanflug, der nicht mehr abgebrochen werden konnte. Ich war brüskiert.

»*It's fresh from the tap, Sir!*«, sagte Zorica mir demonstrativ zugewandt in eindeutig mitleidigem Tonfall, dann nach einer kurzen Gedenkpause für Begriffsstutzige: »*Are you ready to order?*«

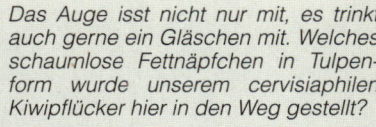

Das Auge isst nicht nur mit, es trinkt auch gerne ein Gläschen mit. Welches schaumlose Fettnäpfchen in Tulpenform wurde unserem cervisiaphilen Kiwipflücker hier in den Weg gestellt?

Das Bierzapfen ist in Neuseeland eine besondere Wissenschaft, in der »Schaumschläger« nichts verloren haben. Grundsätzlich werden alle Biere ohne Blume bzw. Krone gezapft. Neuseeländer wollen keinen Schaum auf dem Bier haben und sehen die Blume als Zeichen für schlechtes Einschenken an. Der Kiwi möchte »mug«, »pint«, »schooner« oder »stein« bis zum Rand mit Gerstensaft gefüllt sehen. Die Schaumkrone wird als Luft und somit als Geldverschwendung betrachtet. Ästhetische oder stilistische Gesichtspunkte werden als Gegenargumente nicht akzeptiert.

Der Schaum, der sich beim Einfüllen vom Zapfhahn bildet, wird vom Barmann erbarmungslos abgeschüttet. Bei Biersorten, die dichten und stabilen Schaum produzieren, wird dieser mit einem Schaber aus Holz oder Metall während des Zapfens akribisch abgestreift.

Der Vorgang des Abschüttens und Abstreifens endet erst, wenn das Glas oder der Krug bis zum Rand mit vollkommen schaumlosem Bier gefüllt ist. Dann wird das gute aber optisch hässliche Gebräu serviert.

Das Nanumeter zeigt den subjektiv empfundenen Grad der Peinlichkeit und/oder Verlegenheit, der man in einer solchen Situation ausgesetzt sein kann. Auf einer Skala von 1 bis 10 bedeutet 10 die größtmögliche Verwunderung oder sogar Blamage.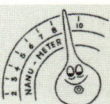

Gastfeindschaft.

(Un-)Gleichgewicht des Schmeckens.

Tanya hatte derweil – durch Zoricas massigen Körper vor meinem Blick geschützt – einen kräftigen Schluck des kronenlosen Pilsners genommen und grinste von Ohr zu Ohr hinter der Bedienung hervor. Ich ahnte, dass ihre Erheiterung nicht vom Bier hervorgerufen war.

»Ich erkläre es dir später«, flüsterte sie mir zu und versteckte sich sogleich wieder glucksend hinter den Rundungen der wartenden *waitress*. Diese stand mit gezücktem Block und schreibbereitem Kugelschreiber wie das fleischgewordene Ehrenmal der letzten aufrechten Kellnerin zwischen uns und harrte geduldig unserer Bestellung.

Wir diktierten Zorica, die bewundernswert ruhig und freundlich geblieben war, unsere Menüwünsche. Sie gratulierte uns zu unserer Auswahl: »*Nice choice*«, bedankte sich und sammelte die Speisekarten wieder ein. Ihr Äquator glänzte weiß im hellen Licht der einfallenden Sonnenstrahlen. Da fiel mir noch etwas elementar Wichtiges ein: »*Zorica. La pasta al dente, per favore!*«

»*Sure ...*«, war ihre knappe Antwort, bei der sie die dauerschmunzelnde Tanya ansah, andeutungsweise die Augen rollte und im Gehen über die Schulter säuselte: »*... I will let the chef know.*«

Das überraschte mich ein wenig. Ihrem **Chef** brauchte sie meinen Wunsch eigentlich nicht vorzutragen – mit ihm hätte sie sich eher wegen der absonderlichen Schankmethode absprechen sollen. Solange Zorica den Koch instruierte, die Spaghetti bissfest abzukochen, wäre das aus meiner Sicht völlig ausreichend gewesen. Wenn der Chef allerdings die Aufsicht über Koch und Küche hat, sollte es mir natürlich auch sehr recht sein. Oder gab es in der kleinen Küche gar einen Chefkoch, den die Kellnerin damit meinte? Wie auch immer: Die Gefahr verkochter Pasta schien gebannt.

**Info zwischen den Zeilen von
Drei-Sterne-Kochtopfgucker K.I.W.I. Chef**

Der berufsmäßige Koch ist in neuseeländischen
Restaurants der »chef«. Einen »cook« gibt es auch,
wobei damit überwiegend der private oder hobby-
mäßige Koch beiderlei Geschlechts, also auch die kochende Hausfrau,
bezeichnet wird.

Der Chefkoch eines größeren Restaurants ist der »head chef«.

Und um die Verwirrung perfekt zu machen: Der Chef im Sinne eines
Firmenchefs ist einfach der »boss«.

Während wir auf unsere Vorspeisen warteten, versuchte mich Tanya
mit bemühter Sachlichkeit zu einem ersten Schluck vom blumen-
losen Pilsner zu überreden. Ihre Überzeugungsarbeit für das Blonde
unterstützte die Blonde mit handfesten Argumenten, indem sie
mit Zeige- und Mittelfinger ihrer rechten Hand – als ob es Beine
wären – unterm Tisch auf meinem Oberschenkel in eine klar definierte Richtung »lief«. Dieser wohlwollenden Aufforderung konnte
ich verständlicherweise nicht lange widerstehen. Ich nahm also einen
guten Mundvoll aus der Tulpe, was für Tanya das Zeichen war, mir
genau in diesem Augenblick gezielt, sehr kräftig aber dennoch mit
Gefühl in den Schritt zu greifen. Damit war der erste Schluck des
Bieres auch gleich schon wieder perdu – die Attentäterin hatte freilich damit gerechnet und sich tief unter Tischplattenniveau geduckt,
um dem Pilsnerregen zu entgehen.

Der Bierschauer war gerade rechtzeitig wieder abgeklungen und
die meisten der aufmerksam gewordenen Gäste hatten sich wieder
ihren Mahlzeiten zugewandt, als Zorica die Vorspeisen an unseren
Tisch brachte. Tanyas Oliven, daumengroße Exemplare der Sorte
»Kalamata«, griechische Früchte also, waren in einer leckeren Marinade eingelegt und schmeckten ausgezeichnet. Auch mein Pizzabrot:
knusprig, ohne Schnickschnack, hervorragend zum hopfigen Pilsner,
das mir mittlerweile auch ohne Schaumkrone sehr gut schmeckte.

Dann, in die letzten Bissen der Vorspeise hinein, eilte Zorica mit
Tanyas Hühnchenpizza als Vorhut heran. Ich nutzte die getrennte

Lieferung unserer Menüs für eine Weinbestellung. Die Karte enthielt keine italienischen und keine neuseeländischen Weine, dafür viele aus Australien und ein paar wenige aus Kroatien. Ich wählte den dalmatinischen »Misno Vino«.

Die Pizza war mittelprächtig, aber Tanya, die meiner Bitte, doch schon einmal anzufangen, gerne nachgekommen war, mochte sie: Der Teig (bis auf die Mitte) knusprig, der Belag für sich gesehen okay. Aber ich kann mir nicht helfen, *chicken* auf Pizzaboden, und dann noch mit *sweet chili sauce* übergossen, ist für mich ein äußerst gewagter asiatisch-mediterraner Spagat und ein höchst befremdliches Crossover. Wenigstens war der Boden kross, *over-all*.

Endlich trafen die Spaghetti ein. Auch hier: Die *meatball*-Variante als solche tendenziell albern, aber die Fleischbällchen waren gut und die Tomatensoße einigermaßen würzig. Dann das Desaster: in Grund und Boden gekochte – vermutlich stundenlang im Wasser warm gehaltene – Pasta. *Unacceptable*. Ich hatte sie doch extra »al dente« bestellt. Die Spaghetti zerfielen förmlich schon beim Versuch, sie mit der Gabel aufzunehmen. Ich wollte die rundliche Zorica rund machen – oder gleich ihren Chef – und hatte mich schon, mit dem Teller in der Hand, halb vom Sitz erhoben.

Aber Tanya stoppte mein Vorhaben mit einem weiteren beherzten Griff in den Schritt – meinen, versteht sich – und ich sank zurück: »Marty, tu das besser nicht. Es bringt nichts. Du kannst die Köche hier nicht ändern, du kannst nur deine Erwartungshaltung ändern.«

Ich war den Tränen nahe ...

Prost Mahlzeit. Auch in Neuseeland hat die internationale Gastronomie einige Überraschungen zu bieten. Welches kochende Fettnäpfchen hat den bissfesten Martin in diesem skandalträchtigen Fall zum Eintreten verleitet?

Die neuseeländische Durchschnittsgastronomie ist im wahrsten Sinne des Wortes nur Durchschnitt. Das ist nicht böse, nicht einmal wirklich abwertend gemeint, sondern ist lediglich die Feststellung der Tatsache, dass – wie an anderer Stelle bereits detaillierter aufgezeigt – die »Cuisine de la Nouvelle-Zélande« keine internationale Relevanz hat.

Qualitätsprägend wirken dabei Anspruch und Erwartungshaltung des Gastes. Entsprechend seines lockeren Wesens ist der Kiwi auch ein sehr genügsamer Mensch. Ihn stellt ein Menü durchaus zufrieden, wo unsereiner bereits überlegt, ob er sich vielleicht beim Koch beschweren sollte.

Das hat in der Entwicklung der neuseeländischen Gastronomie (etwa seit den Achtzigern) dazu geführt, dass sich auch neue Lokale, die von Immigranten (z. B. Italienern) eröffnet und geführt wurden, sehr schnell am relativ niedrigen Niveau des neuseeländischen Gourmet-Anspruchs orientiert haben. Wenn der Leistungsdruck gering ist, können nun einmal keine Spitzenleistungen erwartet werden. Deshalb hat man es leider in der Regel einem Versehen in der Küche zu verdanken, wenn einmal die Pasta bissfest geraten ist.

Heute haben die meisten Gaststätten mit italienischen Namen Betreiber aus Ex-Jugoslawien oder anderen Ländern. Das hat vermutlich mit der geringen Akzeptanz von originalen Balkangerichten wie Cevapcici und serbischer Bohnensuppe bei den Neuseeländern zu tun.

Kuriosität am Rande: Immer mehr angelsächsische Spezialitäten werden neuerdings von Asiaten zubereitet. Auffallend viele Einwanderer, zum Beispiel aus China, sind in der Lage, sich zur Existenzgründung ein bestehendes (möglichst einfach zu führendes) Lokal zu kaufen. Dazu gehören oft Imbiss-Bratereien für »roast« (Braten von verschiedenem Fleisch), einem typischen und sehr beliebten Kiwi-Essen.

Selbst Klassiker unter den Abholrestaurants für »fish 'n' chips« und »meat pies« erfreuen sich bei Investoren und Betreibern aus Fernost auffallend großer Beliebtheit.

Zur Betonung: Diese Bemerkungen beziehen sich – wie gesagt – auf die neuseeländische Durchschnittsgastronomie. Natürlich gibt es in den großen Städten auch Spitzenrestaurants, deren Küchen von hervorragenden Chefs geleitet werden. Dazu abschließend ein paar Namen neuseeländischer Top-Chefs: Peter Gordon, Kate Fay, Geoff Scott, Al Brown, Steve Logan, Simon Gault, Michael Meredith, Peter Thornley, Josh Hampton, Peta Mathias, Alex Mackay.

Das Nanumeter zeigt den subjektiv empfundenen Grad der Peinlichkeit und/oder Verlegenheit, der man in einer solchen Situation ausgesetzt sein kann. Auf einer Skala von 1 bis 10 bedeutet 10 die größtmögliche Verwunderung oder sogar Blamage.

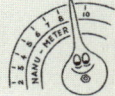

Schluckauf.

Wein, Weib und Abgesang.

Tanya hatte mich »Marty« genannt. Und wieder war mir zum Heulen zumute. Das war schlimmer als kroatische »Italiener«, thailändischer Pizzabelag und knieweiche Spaghetti zusammengenommen. Da wurde urplötzlich wieder mein persönliches faustisches Dilemma wachgerufen. Aber vielleicht war es auch ein Zeichen. Ein Fanal? Und das Projekt East Cape kam mir erneut in den Sinn.

Ich aß die Nudeln nicht! So blieben mir nur die Klößchen mit der Tomatensoße. Auf dem Weg zu anderen Gästen umsegelte Michelinmädchen Zorica unseren Tisch und fragte säuselnd ab: »*Is everything alright out here?*«

Und Tanya log ihr schamlos: »*Delicious*«, hinterher.

Ich suchte Trost im Wein aus Dalmatien. Die Gedanken gingen kreuz und quer: hier Tanya, die sich selbst »Tan« (wegen ihrer Sonnenbräune) und mich »Marty« nannte. »Marty«, was war das schon: der Komiker Feldman, ein alter Film von 1955, ein schweizerisches Fertighaus, vor allem ein Martyrium.

Dort: Siobhan, »Shiva« genannt, die mich »Mars« taufte. »Mars«: Das waren Kriegsgott, vierter Planet unseres Sonnensystems, sowjetische Raumsonde, Schiffsmast, Ort an der Loire, Filmproduktionsgesellschaft, amerikanischer Rockgitarrist, deutsches Artillerieschulschiff, Verschlüsselungsalgorithmus und Schokoriegel.

Der »Misno Vino« war überraschend gut und schaffte es, mich zu sedieren.

Tanya fragte, warum ich so abwesend sei, aber ich antwortete nur ausweichend darauf. Wir saßen lange an unserem Fenstertisch. Für neuseeländische Verhältnisse viel zu lange. Kiwis pflegen, auch in heiterer Runde und erweiterter Gesellschaft, primär ihre Mahlzeit einzunehmen, gerne noch ein süßes Dessert dranzuhängen und dann zu gehen. Der klassische gemütliche Ausklang findet – wenn er gewünscht ist – in einer Bar oder eben zu Hause statt. Deshalb wunderte es ich mich nicht, dass Zorica, nachdem sie alles bis auf Wein und Wasser abgetragen hatte, in immer kürzerem Rhythmus an unseren Tisch kam und wissen wollte, ob sie uns noch irgendetwas Gutes tun könnte, zum Beispiel ein **Dessert** servieren.

Auf der breiten Theke des »Venetia« präsentierte man unter einer Art Käseglocke aus feinem Maschendraht süße Teilchen. Ein kleiner handgeschriebener Aufsteller zählte auf: »Hot Cross Buns«, »Banana Muffins« und »Afghan Biscuits«. Alles sah appetitlich aus. Unter dem Einfluss des angenehmen Weines beschlich mich das Gefühl, die Kroatin (samt deren Chef) ungerecht behandelt zu haben. Also orderte ich – nach kurzer Abstimmung mit Tanya – noch zwei »Hot Cross Buns« und zwei Espressos, die ich, vollkommen irre, obwohl die Italienmasche längst durch war, mit Fingerschnippen und dem Ruf: »*Due espresso, per favore!*« bestellte, um damit bei der Kellnerin um eine Art Ablass zu bitten. Ich schämte mich vor mir selbst. Es war einfach alles zu viel.

Info zwischen den Zeilen von Süßholzraspler K.I.W.I. Dessert

Neuseeländer mögen süße Nachspeisen sehr. Die englische Tradition hat auch hier für ein breites Spektrum traditioneller Backwaren gesorgt. Ein paar Beispiele:

»Hot Cross Buns« sind weiche, süße Brötchen, die traditionell zur Osterzeit gegessen werden. Die Basis bildet ein Hefeteig, in den unter anderem Korinthen und Orangeat geknetet werden. Charakteristisch ist ein weißes Kreuz auf dem Rücken des »bun«. Dafür mischt man eine Paste aus Puderzucker, Mehl und Wasser.

»Banana Muffins« Muffins sind kleine runde Kuchen aus einem einfachen, gesüßten Teig mit zugesetztem Backpulver als Treibmittel. In Neuseeland sind besonders die Varianten mit Blaubeeren beliebt, aber die »Banana Muffins« sind Spitzenreiter.

»Afghan Biscuits« »Biscuits« sind auch als »cookies« (Plätzchen) bekannt. Um »afghan biscuits« zu werden, müssen die Plätzchen aus einem Teig aus Kakaopulver, Butter, Mehl und Cornflakes gebacken werden. Zum Abschluss gibt es einen Schokoladenüberzug mit einer halben Walnuss als Krone.

Draußen war es bereits dunkel geworden, und die ersten Gäste trafen nun nach und nach fürs Dinner ein. Trotz meiner mental diffusen Verfassung war die Unterhaltung mit Tanya die ganze Zeit über zwar flach, dafür wenigstens nie völlig zum Stillstand gekommen. Und sie wirkte zumindest nicht gelangweilt. Sie hatte mir dann und wann in ihrer unbeschwert lockeren Art an meine sehr privaten Körperstellen gegriffen und hatte ihren Spaß daran, wenn ich den Entrüsteten spielte. Je entsetzter ich mich gab, desto tiefer beugte sie sich, um mich quasi zur Entschädigung in ihr lose sitzendes T-Shirt kiebitzen zu lassen. Als sie mich in einem unbedeutenden Zusammenhang einmal fragte, wie eigentlich mein Nachname sei, und ich wahrheitsgemäß »Horn« antwortete, da wollte sie gar nicht mehr aufhören zu grinsen, spielte maßlos übertrieben die Beschämte, während sie »*horny*« flüsterte. Dann rekelte sie sich auf ihrem Platz hin und her, bis sie endlich eine Position – wie rein zufällig – gefunden hatte, bei der ich offene Tatsachen unter ihrem Jeansröckchen erahnen konnte.

Jetzt beim Espresso, als das Ende unseres neuseeländisch-kroatisch-italienischen Querfeldeinessens absehbar war, fragte Tanya ohne Umschweife, so laut und klar, dass andere Gäste sich wieder einmal nach uns umdrehen mussten: »*My place or yours?*«

Vor so viel Direktheit stockte selbst mir, der ich einiges gewohnt war, für einen kurzen Moment der Atem. Doch die Frage dieser Frage, die über allem schwebte, war: Wie soll ich wissen, was ich will?

Und wieder war Siobhan in meinem Kopf. Ich wehrte mich gegen diesen kleinen Teufel des schlechten Gewissens. Er war ein zäher Gegner. Doch ich besiegte ihn mit einem Trumpf im Ärmel: Was, wenn Shiva diese Woche nur brauchte, um eine neue Beziehung zu zementieren? Sie wollte bis zum Wochenende nicht gestört werden. Das ist verdächtig. Ja genau – einer dieser Jachties von der Bay of Island, neureich und von Beckhamscher Schönheit, wird ihr das Blaue von Neuseelands Himmel versprochen haben ...

»Your place!« Ich hatte mich gegen mich selbst durchgesetzt.

Und schon rauschten wir mit den Autos zügig südwärts, Tanya voraus, ich folgte ihr mühelos und beschwingt. Kurz vor Greenhithe, wo sie wohnte, verließen wir den Motorway über die Ausfahrt Upper Harbour Highway und ich fiel plötzlich deutlich hinter ihr zurück – ich wurde für ein oder zwei Minuten von heftiger Übelkeit befallen – dann ging es wieder besser. Siobhan erschien im Geiste als Krankenschwester mit einer Brechschale in den Händen. Der kleine Teufel des schlechten Gewissens?

Kurz darauf kamen wir an: ein unscheinbares *traditional **kiwi home*** mit Fassade aus *weatherboard*, das sich Tanya mit ihrer Mutter Helen teilte, der es auch gehörte. Die Eltern waren schon lange geschieden. Sie sah meinem Blick die Frage an und sagte sofort, dass Helen erstens nicht da sei, sie zweitens nach Belieben schalten und walten ließ und drittens die Wohnbereiche optimal voneinander getrennt seien.

Info zwischen den Zeilen von Gebäudehistoriker K.I.W.I. Home

Es gibt auch in Neuseeland Behörden, die Bauprojekte auf ihre Genehmigungsfähigkeit hin prüfen und gelegentlich auch Änderungen fordern oder Pläne ablehnen. Allerdings sind Spezialitäten wie Vorschriften zu Dachneigungswinkeln, Balkontiefen und Dachfarben praktisch unbekannt. Den Zwang zur stereotypierten Einheitsoptik gibt es auch nicht. Die Wohngegenden im Reich der Kiwis haben daher ein recht lebendiges Erscheinungsbild, und schablonenhaft gerasterte Anlagenstrukturen sieht man nirgendwo.

Je nach Alter und Entwicklungsverlauf einer Wohngegend findet man mitunter eine ziemlich bunte Mischung von Bauten. Im Wesentlichen unterscheidet man bei neuseeländischen Häusern die folgenden Stilrichtungen:

»Traditional«

Gebaut in Ständerbauweise mit einem Grundgerüst aus Holz und einer Außenverkleidung aus sogenanntem »weatherboard«. Letzteres besteht aus langen Holzpaneelen, die schuppenartig überlappend (zum besseren Wasserablauf bei Regen) auf den Außenwänden des Hauses angebracht werden. Das Dach ist meistens aus Blech.

»Colonial«

Ebenfalls gebaut in Ständerbauweise, jedoch mit einer konventionellen Paneelverkleidung der Außenseiten. Diese Häuser sind äußerst anfällig für Schäden durch Feuchtigkeit. Das Dach ist auch hier meist aus Metall.

»Modern«

Allgemein kubusförmige Häuser mit großen Glasflächen und unterschiedlichen Dachformen (z. B. Pultdach, Flachdach). Da in Neuseeland praktisch keine Doppelverglasung verbaut wird, haben Häuser mit hohem Glasanteil und riesigen Fensterflächen oft ein erhebliches Isolationsproblem. Das Dach kann mit Schindeln oder auch nur mit einfacher Teerpappe gedeckt sein. Auch bei modernen Häusern überwiegt Holz als Hauptbaustoff. Manche der Bauten haben eine Steinplattenverkleidung der Außenwände, aber nur extrem wenige werden mit einem richtigen Mauerwerk aufgebaut.

»Mediterranean«

Diese Bauart versteht sich durch den eindeutigen Namen von selbst. Der Mittelmeer-Stil ist bei neuen Häusern in Neuseeland derzeit sehr beliebt. Die Außenwände tragen oft Strukturputz, und zur Eindeckung werden häufig solide Dachpfannen aus gebranntem Ton verwendet.

»Contemporary«

Bedeutet vom Wort her »zeitgemäß«, »gegenwärtig«. Wird von Maklern immer dann zur Beschreibung eines Haustyps verwendet, wenn alle vorangegangenen ihrer Meinung nach nicht richtig zutreffen. Meistens wird die Bezeichnung jedoch mit »modern« gleichgesetzt.

Tanya und ich betraten das Haus durch eine Art Nebeneingang auf der Gartenseite. Für ein paar Augenblicke empfand ich wieder diese Übelkeit, wie zuvor schon auf der Fahrt – sicher nicht des Hauses wegen, obwohl es eine Ramschhöhle war. Aber an so etwas gewöhnt man sich hierzulande schnell.

»*Beer or wine?*«, war Tanyas erste Frage, nachdem sie ihr Lederjäckchen, eine kleine Handtasche und die Autoschlüssel auf einen abgewetzten dunkelbraunen Sessel in der Ecke ihres großen Zimmers geworfen hatte. Ich wählte Bier, weil ich annahm, dass ein solches meinem flauen Magengefühl am ehesten abhelfen konnte.

Dann wollte sie noch wissen: »Sofort oder erst später?«, wobei sie nicht das Bier meinte. Die kesse Supermarkthelferin gefiel sich in der Rolle der Entweder-oder-Fragerin und hatte es offenbar eilig, zur Sache zu kommen.

Sie wartete allerdings nicht auf meine Antwort, sondern informierte mich kurz über ihre Absicht, sich ganz kurz etwas frisch zu machen, aber zusammen mit den Getränken in wenigen Minuten wieder zurück zu sein – und: »*Feel at home!*«

Dann verschwand sie tänzelnd durch die Tür in einer nachträglich eingebauten Wand aus Gipskarton, ***gib board***, die noch roh und unverputzt geblieben war und sicher die Bereiche der beiden Bewohnerinnen trennen sollte.

Info zwischen den Zeilen von
Hobbybauhandwerker K.I.W.I. Gib-Board

»Gib board« ist ein Werkstoff, ohne den in Neuseeland gar nichts geht. Damit sind jene Gipskartonplatten gemeint, die auch in Deutschland viel für die Verkleidung von Innenwänden verwendet werden. Dieses Baumaterial ersetzt die bis zu seiner Erfindung verwendeten Holzplatten, und seine Herstellung gehört zu den wenigen großen Industrien im Lande.

Hier in Neuseeland werden »gib board«-Platten jedoch nicht nur zum Innenausbau verwendet – das ganze, meist hölzerne Grundgerippe eines Hauses wird damit beschlagen. In neueren Häusern (ab etwa 1980) werden die zahlreichen Hohlräume, die sich aus dieser Bauweise ergeben, mit Isoliermaterial aufgefüllt und die Außenseiten mit Styropor beklebt, bevor eine Holz- oder Plattenverschalung angebracht bzw. ein Gips- oder Zementputz aufgetragen wird. Bei älteren Bauten sucht man allerdings Isolierungen vergeblich.

Nachdem ich mir einen kurzen Überblick über das Zimmerchaos verschafft hatte und mich auf Tanyas zweitem Sessel niederlassen wollte, stand die Eilige mit zwei Mac's Gold in der Hand auch schon wieder im Raum. Das kühle Bier wirkte belebend.

Aber auch ich wollte mir vorher noch etwas Wasser ins Gesicht werfen und ließ mir den Weg zum Badezimmer zeigen. Mit insgesamt zwei dieser nachträglich eingezogenen Zusatzwände hatten Mutter und Tochter das Bad zum gemeinsam nutzbaren Bereich gestaltet, der gleichzeitig – clever gemacht – als Demarkationslinie diente.

Abermals musste ich die aufkommende Übelkeit bekämpfen und brauchte eine gewisse Zeit, bis ich mich wieder fit fühlte. Als ich endlich wieder ins Zimmer trat, war es von Kerzenlicht erfüllt. Ich sah Tanya dekorativ auf ihrem zerwühlten Bett liegen – bekleidet. Sie war zwar recht offensiv bei ihrer erotischen Erwartungsstrategie, aber dabei keineswegs stillos. Sie war halb aufgerichtet und stützte sich mit dem linken Unterarm auf ein kleines Kissen; eines ihrer zart gebräunten Beine war ausgestreckt, das andere hatte die Verführerin leicht angezogen. Sie peilte mich mit dem Mac's in der Hand wie über Kimme und Korn an und neigte das angewinkelte Bein leicht zur Seite. Mein Blick fiel auf Tanyas Eiligen Gral.

Würgstoff.

Der Reiz des Brechens.

Ich wandte mich ab und rannte in größter Not aus dem Raum, um gerade noch rechtzeitig einen großen Teil meines Mageninhaltes ins WC und nicht anderswohin zu übergeben. Meine Psyche musste verrücktspielen. Ich wähnte mich im »Clockwork Orange«, wo man Bösewichte mental so konditionierte, dass sie beim Versuch, ein Verbrechen zu verüben, sofort von extremer Übelkeit befallen wurden, die sie an der weiteren Ausführung ihrer Missetat hinderte und so auf den richtigen Weg zurückbringen sollte. Wirkte Shivas Einfluss derart stark auf mich, dass ein ähnliches psychologisches Phänomen mich vor dem Sex mit Tanya abhalten sollte? Ein zweiter Schwall Erbrochenes entlud sich ins Porzellan.

Mein Kopf schien zu bersten, mein Blick wurde starr. Ich verließ das Bad und blieb abrupt vor Tanyas Zwischentür stehen. Leise **Musik** drang aus dem Zimmer: Es war »*Light Surrounding You*« von Evermore. Ohne dass mein Bewusstsein es hätte verhindern können, drehte ich mich wie ferngesteuert um und öffnete die Tür zu Mutter Helens Teil der Wohnung.

Ich begann immer schneller zu laufen, fand mit schlafwandlerischer Sicherheit die Ausgangstür und rannte wie ein Einbrecher auf der Flucht den kurzen Fußweg entlang, an dessen Ende »Bertie« stand und mich in seine schützende Blechhülle aufnahm – dann waren wir weg.

**Info zwischen den Zeilen von
Chartstürmer K.I.W.I. Hit-Song**

Auch wenn Popsongs aus Neuseeland höchst selten in den Top Ten internationaler Charts vertreten sind, gibt es dennoch immer wieder hörenswerte

Musikproduktionen guter Bands und Einzelinterpreten. Hier ein paar Anspieltipps für »Kiwi all time hits« mit Ohrwurmpotenzial:

Don't Dream It's Over	Crowded House
Sway	Bic Runga
Slice Of Heaven	Dave Dobbyn with Herbs
Weather With You	Crowded House
How Bizarre	OMC
Why Does Love Do This To Me	Exponents
Anchor Me	Mutton Birds
Gutter Black	Hello Sailor
April Sun In Cuba	Dragon
Home Again	Shihad
Victoria	The Exponents
Bliss	Th' Dudes
I See Red	Split Enz
Always On My Mind	Tiki Tane
Walking Off A Cliff Again	The Mint Chicks
Philosophy	Hollie Smith
Pull The Catch	Fat Freddy's Drop
Light Surrounding You	Evermore

Diese Liste erhebt keinerlei Anspruch auf Vollständigkeit – und die Reihenfolge der Songs ist zufällig gewählt.

Ich konnte mich an kein einziges Detail der Fahrt nach Devonport erinnern. Der Kopf war im einen Moment zum Platzen voll, dann wieder wie ein Vakuum leer – ich wusste nicht, was wirklich war. Nur kurz im Rotlicht einer Ampel auf der Anzac Street, fühlte ich mich für einen Sekundenbruchteil der unterlassenen Hilfeleistung schuldig – hatte ich die junge Stürmische doch mit offener Wunde ihrem unklaren Schicksal überlassen ...

Plötzlich stand ich mit »Bertie« (oder er mit mir) am Haus. Drinnen war es – wie so oft – lebhaft. Als Erste lief mir Nora über den Weg und präsentierte sich spontan von ihrer besonders blonden Seite: Mit einem vielsagenden Augenzwinkern ersuchte sie eine spezielle Stimulation ... bei mir stimulierte es allerdings nur meine Übelkeit, die heftig von Neuem erwachte.

Dann wankte Malcolm stark angetrunken an mir vorbei. Immerhin bemerkte er meinen desolaten Zustand und fragte: »*What a sight you are?*«, wollte also immerhin wissen, wie ich denn bloß aussähe.

Erst das Erscheinen der neuerdings aufgeblühten Lene brachte etwas Positives: »*You look ill!*«, war ihr klarer Einstieg in die Anamnese. Was denn mit mir los sei, wollte sie wissen. Ich konnte lediglich ein gewürgtes: »Moment …« zur Antwort geben und eilte ins Bad, um dort zum dritten Mal an diesem Abend den Magen zu erleichtern. Es war eindeutig: Jedes Mal, wenn es um die Untreue zu Siobhan ging, kam die Übelkeit. Ich würde wohl einen Psychologen aufsuchen müssen.

Als ich die Toilette wieder verlassen hatte, wartete Lene immer noch im Flur und begleitete mich in mein Zimmer. Sie hatte zwischenzeitlich Tee aufgesetzt, den sie nun holte.

Sie bat mich – nachdem sie mit zwei dampfenden Tassen zurückgekommen war – doch bitte zu beschreiben, was mit mir nicht in Ordnung war. Ich erzählte ihr eine Kurzform der Ereignisse dieses Tages, ohne freilich ins Detail zu gehen. Allerdings gestand ich ihr die Vermutung, dass ich psychisch negativ konditioniert sein könnte, und dass er Brechreiz daher rührte.

»*I see. The ›clockwork orange‹ phenomena* …«, sagte sie mit unüberhörbarer Ungläubigkeit in der Stimme: »… das glaubst du doch selbst nicht! Ich hole mal ›Doktor‹ Kwan.«

Schon Sekunden später erschien sie mit Kwan, der als Student der Medizin nun zeigen sollte, was er kann. Ich war beeindruckt, wie er vorging. Er fragte gezielt was und wann ich gegessen und getrunken habe, wann die Übelkeit begonnen, welche Konsistenz und Farbe das Erbrochene hatte und ob er mir den Bauch abtasten dürfte.

Ich ließ ihn gewähren; mir ging es hundeelend und selbst Lene wurde immer blasser. Kwan schien seine amateurärztliche Diagnose gefunden zu haben: »Für mich ist der Fall klar. Wenn es bis Morgen nicht besser ist, geh zum Arzt …«

Wenn der Geist verrücktspielt, schließt sich der Körper gerne an. Und umgekehrt. War dem magenschwachen Kiwipflücker hier ein als Spucknäpfchen getarntes Fettnäpfchen in die Quere gekommen?

Den hohen hygienischen Standard in der Gastronomie des deutsch-sprachigen Raumes gewohnt und die penible Arbeit des Wirtschafts-kontrolldienstes als globalen Standard vermutet, kommt so ohne Weiteres niemand auf den Gedanken, im Restaurant verdorbene Speisen serviert zu bekommen.

Und doch mischt Neuseeland wieder einmal in der Weltspitze mit – allerdings in diesem Fall mit einer unrühmlichen Leistung – der Lebensmittelvergiftung.

Täglich erkranken 500 Neuseeländer an einer Vergiftung durch Lebensmittel, die sie sich in ca. 60 Prozent der Fälle durch außer Haus eingenommene Mahlzeiten und zu etwa 40 Prozent durch selbst zubereitete Speisen eingefangen haben. Letzteres bezeichnet die »New Zealand Food Safety Authority« (NZFSA) als »kitchen crime«, »Verbrechen der Küche«. In allen Fällen sind die Gründe gravierende Mängel bei der Sauberkeit.

Im Fernsehen klärt man die Kiwis in den Werbeblocks mit kleinen Ratgeberbeiträgen (»Food Smart« Kampagne) zur Lebensmittelhygiene auf: Rohprodukte (und Hände) waschen, Speisen ordentlich kochen, Produkte und Reste kühl lagern.

»Be food smart! Clean, cook and chill!« – Schlauer schlemmen! Putzen, kochen, kühlen!

Was für die heimische Küche gilt, sollte für professionelle Kochstellen ganz besonders gelten. Im Hinblick auf die Reduzierung der enorm hohen Zahl von Vergiftungsfällen wirft sich die NZFSA selbst vor, die Richtlinien und Vorschriften zur Überwachung und Sicherstellung der hygienischen Standards seit 30 Jahren nicht mehr überarbeitet oder aktualisiert zu haben. Ganz zu schweigen vom Rückstand bei den Kontrollen vor Ort.

Das Nanumeter zeigt den subjektiv empfundenen Grad der Peinlichkeit und/oder Verlegenheit, der man in einer solchen Situation ausgesetzt sein kann. Auf einer Skala von 1 bis 10 bedeutet 10 die größtmögliche Verwunderung oder sogar Blamage.

Ärztejammer.

Die Theorie der Praxis.

Freitag, 29. April. Die erste Hälfte der Nacht schien nicht enden zu wollen. Mein geistiger Zustand war dominiert vom zwanghaften Wunsch, Siobhan anzurufen. Nur meine erbärmliche körperliche Konstitution ließ diesen Gedanken immer wieder dann wie eine Seifenbase zerplatzen, wenn ich tatsächlich ein paar Mal zum Telefon gegriffen hatte und drauf und dran war, Shivas Nummer zu wählen.

Im Übrigen war ich die ganze Zeit von der fixen Idee befallen, Kwans sachliche Diagnose sei nicht mehr als die Fehleinschätzung eines unerfahrenen Medizinstudenten, der noch nie in seinem Leben auf einen echten Patienten losgelassen wurde. Ich konnte und wollte von der psychosomatischen Komponente meiner Malaise nicht ablassen.

In sehr regelmäßigen Intervallen trieb der Brechreiz mich zum Badezimmer, bis der zum Vorschein geförderte Mageninhalt nur noch aus dem Tee bestand, den Lene mir in unerklärbarer Fürsorge noch stundenlang nachlieferte. Gegen Morgen schließlich schlief ich für wenige Stunden ein.

Als ich wieder wach wurde, waren die anderen alle ausgeflogen, dafür lagen unter der Tür vier Zettel.

Lene, kurz und bündig: »*Get better*«.

Kwan, auf falschem »*food*« erwischt, schrieb: »*Foot poisoning. Better see doctor*«.

Malcolm, nüchtern, als *personal trainer* voll in seinem Element: »*Recommend Dr. Robinson, Mairangi Bay*«, und

Nora, typisch: »*What about tonight?*«

Abermals setzte spontane Übelkeit ein. Dieses Mal vom Unterbauch ausgehend.

Später gelang es mir, im Rahmen einer ewig dauernden Prozedur, mich mit großer Mühe in einen halbwegs zivilisationstauglichen Zustand zu bringen. Selbst mir als passioniertem Arztvermeider war inzwischen klar, dass es in diesem Fall ohne professionelle, allgemeinmedizinische Hilfe nicht ging (den Gang zum Psychologen hatte ich damit längst noch nicht verworfen). Dr. Robinson war in den *Yellow Pages* schnell gefunden, und ich notierte die Adresse auf dem Briscoes-Flyer, der zentral auf meinem Schreibtisch lag. Hoffentlich würde mich der Arzt zum Wochenende wiederherstellen. Unaufschiebbare Verabredungen höchster Dringlichkeit standen an.

Info zwischen den Zeilen von Suchmaschinist K.I.W.I. Yellow-Pages

Auch in Neuseeland gibt es die Gelben Seiten. Die »Yellow Pages« sind das Basissuchverzeichnis für gewerbliche Adressen. Als Inhaber eines Festnetzanschlusses, »land line«, bekommt man das Nachschlagewerk in regelmäßigen Zeitintervallen als gedrucktes Werk in Buchform.

Natürlich gibt es im Internet auch eine Onlineversion der Gelben Seiten NZ. Das Pendant für private Telefonnummern und Adressen ist, wie in D, die weiße Variante: »White Pages«.

Ich rief in der Praxis an, schilderte einer *nurse* das Problem und fragte, ob ich gleich losfahren könnte.

»*No worries, I'll squeeze you in*«, war ihre freundliche und passende Antwort, denn wie ausgequetscht fühlte ich mich ja sowieso schon. Ich empfand spontanes Vertrauen. Nach einer kurzen Meditationssequenz, bei der ich alle Konzentration auf das Sonnengeflecht richtete, fuhr ich los.

Zwanzig Minuten später erreichte ich die Gemeinschaftspraxis, in der außer Dr. Robinson drei weitere Doktoren ihre medizinischen Dienstleistungen anboten. Auf ein paar mit aufgesprühtem Äskulapstab markierten Parkplätzen standen japanische Kleinwagen. Das Gebäude machte nicht gerade den Eindruck eines modernen Ärztehauses – besser gesagt (um jeden Euphemismus zu vermeiden): Es sah sehr renovierungsbedürftig aus.

Aber ich hätte außen zufrieden sein sollen, denn im Inneren war es richtig schrottig. Meine Vermutung, die unzähligen Wellen im Teppichboden könnten absichtlich gelegte Fußfallen sein, um den Chirurgen in der Ärztegemeinschaft beschäftigt zu halten, war natürlich nicht mehr als eine meiner vielen Verschwörungstheorien.

Ich stellte mich an der Rezeption vor, wo man mich bereits erwartete. Eine mütterliche aber flotte Dame namens Lorraine ließ mich einen Bogen mit persönlichen Daten ausfüllen und fragte abschließend, wie ich gerne bezahlen wollte: Cash, Kreditkarte, **Eftpos**. Danach wurde ich noch für ein paar Minuten auf die abgewetzte und durchgesessene Wartebank geschickt.

Info zwischen den Zeilen von
Zahlmeister K.I.W.I. Eftpos

»Eftpos« ist ein extrem weitverbreitetes Bezahlsystem in Neuseeland.

»Eftpos« ist eine Abkürzung für »Electronic Funds Transfer at Point of Sale« und wurde 1989 offiziell im Land eingeführt. Dazu hat der Kunde eine spezielle Bankkarte, die – das ist ein wichtiges Detail – keine Kreditkarte ist.

Wenn mit der »Eftpos«-Karte bezahlt wird (alle neuseeländischen Shops und Geschäfte haben dafür ein entsprechendes Gerät auf der Ladentheke stehen), erfolgt eine direkte Abbuchung vom Konto des Karteninhabers. Der Betrag wird dem Geschäft über Nacht auf das Konto gebucht.

Jeder Kiwi hat eine »Eftpos«-Karte und bezahlt fast alles damit. Barzahlung ist in Neuseeland unüblich. Der Vorteil des »Eftpos«-Systems gegenüber der Kreditkarte ist, dass eine eventuelle Unterdeckung des Inhaberkontos unmittelbar im Moment des Bezahlens sichtbar wird.

Die Kiwis benutzen »Eftpos« doppelt so häufig wie jedes andere Land, in dem es dieses oder ein vergleichbares Bezahlsystem gibt.

Es war – vom PC an der Rezeption abgesehen – alles sehr antik. Bei Schränken und Regalen dominierten das Material Holz und die Farbe dunkelbraun. An den Wänden hingen überall runzlige, mit Nadeln an die Tapete gepinnte Gesundheitsposter. Um meine Gedanken von der permanent vorhandenen Übelkeit abzulenken, suchte mein Blick nach spannenden Motiven. Derer gab es reichlich. Durch offen stehende Türen hatte ich ungehinderte Einsicht in zwei der Sprechzimmer und weitere Behandlungsräume: Sie muteten alle wie sorgfältig ausgesuchte Exponate an, die – zusammengestellt als lebensnahe Ensembles – in einem Museum für die Geschichte des Ärztewesens in Neuseeland stehen könnten. Wenn es die Ärzte waren, die gelegentlich durch den großen Empfangsraum liefen, dann hatten sie nicht einmal weiße Kittel an – alle nur in Räuberzivil. Mein Vertrauen schwand.

Ich rief Malcolm an – trotz der vielen »*Cellphone Off*«-Hinweise ringsherum – und bedankte mich für seine Empfehlung, wollte aber zugleich wissen, ob das sein Ernst oder nur schräger Sportlerhumor war. Ich versuchte ihm in aller Kürze klarzumachen, dass ich eine topmoderne Praxis erwartet hatte, mit Parkett und weißen Schränken, mit hygienischen, abwaschbaren Sitzmöbeln im Wartezimmer, Informationstafeln hinter Glas im Alurahmen und vielen teuren Apparaten in den Behandlungsräumen, vor allem Doktoren in blütenweißen Kitteln mit umgehängtem Stethoskop sowie schlussendlich edlen Audis und Volvos auf dem Ärzteparkplatz.

Ich konnte nach meinem Monolog förmlich sehen, wie Malcolms Kinnlade nach unten klappte, und hörte ihn nach einer unfassbar langen Pause sagen: »Dann such' dir eben so eine Praxis. Ich kenne allerdings keine, die in dein Anspruchsschema passt, *sorry*.«

Wie schnell lässt man sich doch von Äußerlichkeiten leiten – wo es doch vor allem auf die inneren Werte ankommt. Wo war der schwer gebeutelte Kiwipflücker hier hineingeraten? Ist er gar in ein medizinisches Fettnäpfchen getreten?

Wenn man es als Reisender oder Einwanderer aus A, CH oder D gewohnt ist, den Arzt klischeehaft als den unnahbaren »Halbgott in Weiß« zu sehen, der einem aus seiner unendlichen Güte heraus eine Audienz in seinen heiligen Hallen gewährt, dann darf man diese rostige Denkschablone in Neuseeland getrost und dauerhaft ausrangieren.

Das fängt mit der telefonischen Terminbuchung an, bei der man selten auf eine Besuchszeit in der fernen Zukunft vertröstet wird. Bei der ersten Ankunft an der Praxis wundert man sich vielleicht über das schlichte Gebäude, in dem der Arzt tätig ist.

Freilich gibt es auch einige innerstädtische Praxen, die in modernen Geschäftsgebäuden untergebracht sind, aber das überwiegende Gros der Ärztehäuser sind unauffällige Häuser im »kiwi style«. Dementsprechend sollten auch die Erwartungen an die Optik des Innenraumes, des Wartebereiches und der Sprechzimmer nicht zu hoch gesteckt werden.

Generell kann gesagt werden, dass auf Äußerlichkeiten in neuseeländischen Arztpraxen wenig Wert gelegt wird. Diese Grundhaltung wird konsequent bis zum persönlichen Erscheinungsbild der Doktoren daselbst durchgehalten: Den vielerorts auf der Welt unvermeidbaren weißen Kittel trägt hierzulande kein Arzt (und auch das dekorative Stethoskop dient als Werkzeug, nicht als Ehrfurcht einflößendes Schmuckstück, und bleibt normalerweise auf dem Schreibtisch liegen, wenn es nicht gebraucht wird ...)

Schlussbemerkung: Der Ärztestand in Neuseeland wird weit weniger elitär eingestuft als in vielen anderen (europäischen) Ländern. Der Grund dafür liegt möglicherweise darin, dass das neuseeländische Gesundheitssystem mit dem aus deutschsprachigen Ländern nicht wirklich vergleichbar ist. Prinzipiell basiert es auf einem steuerfinanzierten Grundgerüst, was unter anderem zu einer völlig anderen Struktur des Etats für das staatliche Gesundheitswesen führt.

Das Nanumeter zeigt den subjektiv empfundenen Grad der Peinlichkeit und/oder Verlegenheit, der man in einer solchen Situation ausgesetzt sein kann. Auf einer Skala von 1 bis 10 bedeutet 10 die größtmögliche Verwunderung oder sogar Blamage.

Doktorspiele.

Schein und Wahrheit.

Ein grau melierter Herr Mitte sechzig kam aus einem der Sprechzimmer und rief fragend meinen Namen in den Raum. Kein weißer Kittel strahlte, kein Abhörgerät baumelte – dennoch war es Dr. Robinson, der mich sehr freundlich begrüßte, nachdem ich mich als der gesuchte Martin Horn zu erkennen gegeben hatte. Er ging voraus in Richtung seines Bereiches – ich folgte ihm zögernd, und mir war zunächst unklar, ob ich nicht besser flüchten (darin war ich geübt) oder mich auf eine Behandlung durch ihn einlassen sollte. Er bat mich, neben seinem musealen Schreibtisch auf einem ebensolchen Sessel Platz zu nehmen. Der Doktor strahlte große Ruhe und Souveränität aus und ließ sich von mir die Krankheitssymptome schildern. Ich beendete meine Beschreibung mit dem Hinweis, dass ich aufgrund einer Diagnosestellung aus Fernost bereits wüsste, an *food poisoning* – aber *food* mit hartem »t« am Ende – erkrankt zu sein.

Dr. Robinson musste darüber derart heftig lachen, dass ihm die Tränen in die Augen stiegen. Es dauerte sehr lange, bis er sich wieder beruhigt hatte und damit begann, die gleichen Fragen zu stellen wie Kwan am gestrigen Abend. Aber der Doktor fragte noch viel, viel mehr – immer wieder unterbrochen von kurzem aber schallendem Auflachen – und wollte ausgesprochen viel persönliche und private Dinge von mir wissen, die aus meiner Sicht als medizinischem Fachlaien nichts mit der Anamnese zu tun haben konnten. Von mir selbst überrascht erzählte ich dem sympathischen Arzt sogar von meinem Siobhanschen Dilemma und der Befürchtung, deshalb an einer Neurose erkrankt zu sein. Ich bat ihn, mir das stärkste Gegenmittel zu verschreiben, das auf dem neuseeländischen Markt erhältlich sei, weil ich für das Wochenende topfit sein müsste – schließlich standen die wichtigsten Begegnungen meiner Kiwi-Zeit kurz bevor.

Nach einer Zeitspanne, in der mein Hausarzt in Deutschland gut und gerne zwei bis drei weitere Patienten durchgeschleust hätte, wurde ich von Dr. Robinson nicht nur befragt, sondern parallel dazu abgehört, abgetastet und abgeklopft. Die ganze Zeit überzog ein breites Schmunzeln sein Gesicht. Während er seine Diagnose sorgfältig in den PC eingab, und einige Zeit später der Drucker ein Rezept und die Rechnung für seine Bemühungen ausspuckte, erfuhr ich – zur Ablenkung oder Beruhigung? – auch Einiges von ihm: aus seinen frühen Tagen als junger **GP** auf der Südinsel, wo er seine erste Praxis mit geliehenen Möbeln aus dem Rugby-Clubhaus ausgestattet hatte. Dann erzählte er kurze Anekdoten aus seiner Jugend- und Studentenzeit in England und wie er eine Apothekerin kennengelernt hatte, die später seine Frau wurde und ihm den Startimpuls gab, Mediziner zu werden.

Info zwischen den Zeilen von Hobbyhausarzt K.I.W.I. G.P.

Wer ein gesundheitliches Anliegen oder Problem hat, geht in Neuseeland zunächst immer zu einem »GP«. Dieser ist mit dem Allgemeinmediziner des deutschen Sprachraumes vergleichbar, wobei »GP« für »General Practioner« steht, es ist also ein praktischer Arzt. Der »GP« überweist den Patienten im Bedarfsfalle an einen Facharzt oder auch ins Krankenhaus.

Der Besuch beim »GP« muss bezahlt werden; das gilt für alle Neuseeländer, nicht nur Reisende, wie manchmal fälschlicherweise behauptet wird. Die Kosten dafür werden vom Staat subventioniert und variieren derzeit zwischen 50 und 90 Dollar, Kinder natürlich weniger (um eine ungefähre Größenordnung zu nennen).

Als er mich aus seinem Sprechzimmer hinausbegleitete, hatte ich das Gefühl, einem väterlichen Freund begegnet zu sein. Auf dem Weg zum *front desk* erwähnte er nur kurz, dass sich eine ausführliche Diagnose- und Therapiebesprechung erübrigt, zumal ich durch meinen Mitbewohner Kwan schon wüsste, welches pathologische Problem tatsächlich vorläge: »Vergiss diese Science-Fiction-Nummer aus dem Stanley-Kubrick-Film. Die Medizin wird dir helfen, die ›Fußvergiftung‹ ...«, er bog sich abermals vor Lachen, »... sehr schnell in den Griff zu bekommen.«

Dann hielt er kurz inne, fasste mich an der Schulter und sagte so leise, als müsste er sich an so etwas wie eine ärztliche Flüsterpflicht halten: »Rufe heute noch Siobhan an – warte nicht bis Morgen – sie wird nicht sauer sein. Für Kiwis ist der Freitag fester Bestandteil des Wochenendes. Der Montag übrigens auch ... *All the best.*«

Plötzlich erschien mir die Praxis viel schöner als am Anfang. Die dunklen Holztöne der Einrichtung strahlten eine therapeutische Wärme aus. Zugegeben: einige Gebrauchsspuren und etwas Verschleiß, aber wo gehobelt wird, fallen schließlich Späne.

Ich bezahlte für Konsultation und Rezept. Dann sah ich »Bertie« auf dem Parkplatz zwischen lauter nagelneuen japanischen Zweitwägen der Doktoren und *nurses* stehen. Beim Wegfahren erfüllte das Ärztehaus den Rückspiegel, als ob er ein Vergrößerungsglas wäre: Es war ein prächtiges Gebäude – ein Bollwerk des gesunden Menschenverstandes.

Wundermittel.

Die Stube der Alchimisten.

Lorraine, die flotte Mutter der Rezeption, hatte mir den Weg zur nächsten **Apotheke** beschrieben – und fünf Minuten später war ich dort. Es war ein kleines Ladenlokal, übervoll mit pharmazeutischen Produkten in Schränken, Vitrinen, Aufstellern, Körben und in der verglasten Theke. Der Kundenbereich bot Platz für höchstens zwei oder drei Personen. »Lucy« verkündete das Namensschild einer netten Asiatin, die mein Rezept entgegennahm. Sie nickte nach intensiver Lektüre des Papiers und sagte, dass meine Mittel in fünfzehn Minuten abholbereit sein würden. Ich unterdrückte die Frage, ob das nicht vielleicht ein bisschen lange sei, um zwei Tablettenschachteln aus der Schublade zu holen und auf den Ladentisch zu legen. »Siesta auf Chinesisch?«, lag mir als sarkastischer Kommentar auf der Zunge, aber ich schluckte kräftig und schwieg ...

Zum Ausgleich für meine Zurückhaltung wünschte ich mir, sie sähe aus wie Lucy Liu, und setzte mich in einer Ecke der Apotheke auf den einzigen Stuhl zur Überbrückung der fragwürdigen Wartezeit. Mir war nach wie vor äußerst flau in der Magengegend, aber der Brechreiz war – außer am Morgen – nicht wieder aufgetreten. Allein Dr. Robinsons Ausstrahlung und moralische Hilfestellung mussten eine Linderung der lästigen Symptome bewirkt haben. Ich begann, wieder an die offene Frage Shiva zu denken. Sobald ich mich physisch einigermaßen stabilisiert haben würde, wollte ich sie anrufen. Psychisch war ich dank des Doktors *coaching* längst bereit dazu. Er hatte recht: Es war Freitag und es war Wochenende. Mut zum Mut.

Ich konnte die Apothekerin durch eine Glasvitrine, die ihren Arbeitsplatz vom Kundenbereich abtrennte, gut bei der Bearbeitung meines Auftrages beobachten. Sie goss beide Tablettensorten aus größeren Containern in zwei flache Porzellanschalen. Von dort füllte Lucy – wie beim klassischen Erbsenzählen – Pille für Pille einzeln in neutrale, weiße Tablettenröhrchen.

Dann druckte sie auf einem kleinen kompakten Printer Etiketten aus und klebte beide akkurat auf die Behältnisse. Ich fragte mich, welche speziellen **Medikamente** das wohl sein konnten, die mir hier mit einigem Aufwand in asiatischer Handarbeit verabreicht wurden. War die Vergiftung schlimmer als Dr. Robinson mir eingestehen wollte? Waren es womöglich unerprobte Medizinimporte aus unklaren Quellen? War ich das Versuchskaninchen, *guinea pig*, für die Pharmaindustrie?

**Info zwischen den Zeilen von
Pillendreher K.I.W.I. Pharmacy**

Eine Apotheke findet man in Neuseeland mühelos in jedem Ort: entweder als eigenständige, spezialisierte »pharmacy«, als Kombination mit einer Drogerie (»chemist's«) oder als Abteilung in einigen Supermärkten. Die Versorgung mit Medikamenten entspricht internationalem Standard.

Dennoch gibt es eine kleine Besonderheit: Als Patient erhält man in Neuseelands Apotheken so gut wie nie verschreibungspflichtige Medikamente in ihren Originalverpackungen. Aus Kostengründen werden die meisten pharmazeutischen Produkte in großen Gebinden von der »Pharmac« (»Pharmaceutical Management Agency of New Zealand«) importiert. Von dort werden die Medikamente an die Apotheken weiter verteilt, die diese zur Ausgabe an den Patienten je nach Substanz rezeptgetreu abfüllen, abzählen oder auch abwiegen.

Die Giftmischerin beendete ihre Arbeit in der Alchimistenküche, indem sie von Hand mit Kugelschreiber: »2 x pro Tag 2« und »Jede Stunde 2« auf freie Stellen der Etiketten schrieb. Derart präpariert kam sie nach exakt einer Viertelstunde wieder in den Vordergrund des kleinen Shops und reichte mir in einer kleinen Papiertüte das Tablettenduo. Ich stemmte mich den aufkommenden Verschwörungsgedanken entgegen – hatte ich eine andere Wahl? – und bat die Schlitzäugige um ein Glas Wasser, um die erste Pillensequenz noch an Ort und Stelle einzunehmen. Sollte ich in ein Spontankoma fallen, würde mir hier noch am ehesten Erste Hilfe zuteilwerden. Ich fühlte mich wie ein Gaul, schließlich – sagt man – sollen sogar schon Pferde vor einer Apotheke ...

Während die Asiatin meinem Wunsch nach Wasser nachkam (was hoffentlich weniger als fünfzehn Minuten dauern sollte), schaute ich mir das medizinische Versorgungspaket genauer an. Ich stülpte die Tüte um. Eine Gänsehaut breitete sich langsam über meinen ganzen Körper aus und meine schlimmsten Befürchtungen schienen wahr zu werden: Nirgendwo fand sich ein Beipackzettel, der mich über die Risiken und Nebenwirkungen der Mittel aufklärte. War das Wissen über die *side effects* der Medikamente nicht das Wichtigste überhaupt?

Ich hatte mich zweimal zurückgehalten. Nun konnte ich nicht mehr anders und musste aufs Heftigste reklamieren. Lucy lief knallrot an – wahrscheinlich eine Nebenwirkung meines Protestes ...

»Was ich nicht weiß, macht mich nicht heiß« ist das gut funktionierende Wirkungsprinzip von Placebos. Hatte man Martin, unseren magenflauen Kiwipflücker, zu Risiken und Nebenwirkungen von Fettnäpfchen allein auf weiter Apothekenflur stehen lassen? Was genau war passiert?

Verschreibungspflichtige Medikamente werden in Neuseeland überwiegend ohne Beipackzettel ausgegeben, die im Übrigen hier auch kein Mensch vermisst. (Übertriebenes) Sicherheitsdenken ist absolut kein Wesenszug der Neuseeländer, und was Pharmazeutika angeht, ist er grundsätzlich und primär an deren Wirkung interessiert, weniger an Nebenwirkungen und eventuellen Risiken.

Sollten massive Nebenwirkungen eines Mittels bekannt sein, so wird dem Kunden, respektive dem Patienten, dies bereits bei der Verschreibung durch den Arzt mitgeteilt. Spätestens vor Ort beim Apotheker wird auch dieser nochmals auf mögliche Risiken und/oder Vorsichtsmaßnahmen hinweisen.

Warnhinweise, die direkt mit der Einnahme der Arznei zusammenhängen und eine negative Auswirkung auf den »Kiwi Lifestyle« haben, werden vom Apotheker gleich auf das Etikett mit aufgedruckt, beispielsweise: »Avoid direct sunlight while on medication« oder »Don't conduct any vehicle or machinery during medication«, wenn das Mittel die Haut empfindlich für Sonnenlicht macht oder das Führen von Fahrzeugen und Maschinen beeinflusst.

Das Nanumeter zeigt den subjektiv empfundenen Grad der Peinlichkeit und/oder Verlegenheit, der man in einer solchen Situation ausgesetzt sein kann. Auf einer Skala von 1 bis 10 bedeutet 10 die größtmögliche Verwunderung oder sogar Blamage.

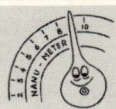

Wochenendspurt.

Wenn die Nacht zum Tage wird.

Zuhause angekommen warf ich mich in voller Bekleidung aufs Bett – ein paar Stündchen Schlaf wären jetzt ideal. Dass der Freitag zum Kiwiwochenende gehört, war mir aus kompetenter Quelle kurz zuvor sozusagen ärztlich bestätigt worden. Ich wollte Siobhan zum frühen Abend anrufen. Ich kannte ihren Tagesrhythmus und wusste, dass der Übergang vom Alltags- zum Nachtleben Shivas bevorzugte Zeit für Telekommunikation im Allgemeinen war. Also stellte ich den Wecker auf fünf Uhr am Nachmittag, um das Gebot des Tages auf keinen Fall zu verschlafen.

Aber ich brauchte keine Uhr. Lange vor dem Weckruf war ich wach geworden und fühlte mich nicht einmal schlecht, von einer erhöhten Pulsfrequenz – sicher aufgrund erster Nebenwirkungen – und feinzittrigen Händen einmal abgesehen.

Der Wecker ertönte erst – ich hatte dieses Mal als Signal ein Martinshorn mit schönem Dopplereffekt einprogrammiert – als ich längst im Badezimmer versuchte, mich für Siobhan zumindest äußerlich in einen optisch akzeptablen Zustand zu bringen. Sie würde mich möglicherweise noch am Abend sehen wollen. Kurz nachdem ich meine kosmetischen Operationen beendet und ich das fällige Stundenkontingent dieser mysteriösen Tabletten eingenommen hatte, wurde es auch schon wieder eng im Korridor des Hauses.

Alle außer Kwan hatten nun vor, sich ausgehfein für die Freitagnacht zu machen – allen voran Haarkünstlerin Nora, die das Badezimmer ohnehin als ihre zweite Heimat erachtete. Selbst Malcolm ließ seine (vermutlich eingeölten) Muskeln unter einem knappen schwarzen *muscle shirt* glänzend hervorquellen. Vor seiner haarlosen Brust baumelte ein **Koru** aus **Greenstone** an einem Lederbändchen. Sein Gesamtbild vom *sharp dressed man* rundeten eine enge Hose aus schwarzem Leder (sie saß wie aufgemalt) und Sportschuhe – ebenfalls schwarz – ab. Getoppt wurde die Lebendskulptur von einer gegelten Lockenpracht. Malcolm war die Kiwi-Hommage an Jim Morrison von »The Doors«, den er auf meine Frage hin zugab, nicht zu kennen.

Info zwischen den Zeilen von
Symbolologe K.I.W.I. Koru

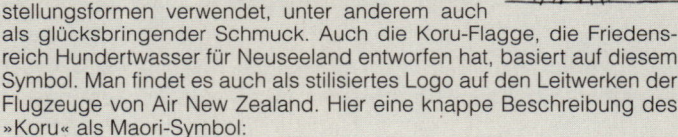

Das »Koru« ist ein typisches und weitverbreitetes Symbol der Maori. Es wird in einer Vielzahl von Darstellungsformen verwendet, unter anderem auch als glücksbringender Schmuck. Auch die Koru-Flagge, die Friedensreich Hundertwasser für Neuseeland entworfen hat, basiert auf diesem Symbol. Man findet es auch als stilisiertes Logo auf den Leitwerken der Flugzeuge von Air New Zealand. Hier eine knappe Beschreibung des »Koru« als Maori-Symbol:

Koru – Das Farnkraut (Spirale)

Es stellt ein aufgehendes Farnblatt dar und steht für den Beginn eines neuen Lebens und die Hoffnung für eine neue Zukunft. Es symbolisiert außerdem Erneuerung, Frieden, Harmonie und Stärke. Meistens trägt man das »Koru« als Schnitzerei aus Fischknochen oder – in einer höherwertigen Variante – aus »Greenstone«. Maori: »pounamu«, einer besonderen Art von grüner Jade (Nephrit) aus der Südinsel Neuseelands.

Die dritte Tätige im Dienste der Schönheit war Lene. Sie verstand es gut, das Manko ihrer ungünstig proportionierten Gesichtszüge durch sehr geschicktes Schminken, Frisieren und Kleiden zu kompensieren. Angesichts dieser freitagabendlichen privaten »*New Zealand's Next Top Model*«-Veranstaltung fragte ich mich wieder einmal, warum sich die Kiwifrauen eigentlich derart herausputzen, wenn sie dann ohnehin nur mit den ungepflegtesten Typen ausgehen, die einzig und allein das Ziel haben, bis spätestens um elf Uhr abends **zugedröhnt** zu sein.

Info zwischen den Zeilen von
Trinkgewohnheitsforscher K.I.W.I. Binge-Drinking

Neuseelands spezifische Trinkkultur bereitet einigen Gesundheits- und Rechtsinstitutionen großes Kopfzerbrechen: Es ist die als »binge drinking«

bekannte Gewohnheit in möglichst kurzer Zeit so betrunken wie möglich zu werden.

Wie weiter oben im Infoteil »Alcohol« bereits erwähnt, handelt es sich dabei um das bewusste Rauschtrinken (vulgo: Kampftrinken, Komasaufen), was die Kiwis beiderlei Geschlechts und aller Altersklassen allzu gerne praktizieren.

Einige Soziologen führen die Entstehung des »binge drinking« auf eine angelsächsische Tradition zurück: Bis 1967 mussten in Neuseeland Kneipen und Lokale mit Alkoholausschank um 18 Uhr schließen. Um den Bereich zwischen Feierabend und Polizeistunde wirklich »effektiv« zu nutzen, wurde in der kurzen verfügbaren Zeit so viel wie möglich getrunken. Dieses Trinkverhalten soll sich – so vermuten diese Wissenschaftler – in der Kiwi-Psyche fest und dauerhaft verankert haben. Damit erfreut sich das bewusste Rauschtrinken auch nach der Aufhebung dieser restriktiven Schlusszeitenregelung eines lebhaften Daseins.

Die vier Freunde zeigten sich hoch erfreut darüber, mich wieder in besserer Verfassung zu sehen.

Kapitalfluch.

Ausverkauf des Landes.

Ich zog mich an meinen Schreibtisch zurück, auf dem ich eine Weile die gesammelten handgeschriebenen Nachrichtenzettel meiner *flat mates* in wechselnden Variationen neben der Eröffnungseinladung von Briscoes auslegte. Nachdem ich eine pfeilförmige Anordnung, die mir gut gefiel, fertig hatte, wählte ich mit zitternder Hand Siobhans Nummer.

Nach dem ersten Klingelton legte ich wieder auf – was hätte ich eigentlich sagen wollen? Etwa: »Hallo, hier bin ich – und was ist jetzt mit uns?«

Mir wurde bewusst, dass ich wieder einmal keinen Plan hatte.

Je länger ich die Zettel von Pfeil- über Karo- bis hin zur Kreisform verschob, desto weniger fiel mir ein.

Doch dann flog mir die Lösung zu: Ich würde Shiva fragen, ob und wann wir uns treffen könnten – fertig. Die Zeit bis dahin sollte reichen, die Blockade im Kopf zu lösen.

Ich wählte zum zweiten Mal – es klingelte – ich legte auf.

Meine Atmung ging stoßweise und die Halsschlagader pochte. Ich knipste das Fernsehgerät an; im Zweiten lief **Shortland Street**; Sophie glaubte in dieser Folge, ihr Professor Ashton hätte eine verbotene Affäre mit einer Studentin, und wollte der Vermutung auf den Grund gehen.

**Info zwischen den Zeilen von
Fernsehseriengucker K.I.W.I. Shortland-Street**

»Shortland Street« ist das Musterexemplar einer »daily soap« im neuseeländische Fernsehen. Die Serie läuft bereits seit 1992 und hat damit die längste Laufzeit aller vergleichbaren TV-Serien des Landes. Die Seifen-

oper ist abends um sieben auf TV2 zu sehen und spielt in einem Krankenhaus in dem (erfundenen) Auckland-Vorort Ferndale.

Die Doktoren haben klangvolle Namen wie: Isaac Worthington, Sarah
Potts und Callum McKay. Schwestern und Sanitäter heißen: Tracy Morrison, Ben Goodall und James »Scotty« Scott.

Hatte Siobhan vielleicht – so schoss es mir gleich durch den leeren
Kopf – eine ernste Sache mit einem ihrer Professoren oder Dozenten
an der Massey University laufen und steht nun vor einer drama-
tischen Entscheidung? Bei Lehrern der Psychologie konnte man ja
noch nie sicher sein ...

Ich zuckte wie spastisch zusammen und stieß dabei beinahe das
TV-Gerät vom Sockel, als plötzlich mein Handy summte, das ich
immer noch in meinen kaltschweißigen Händen hielt. Im Display:
Siobhan! Ich fühlte mich blutleer und der Ohnmacht nahe. Ich ließ
mich mit Puddingknien auf die Couch sinken.

Nach ungefähr dem fünften Summton drückte ich grün – und
hörte: »Martin? *Mars? Bitte erschrick nicht!«*

Aber es war nicht Shiva. Paul, ihr Vater, rief von ihrem Telefon
zurück: »Martin, bist Du's? Du bist erschrocken! Sorry! Ich wusste
das geht nicht gut. Shiva hat mich gebeten, deinen Anruf anzunehmen. Ihr war klar, dass du heute anrufen wirst. Sie hat sich ein
paar Tage ausgeklinkt und ich soll dir dazu etwas ausrichten. Nein,
nichts Schlimmes. Kannst du kurz rüberkommen? Am Telefon geht
das nicht. Ich habe einen exzellenten Pinot Noir vom ›Te Kairanga
Estate‹ hier.«

Zwanzig Minuten später saß ich im hypermodernen Wohnzimmer
der Familie McNish. Raumhohe Thermo-**Doppelverglasung** über
drei Seiten. Dielenboden. Strukturputz. Kurz: das gesamte Desig-
nerprogramm. Dennoch wirkte es warm und heimelig. Sarah hatte
sich autodidaktisch die Grundlagen der Innenarchitektur angeeignet
und ganze Arbeit am eigenen Objekt geleistet.

Info zwischen den Zeilen von
Glashaussteinewerfer K.I.W.I. Double-Glazing

Fenster mit Doppelverglasung sind in Neuseeland absolut unüblich und wenn überhaupt, dann findet man sie nur in Luxushäusern, die in Verkaufsbroschüren gerne mit dem besonderen Qualitätsmerkmal »european standard« angepriesen werden.

Neuseeländische Wohnhäuser bis hinauf zur hochwertigen Kategorie haben lediglich Fenster und Schiebetüren mit Einfachverglasung. In Verbindung mit meist sehr dürftiger oder gänzlich fehlender Wandisolierung und einer nicht vorhandenen Heizung kann man sich die klimatische Situation in solchen Gebäuden leicht vorstellen.

Natürlich sind Thermoglasscheiben auch hierzulande erhältlich, und neuerdings bietet ein Unternehmen auch zugeschnittene Scheiben an, die man auf das vorhandene Glas aufkleben und sich damit ohne Schmutz und Aufwand eine Doppelverglasung im Do-it-youself-Verfahren »zaubern« kann. Das Problem: Das alles kommt bei den Kiwis – schon wegen der höheren Kosten – einfach nicht so richtig an, auch wenn es doppelt so gut ist.

Aus unsichtbaren Lautsprechern drang im ganzen Haus aktuelle Countrymusik in brillanter Qualität und angenehmer Lautstärke. Im Rahmen des allgemeinen Begrüßungsrituals, das als Pflichtstandard immer ein: *»How are you?«*, enthält, erwähnte ich in einem Nebensatz, dass ich mir gestern den Magen verdorben aber mich mittlerweile schon wieder erholt hatte.

Info zwischen den Zeilen von
Begrüßungsbeauftragtem K.I.W.I. How-Are-You

Die neuseeländische Begrüßungsformel enthält immer die Frage nach dem Befinden des Begrüßten. Als absoluter Neuseelandstandard gilt: »How are you?«

Man darf darauf: »I'm very good, thanks« oder etwas Ähnliches erwidern, aber im Grunde wird gar keine Antwort erwartet, und man sagt einfach ebenfalls: »How are you?«. Andere Varianten sind:

- *»How are you going?«*
- *»How is it going?«*
- *»Good day«* (*»G'day«* oder *»Gidday, mate«*)

Zum Abschied:

- *»See you later«* (*»See ya«*)
- *»Bye bye«*

Paul schenkte den Pinot Noir ein. Sarah stellte eine Schale mit wunderbaren **Oliven** dazu, die sie von rund fünfzehn Olivenbäumen aus dem Garten ihrer *bach* auf Waiheke geerntet und einige davon selbst eingelegt hatte. Mit den Worten: »Martin, du kannst gerne hier übernachten, wenn es mit dem Wein zu viel wird«, entschwand sie wieder zu ein paar Freundinnen in einen anderen Raum des Hauses, wo sie eine *lingerie party* abhielten.

Info zwischen den Zeilen von
Ölbaumpflanzer K.I.W.I. Olive

Olivenbäume gedeihen in jedem neuseeländischen Vorgarten. Das herrschende Klima gilt als sehr günstig für die Aufzucht des Ölbaumes. Liebhaber dieser leckeren Früchte können ihren individuellen Speiseplan ohne viel Aufwand mit Oliven aus eigener Ernte bereichern.

Auch der kommerzielle Anbau ist mittlerweile, zwei Jahrzehnte nach seinen ersten Anfängen, zu einem beachtlichen Standard gelangt. Neuseelands Olivenplantagen produzieren »Extra Virgin Olive Oil (EVOO)«, das international zunehmende Anerkennung genießt.

Die Produktionsmengen neuseeländischer Olivenprodukte haben dementsprechend hohe Zuwachsraten.

Paul legte sofort los, aber es war ihm zunächst wichtig, etwas vorauszuschicken: »Ich werde dir nicht mehr und nicht weniger ausrichten, als exakt das, worum mich Shiva gebeten hat«, sagte er gut gelaunt und schwenkte das Glas leicht beim Sprechen. »Es hat immer diesen Beigeschmack des Einmischens, wenn bei einer Beziehungsangelegenheit plötzlich die Eltern ins Spiel kommen. Ich mache das auch nur, weil ich weiß, dass Shiva genauso viel jünger ist als du, wie du jünger bist als ich. Damit bist du für mich altersmäßig die Relaisstation zwischen zwei Generationen. *Funny, isn't it?*«

Ich nickte höflich, verblieb aber leicht unverständig. Immerhin beeindruckte es mich, wie viele Gedanken sich Siobhan und ihre Eltern gemacht hatten. Dann erfuhr ich als eigentliche Eröffnungsnachricht: »Siobhan hat sich entschlossen, ihr Studium aufzugeben.«

Obwohl mich das nicht sonderlich überraschte, machte mich diese Nachricht leicht benommen. Etwas anderes konnte es wohl kaum gewesen sein: Die Tabletten hatte ich ordnungsgemäß eingenommen, und von dem wirklich ausgezeichneten Roten hatte ich bisher vielleicht drei Schlucke getrunken, trotzdem musste ich mich konzentrieren als Paul weiter berichtete.

Es gab – so erfuhr ich anschließend – vor Siobhans Teilnahme an der Regatta eine Zusammenkunft des Familienrats. Es ging darum, dass Paul und Sarah McNish vor der Entscheidung standen, ihren Kunststoffbetrieb in Albany zu verkaufen oder ihn – das war des Pudels Kern – Siobhan zur Weiterführung anzutragen. Die Tochter hatte genügend kaufmännisches Talent, einen mittleren Betrieb wie die »*Polyplastics NZ*« zu führen. Durch ihre repräsentativen Aufgaben, die sie bereits in großer Regelmäßigkeit ausgeführt hatte, war die Basis zur Leitung des Unternehmens ohnehin bereits vorhanden.

Paul fragte mich an dieser Stelle rhetorisch, ob ich raten wollte, was Shivas Antwort gewesen war. Ich befeuchtete meine Kehle mit einem Schluck Pinot Noir, und der Raum begann sich ganz langsam zu drehen. Ohne freilich meinen Lösungsvorschlag der Rätselaufgabe abzuwarten, kam Pauls Antwort, die mich immer tiefer in den Sessel rutschen ließ: »Siobhan sagte wörtlich, wirklich wörtlich«, betonte er mit der Präzision eines Kunststofftechnikers und ließ mich dann ihre genauen Worte wissen:

»*Ich möchte die Entscheidung von meiner Beziehung*
zu Mars abhängig machen!«

Durch den rotierenden Raum hindurch war mir schlagartig zur hundertprozentigen Gewissheit geworden, was ich doch längst schon ahnte: Shiva hatte festgestellt, dass sie mich liebte, und wollte natürlich wissen – jetzt wo sie an einem Wendepunkt ihres Lebens angekommen war – ob ich dieses Gefühl für sie erwiderte. Siobhan knüpfte alle weiteren Planungen an die Antwort – meiner Antwort – dieser einen Frage.

Ich hielt mich mit beiden Händen am Weinglas fest, denn die Drehung im Kopf wurde immer schneller und die Countymusik immer lauter, obwohl niemand am Volumeregler gedreht hatte. Ich schien in einer aufsteigenden Spirale aus Bildern und Klängen abzuheben – und plötzlich sang Shania Twain »*(If you're not in it for love) I'm outta here!*«. Wieder einmal wurde ich von einer mysteriösen Symbolik überwältigt. Hatten Siobhan und Paul diese Vorstellung zusammen mit der Musik sekundengenau geplant und einstudiert – einzig und allein mit dem Ziel, mich in den Tunnel der Liebe zu ziehen? Nein, das konnte doch nicht sein. Aber die Musik tat gut und die Zeile »*I'm outta here*« machte mir schlagartig bewusst, dass Shiva tatsächlich nicht hier war – nur – wo war sie eigentlich?

Ich versuchte gerade mit höchster Konzentration, den Boden, den ich minutenlang verloren hatte, wieder zu finden, als mich der ungefähr dutzendfache Schrei: »*Turn off! Paul, turn it off*«, zum senkrechten Absturz brachte. Mehr liegend als sitzend versuchte ich mich auf der weißen Ledercouch aufzurichten. Dann sah ich Sarah in leuchtend roten Spitzendessous aus den Tiefen des Hauses gerannt kommen.

Sie kreuzte wiederholt die Arme in der Luft, um ihren »Abschalten! Abschalten!«-Rufen optischen Nachdruck zu verleihen. Sie meinte damit eindeutig die Musik und schien Song oder Sängerin nicht zu mögen. Ich sah Paul lediglich mit den Augen rollen, obwohl er zugleich vom sexy Auftritt seiner Frau sehr beeindruckt war.

Um ihnen allen zu beweisen, dass ich den vollen Besitz meiner geistigen und körperlichen Kräfte zurückerlangt hatte, mischte ich mich mit der Souveränität eines geschmackssicheren Musikkenners ein und wies auf das gehobene Niveau des Musikstückes hin.

Aber Sarah blieb unerbittlich: »Nein, Martin, du kannst es ja nicht wissen«, und dann wieder Paul zugewandt, »Schluss! Aus! Paul, dreh' sofort diese Schlampe ab ...«

Mit Musik geht alles besser, wird oft leichtfertig behauptet. Manchmal ist jedoch das genaue Gegenteil richtig. In welches vermeintlich wohlklingende Fettnäpfchen ist unser liebesleidgeplagter Martin wider besseres Wissen hier geraten?

Shania Twain mag objektiv betrachtet eine gute Sängerin sein. Auf Neuseeland bezogen erscheint ihr Ruhm jedoch unter einem anderen Licht: Seit die kanadische Musikerin Mitte der Nullerjahre in der Nähe von Wanaka auf der neuseeländischen Südinsel eine Farm gekauft hat, hängt der Haussegen im Inselstaat leicht schief.

Nicht die Tatsache des Landkaufs an sich erzeugt den Missmut, vielmehr ist es dessen beeindruckende Größenordnung, die die Mitglieder der Organisation »Campaign Against Foreign Control of Aotearoa« auf den Plan rief: Shania Twains für 21,4 Millionen Dollar erworbenes Gelände ist immerhin knapp 250 km² groß.

Murray Horton, der Sprecher der Organisation, die sich gegen den maßlosen Verkauf neuseeländischen Grund und Bodens an Investoren aus Übersee wendet, kritisiert außerdem die Tatsache, dass durch die Veräußerung der gigantischen Farmlandfläche an die Einzelperson Twain immerhin 29 Kilometer bis dato öffentlicher Wanderwege für immer verloren gingen.

Mister Horton steht mit seiner Kritik nicht alleine da; viele Neuseeländer tragen die gleiche Sorge, dass hier ein Ausverkauf des Landes stattfindet, der im Verlust der geordneten politischen Kontrolle münden kann. Selbst Neuseelands ältestes und größtes Versicherungsunternehmen, NZI, hat den Twainschen Deal in einem recht witzigen Fernsehspot zum Thema gemacht. Dort wird (u. a.) augenzwinkernd gesagt, dass sich »Shania die Südinsel unter den Nagel reißt« und die Kiwis deshalb gut versichert sein sollten, denn – so die Schlussbotschaft – irgendjemand will einen doch immer beklauen: »Everyone's always stealing your stuff«.

Das Nanumeter zeigt den subjektiv empfundenen Grad der Peinlichkeit und/oder Verlegenheit, der man in einer solchen Situation ausgesetzt sein kann. Auf einer Skala von 1 bis 10 bedeutet 10 die größtmögliche Verwunderung oder sogar Blamage.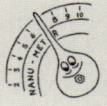

Ich kämpfte weiterhin gegen den Drehschwindel an. Es ging mir nicht schlecht – keine Übelkeit mehr und kein Brechreiz – aber permanent ein Kaleidoskop der Farben und Töne im Kopf. Paul erklärte

mir kurz Sarahs hysterische Reaktion: Der Twainsche Grundstücks-
deal schloss auch das Farmland mit ein, das einst Sarahs Großel-
tern gehörte. Seit es die Sängerin erworben hat, konnte Sarah das
Gelände nicht mehr betreten, was sie sonst einmal im Jahr als
Andenken an ihre Vorfahren gerne getan hatte. Seitdem das nicht
mehr möglich war, begann Sarah die Kanadierin systematisch zu
verachten. Bild- und Liedgut der Künstlerin wurden konsequent
aus dem Hause McNish verbannt und einzelne Zuwiderhandlungen
oder Nachlässigkeiten anderer Familienmitglieder durch massive
Interventionen – wie eben gesehen – geahndet. Natürlich nicht jedes
Mal durch Auftritte in Unterwäsche ...

Drehschwindler.

Paul fand zurück zum Thema. Ich fragte ihn, ob ich wissen dürfte, wo Siobhan denn eigentlich gerade sei.

Er beantwortete die Frage, indem er zusammenfasste: »Shiva gibt das Studieren auf. Das steht fest. Sie wird sich für oder gegen die Übernahme der Firma entscheiden, wenn sie mit dir gesprochen hat. Sie hat sich diese Woche ausgeklinkt, um ihre Gedanken zu ordnen, so wie sie dich gebeten hat, es mit deinen zu tun. Suche Siobhan nicht. Sie wird <u>dich</u> finden. Bald.«

Mein Glas war leer. Paul fragte, ob er nachschenken dürfte, aber ich lehnte dankend ab und erhob mich, um zu gehen. Ich war unsicher auf den Beinen und fiel auf das Polster zurück, nutzte aber den Schwung, um sofort wieder in die Senkrechte zu federn.

Jetzt endlich stand ich fest im Raum wie der Leuchtturm am East Cape, der aus unerklärlichen Gründen für den Bruchteil einer Sekunde vor meinen Augen wie ein *flash picture* in einem Film aufblitzte.

Paul wollte wissen, ob ich nicht besser bei ihnen im Haus bleiben sollte, aber ich sagte, dass ich nur ein bisschen schwach, aber nicht betrunken sei und die Heimfahrt kein Problem darstellt. Er rief Sarah, bevor ich das Haus verließ, und sie verabschiedete mich – wieder vollständig bekleidet – mit einer Entschuldigung für ihren Akt der Musikzensur und sagte zum Schluss: »*Please be good to Siobhan.*«

Als ich mein Ziel in Devonport erreicht hatte, wusste ich wieder einmal, dass ich irgendwo losgefahren und zu Hause angekommen war, aber ich konnte mich an kein Detail der Strecke dazwischen erinnern. Zum Glück war auf »Bertie« Verlass.

Schon beim Öffnen der Haustür rief ich laut nach Kwan. Noch bevor mein Ruf nach ihm verhallt war, kam er aus seinem Zimmer auf mich zu gerannt, als ob er Bereitschaftsdienst in einer Notaufnahme hätte.

»Ich sehe Farben und kriege die Twain nicht aus dem Ohr«, sagte ich ihm auf seine Frage, was denn mit mir los sei. »Nur ein Glas Wein«, denn er wollte wissen, ob ich Alkohol getrunken hatte, »das ist für mich doch wie Traubensaft für Kinder.«

Schon hatte mir Kwan aufs Bett in meinem Zimmer geholfen und sah sich meine Tabletten, um die er mich gebeten hatte, genauer an. »Da hättest du auch selbst draufkommen können«, triumphierte er vorwurfsvoll, »Dr. Robinson hat dir ein starkes Antibiotikum verschrieben, ergo: striktes Alkoholverbot. Schlaf dich einfach aus.«

Wie hätte ich das wissen sollen – es war doch gar kein Beipackzettel dabei ...

Autoerotik.

Liebesgrüße auf dem Nummernschild.

Samstag, 30. April. Ich schlief den Schlaf der Gerechten. Irgendwann erwachte ich und schaute auf die Uhr. Die Gedanken begannen zu rasen: was war, was ist, was kommt? Ich fühlte mich körperlich zum Bäume ausreißen, aber der Strom meiner Gedanken schwoll allmählich zum Tsunami an. Das große Sortieren begann. Ich orientierte mich im Zimmer und sah die Briscoes-Einladung auf dem Tisch – noch zwei Stunden bis zur Signierstunde. Also duschen und los.

Während ich den heißen Wasserstrahl genoss, dachte ich an Siobhan: Wo war sie wohl? Wahrscheinlich in der *bach* auf Waiheke – es ist ein ideales Refugium in turbulenten Zeiten. Sollte ich vielleicht dorthin ... Nein, dreimal großes Nein! Solche Spielregeln bricht man nicht.

Eher vielleicht ein SMS oder eine Email? Unsinn. ›Sie wird <u>dich</u> finden‹, waren Pauls Worte, darauf war Verlass. Ich war zum Warten verdammt – ein Zustand, den ich schwer vertragen konnte: Martys Martyrium – um es mit diesem fantasielosen, von der forschen Tanya kreierten *nick name* auszudrücken.

In diesen Gedankenhagel hinein summte mein Handy. Der Ton meldete eine Textnachricht, aber es war keines der Morsezeichen, das den Anrufer sofort aus seiner Anonymität holte: »*Trust in me!*«, stand im beleuchteten Display zu lesen. Die angezeigte Nummer war mir unbekannt, doch es kam für mich nur Siobhan als Absender infrage. Ich wusste, dass sie mehrere Mobiltelefone für alle möglichen Verwendungszwecke in Benutzung hatte.

An diesem Morgen war mir klar geworden, dass ich Shivas großes Gefühl erwidern konnte – daran bestand kein Zweifel mehr. Aber wie nur sollte ich es zum Ausdruck bringen? Wie würde die baldige

Begegnung ablaufen? Was würde sie mich fragen und was hatte das alles mit ihrer Entscheidung für oder gegen die Firma zu tun?

Die Ablenkung der baldigen Autogrammstunde mit der »Briscoes Lady« würde mir gut tun und mich auf andere Gedanken bringen. Der Tsunami im Kopf verlor an Energie. Bevor ich mich auf den Weg zum **Sylvia Park** in Mt. Wellington machte, schob ich einen Zwanzigdollarschein unter Kwans Tür hindurch. Dann war ich mal weg. *I'm outta here ...*

Info zwischen den Zeilen von Einkaufsführer K.I.W.I. Sylvia-Park

»Sylvia Park« ist nach der Anzahl von Läden gerechnet das größte und nach der Verkaufsfläche gerechnet das zweitgrößte Geschäfts- und Shoppingzentrum Neuseelands. Es liegt im Süden Aucklands im Vorort Mount Wellington. Die »mall«, das eigentliche Einkaufszentrum, bietet auf sechseinhalb Hektar Grundfläche die Möglichkeit, durch 200 Ladengeschäfte zu bummeln.

»Sylvia Park« liegt äußerst verkehrsgünstig am »Southern Motorway«, und von der »Sylvia Park Train Station« fahren die Züge im halbstündigen Rhythmus ab.

Das nördlich Gegenstück zu diesem Zentrum ist die »Westfield Mall« in Albany. Hier kann man zwar »nur« in etwas mehr als 150 Geschäften stöbern, aber dafür bewegt man sich beim Geldausgeben auf einer noch größeren Verkaufsfläche.

Trotz des dichten Verkehrsstromes auf dem Motorway nach Süden kam ich schneller als erwartet in Mt. Wellington an. Schon kurz nach der Autobahnausfahrt waren links und rechts der Straße große Plakate an den Lampenmasten angebracht, die alle auf die heutige Eröffnung der Briscoes-Filiale hinwiesen. Die Lady wurde – wie bei diesem Unternehmen üblich – auf diesen Werbemitteln nicht abgebildet. Aber ich würde ihr sehr bald schon in natura begegnen; vielleicht dürfte ich sie sogar berühren. Ich könnte vielleicht ein Missgeschick vortäuschen und straucheln, um sie dann beim Abfangen aus dem Fall ganz beiläufig zu touchieren.

Ich war auf dem Parkplatz angekommen – und das Tohuwabohu brach los. Noch mehr als eine Stunde hatte ich Zeit bis zum Beginn der Kochbuchpräsentation. Doch angesichts der Schlacht um die Parkplätze verlor ich fast jegliche Hoffnung, überhaupt jemals dort anzukommen. Ich begann bereits leicht zu schwitzen, als mir plötzlich unerhörtes Glück widerfuhr: In nächster Nähe zum Eingang des neuen Briscoes fuhr ein Businessmann mit seinem schwarzen Chrysler 300 aus einem Parkplatz heraus und hinterließ vor unseren Nasen eine Riesenlücke, auf die sich »Bertie« und ich so gierig stürzten wie die **Morepork** auf eine **Weta**.

Direkt neben uns hatte man die Abstellflächen für fünf Fahrzeuge von Briscoes Führungskräften mit Pylonen und Absperrbändern abgegrenzt. Drei davon waren bereits von Fahrzeugen belegt, darunter ein glänzender Mini wie »Bertie«, allerdings ein Cabrio – das man hierzulande *convertible* nennt – in der Farbe Silber. Ich hätte wetten können, dass er Tammy, der »Briscoes-Lady« gehörte ...

Info zwischen den Zeilen von Eulennachgriechenlandträger K.I.W.I. Morepork

Die »Morepork« (Ninox novaeseelandiae) ist eine Eulenart, die nur in Neuseeland vorkommt. Der Maori-Name für diesen Nachtvogel ist »ruru«, was lautmalerisch den Klang des Rufes wiedergibt. Die auf Deutsch Neuseeland-Kuckuckskauz genannte »Morepork« hat ein dunkelbraunes Gefieder mit weißen Sprenkeln auf der Unterseite und wird bis etwa 36 Zentimeter lang.

Der Eulenvogel gilt als mutiger bis aggressiver Nachtjäger: In sein Beuteschema fallen durchaus kleine Vögel, Ratten und Mäuse, wobei als Standard Käfer und Insekten, darunter auch die »Weta«, gelten.

Die »Weta« ist ein Insekt aus der Familie der Langfühlerschrecken. Der vollständige Maori-Name dieses Sechsbeiners ist »Wetapunga« und bedeutet »Gott der hässlichen Dinge«. Das wird verständlich, wenn man eine »Weta« in Natura sieht: Das Tier kann die beeindruckende und etwas erschreckende Körperlänge von 9 Zentimetern erreichen und gilt mit einem Gewicht von bis zu 70 Gramm als schwerstes Insekt überhaupt. Die Spannweite der Beine kann bei der »Giant Weta« 45 Zentimeter erreichen. Das Insekt ist aber vollkommen harmlos, beißt nicht, sticht nicht und ist ungiftig.

Ich blieb im Wagen sitzen und nahm das Telefon zur Hand. Ich war drauf und dran, schwach zu werden und Siobhan eine Textnachricht zu schicken, aber sofort meldete sich auch die Vernunft wieder zurück und drängte die Absicht wieder in den Hintergrund. Es war immer noch eine knappe Stunde Zeit bis zum Auftritt der Lady, und ich musste mich irgendwie beschäftigen. Ich hatte größte Mühe mit dem Warten – hier auf Tammy, die »Virtuelle«, dort auf Shiva, die »Reale« – klarzukommen.

Dann sah ich zwei reifere Damen aus dem neuen Briscoes Geschäft kommen, die sich das beworbene Kochbuch gerade zugelegt und aus den Plastiktüten genommen hatten. Im Gehen begutachteten sie das wuchtige Werk von allen Seiten; auf ein Autogramm der Lady schienen sie keinen Wert zu legen, denn sie verschwanden eiligen Schrittes in den Tiefen des Parkplatzes. Das brachte mich auf die Idee, noch vor dem Erscheinen der Werbeikone ebenfalls dieses Kochlöffel- und Schneebeseneldorado namens Briscoes zu betreten und mir ein Exemplar des neuen Kochkompendiums zu sichern, bevor vielleicht das Gedränge später am Signiertisch zu groß werden könnte.

Im Ladengeschäft hatten sie eine Art Bücherinsel aufgebaut, mit einem kleinen modernen Schreibtisch als Zentrum. Hier würde Tammy sitzen und mit wallender Mähne Hunderte von Autogrammen verteilen. Rings um ihren Platz waren die Kochbücher in hohen Stapeln auftürmt. Das Gesamtbild wirkte äußerst professionell. Ich war froh, nun etwas abgelenkt zu sein, und freute mich auf das baldige Event. Ich kaufte sofort ein Exemplar zum exklusiven Eröffnungspreis von 29,95 Dollar. Dann verließ ich das Geschäft wieder, das zu dieser frühen Stunde bereits sehr gut besucht war.

Auf dem Weg zurück zum Auto schälte ich die Plastikfolie ab, die das Buch versiegelte. Ich wollte mir eine besondere Seite aussuchen, auf der die »Briscoes Lady« ihr Autogramm – vielleicht sogar mit Widmung – setzen sollte; Innendeckel oder Vorsatzblatt waren mir dafür viel zu banal. Die bessere Alternative war schnell gefunden: Es gab in diesem Kochbuch tatsächlich das Rezept für *Spaghetti on Toast* – es gab keinen schöneren Platz für Tammy Wells' Eintrag, den ich mir ungefähr in dieser Art vorstellte: »*For Martin, The German Cook. Tammy*«

Das aufgeschlagene Buch in den Händen und die abgepellte Folie zwischen den Zähnen haltend kam ich wieder bei »Bertie« an. Als ich hochsah, wurde ich vom Anblick eines leuchtend gelben Fahrzeugs, das inzwischen auf dem Nachbarparkplatz stand, regelrecht überwältigt.

Das Auto war dem ersten Eindruck nach fast doppelt so lang wie mein Mini und natürlich auch viel breiter; de facto füllte das Ungetüm die Abstellfläche praktisch vollständig aus.

Ein plakatives Chromlogo verhieß »V8«, was keinen Zweifel an der bulligen Motorisierung dieses sonderbaren Boliden aufkommen ließ.

Das Sahnehäubchen jedoch – so befand ich spontan – war das Kennzeichen des knallgelben Straßenmonsters: LUV* UTE. Das beeindruckte und inspirierte mich. Sollte ich vielleicht sofort, am besten noch heute: LUV SHIVA in solides Blech prägen lassen und solcherart ausgestattet mit »Bertie« in seinem strahlenden Rot, der Farbe der Liebe, als heiterem Träger der Botschaft bei Siobhan vorfahren. Ich bräuchte dann nichts mehr zu sagen; müsste nur noch zum Wagen deuten – und »Bertie« würde als metallener Amor für mich sprechen. Und dann würde sie mir die Augen zuhalten, mich zu ihrem brautkleidweißen X3 führen, dort meinen Blick freigeben – und ich sähe LUV MARS auf dem *licence plate* prangen. Alles würde gut ...

Da stand ich, das Kochbuch in der Hand, das mir beinahe aus den Fingern glitt, und war wie elektrisiert von diesem exklusiven Gefährt. Ich dachte gerade, welch ein extrovertierter Mensch dieser Achtzylinderfahrer wohl sein mochte, bekannte er sich doch öffentlich der Liebe zu seiner Herzensdame mit dem althochdeutschen Namen, als ich eine Stimme von hinten her fragen hörte: »*You love my Ute too?*«

Ich erschrak und ließ mein Buch klatschend zu Boden fallen, war jedoch schlagfertig genug zu erwidern, dass ich zwar Deut-

---

* LUV ist eine in Neuseeland häufig verwendete, vereinfachte Schreibweise für LOVE (Liebe).

scher sei, aber weder seine noch überhaupt irgendeine andere Ute kannte. »Mein Interesse gilt nur Shiva, *sorry Sir*«, fügte ich im Umdrehen noch hinzu.

Hinter mir stand jener Typ des gut situierten Neuseeländers, der sich so gerne edelschlampig gibt: Drei- bis Fünftagebart – präzise geschnitten; gegeltes Haar – vermutlich nachgefärbt; eingerissene Designerjeans – brandneu; T-Shirt von den »Allblacks« – extraschlabberig. Kam er womöglich aus dem halbseidenen Milieu der **K' Road** und bot die einschlägigen Dienste dieser ominösen Ute jedem an, der ihm über den Weg lief? War sie ein Star des Rotlichtgewerbes, den jeder hier kannte?

»Wer oder was soll denn Shiva sein?«, fragte er zurück, »Dir gehört doch dieser Mini hier, oder nicht?«

Info zwischen den Zeilen von Nachtschwärmer K.I.W.I. K-Road

»K' Road« ist die leicht aussprechbare Kurzform für die bekannte Kharangahape Road in Auckland. Bis in die frühen sechziger Jahre war die »K' Road« Aucklands Hauptgeschäftsstraße.

Durch städtische Umstrukturierungsmaßnahmen und den Bau der »Motorways« verlor die »K' Road« ab 1965 massiv an Bedeutung, und viele Geschäfte wanderten ab. In den Jahren dieses Niedergangs wurde die Straße – wegen der stetig sinkenden Mieten – zum Rotlichtdistrikt.

Ab 1990 ging es mit dem Image der Kharangahape Road wieder bergauf. Sie ist aber bis zum heutigen Tag die Heimat der Nachtbars, Sexshops, Stripklubs und Etablissements des horizontalen Gewerbes geblieben.

Die Hauptgeschäftsstraße in Auckland ist heute die Queen Street.

Dieser Dialog wurde mir nun eindeutig zu kryptisch. Ich hob das Kochbuch vom Asphalt auf und zog mich ohne weitere Worte in mein Auto zurück. Der schöne Aucklander setzte sich in seinen teuren Gelbling und lächelte hinter dunkel getönten Scheiben mitleidig zu mir herüber. Dann brauste er mit donnernder Sechslitermaschine davon. Seine Ute konnte mir doch gestohlen bleiben ...

Leichte Mädchen und schwere Jungs werden natürlich auch in Neuseeland nicht vor den Stadttoren ausgesperrt. In welches zwielichtige, rot leuchtende Fettnäpfchen sollte unser unbedarfter Martin hier möglicherweise gelockt werden?

Schon im Nibelungenlied war Ute ein wichtiger Name – immerhin hieß so die Mutter Kriemhilds, und noch heute will er in jedem Kreuzworträtsel waage- oder senkrecht eingetragen werden – nur in Neuseeland ist wieder einmal alles anders: Kein Kiwi denkt beim Namen »Ute« an ein weibliches Wesen, wohl aber – je nach Betrachtungsweise – an etwas Erotisches im weiteren Sinne. Die vollmundige Aussage auf dem Kennzeichen »LUV UTE« und die seltsamen Äußerungen des aufgedonnerten Fahrers konnten selbstverständlich fehlinterpretiert werden, dabei ist »Ute« schlicht und ergreifend die neuseeländische Bezeichnung für einen äußerst beliebten Fahrzeugtyp, das »utility vehicle«! Solche Autos sind in anderen Teilen der Welt auch als »pickup (truck)« oder »coupé utility« bekannt, wo die Kreuzung aus Personenwagen und Transporter überwiegend als Nutzfahrzeug eingesetzt wird. Das »Ute« gilt in NZ (und AU) als echte Auto-Ikone.

Ein »Ute« ist von vorne her wie eine klassische Limousine aufgebaut. Nach den Vordersitzen allerdings geht die Kabine überraschenderweise fließend in die Ladepritsche eines Kleinlastwagens über. Diese Pritsche ist jedoch keinem besonderen Nutzen zugeordnet und meist komplett mit einer Haube abgedeckt, in die der Designer sportliche Längssicken oder Rillen eingeformt hat. Unter dieser Haube findet sich – kiwigerecht – genügend Platz für Angelzeug, Boogie Board oder Golfschläger. Das gesamte Erscheinungsbild des »Ute« erweckt den Eindruck einer futuristischen Kreuzung aus schnittigem Pkw vorne und flott gestyltem Lkw hinten – sehr stromlinienförmig, sehr modern und sehr auffällig. Die führenden Marken sind natürlich Holden und Ford.

Eine kleine Anekdote zur Entstehung dieses Fahrzeugtyps (der Ruhm gebührt in diesem Fall den Aussies): Eine australische Farmersgattin soll einst den dringenden Wunsch nach »einem Fahrzeug, mit dem man sonntags zur Kirche fahren und montags die Schweine zum Markt transportieren kann« geäußert haben, was angeblich Ford und Holden inspiriert haben soll, ihre ersten »Ute«-Modelle zu produzieren. Heutzutage sind kirchliche und landwirtschaftliche Aspekte eher in den Hintergrund getreten, und viele Kiwis sehen ihre Ute mit den schwungvollen Formen und der unbändigen Kraft als rare Schönheit, mit der man sich gerne schmückt und sehen lässt, ergo: LUV UTE.

Das Nanumeter zeigt den subjektiv empfundenen Grad der Peinlichkeit und/oder Verlegenheit, der man in einer solchen Situation ausgesetzt sein kann. Auf einer Skala von 1 bis 10 bedeutet 10 die größtmögliche Verwunderung oder sogar Blamage.

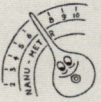

Werbespott.

Ich prüfte sorgfältig, ob das Kochbuch vielleicht vom Sturz auf den harten Parkplatzboden einen bleibenden Schaden davongetragen hatte. Die Untersuchung verlief ohne Befund – ich konnte weder Kratzer noch Knicke feststellen. Nur noch eine halbe Stunde, dann würde eine feine Feder – geführt von Tammys zarter Hand – übers seidenmatte Papier meines Buches gleiten und es zum Unikat werden lassen.

»Berties« Seitenfenster waren ganz geöffnet, und die Fahrertür ließ ich eine handbreit offen stehen; ich genoss die milde Frühherbstbrise und die wärmenden Strahlen der Vormittagssonne, als eine goldfarbene Lexus-Limousine vor den reservierten Parkplätzen hielt.

Fast zur gleichen Zeit kam ein Mitarbeiter von Briscoes im Laufschritt herangeeilt und löste das rot-weiße Absperrband. Der große Wagen glitt auf die freie Fläche und kam kaum anderthalb Meter von »Bertie« und mir entfernt zum endgültigen Stehen.

Es war nicht ganz einfach für mich, die Person hinter dem Lenkrad des Lexus klar zu erkennen. Sonnenreflexe tanzten nervös auf den Scheiben des Autos und machten das Beobachten schwierig, aber es handelte sich eindeutig um eine Frau und ich glaubte sie als die »Briscoes Lady« identifizieren zu können. Doch um zu vermeiden, dass ich wieder einmal in meiner Begeisterung vorschnell reagierte – hatte ich mich doch nur kurze Zeit zuvor in der New World viel zu früh über eine vermeintliche Sichtung Tammys gefreut – wollte ich dieses Mal ganz auf Nummer sicher gehen. Ich ließ mich tief in »Berties« Fahrersitz sinken und peilte knapp über die Türkante nach drüben in den goldglänzenden Wagen.

Die Vermutung wurde allmählich zu Gewissheit: Es war Tammy Wells, die »Briscoes Lady«!

Ich erkannte zweifelsfrei ihre sympathischen Gesichtszüge, die ich schon mehr als hundert Mal im TV und auf Prospekten gesehen habe. Nur eine Kleinigkeit schien anders an ihr zu sein. Nach kurzer Überlegung und weiterer konzentrierter Beobachtung durch das spiegelnde Glas hindurch glaubte ich zu wissen, was es war: Sie hatte – offenbar aus praktischen Erwägungen während der Autofahrt – ihre langen Haare hochgesteckt; das Gesicht war jedenfalls frei und ohne den üblichen Rahmen ihrer brünetten Mähne zu sehen. Mittlerweile stand es zu mehr als hundert Prozent fest: Eine der bekanntesten Werbeikonen Neuseelands saß nur eine Armlänge von mir entfernt in ihrem feinen Fahrzeug.

Den Gedanken, ihr schon hier auf dem Parkplatz die Unterschrift für mein Kochbuch abzuverlangen, verwarf ich sofort wieder. Schließlich war ich kein gieriger Autogrammjäger und würde die Privatsphäre anderer – zumal prominenter – Leute niemals verletzen wollen. Sie würde sich nun ohnehin sputen müssen: Haare richten, schminken, vielleicht auch Kleider wechseln – das alles braucht ja seine Zeit. Im Garderobenraum würde man Frau Wells sicher schon dringend erwarten – von ihrem Auftritt trennte sie (und mich) nur noch eine Viertelstunde.

Ich sank noch tiefer als zuvor in den Sitz, als sich das Seitenfenster des Lexus plötzlich senkte. Sie musterte sich ausführlich im Innenspiegel und hätte mich in ihrer Konzentration sowieso nicht wahrgenommen. Die Lady machte keine Anstalten auszusteigen; vielmehr sah ich, wie sie einen Lippenstift über ihre vollen Lippen führte und anschließend einen Mascarastift zur Hand nahm. Sie machte die »Maske« also selbst, hier vor Ort im Auto; das gefiel mir gut: kein Rummel um die eigene Person, kein Starkult, weder Hofstaat noch Entourage – sehr souverän.

Doch was geschah jetzt? Sie drehte sich nach hinten, um etwas Braunes, Wallendes vom Rücksitz zu angeln. In dieser Bewegung von Kopf und Körper war sie mir für eine Sekunde direkt zugewandt – Tammy sah mir genau in die Augen. Das helle Sonnenlicht fiel auf ihr Gesicht und das Innere ihres Wagens schien plötzlich gleißend aufzuleuchten. Dann sah ich das Bild, das ich nicht mehr vergessen werde: Die »Briscoes Lady« hatte graues, streichholzlanges Haar. In ihrer linken Hand hielt sie ihre berühmte Mähne – eine Perücke!

Während ich noch wie in Trance mit glasigem Blick nach drüben starrte, flog meine Hand nach vorn und erweckte mit einer knappen Bewegung »Berties« Motor zum Leben. Das Buch, das die ganze Zeit darauf gewartet hatte, durch Tammys Hand seine Jungfräulichkeit zu verlieren, fiel mir vom Schoß und rutschte durch den Türspalt auf die Straße. Im kurzen Ruck des Anfahrens fiel die Fahrertür ins Schloss. Ich spürte, ohne es wirklich zu registrieren, wie das Hinterrad das Buch tödlich überrollte.

Wie ferngesteuert segelte »Bertie« durch die Straßen Mt. Wellingtons. Ich saß hinterm Lenkrad und wusste dennoch nicht, was mit mir geschah. Irgendeine Kraft führte den Mini auf den Motorway nach Süden – links am Horizont die Hügel von Coromandel – ich sah sie nicht, aber ich fühlte, dass meine innere Kompassnadel zum Ostpol zeigte ...

Trockengebiet.

Ich fuhr und fuhr. Ohne anzuhalten durch Paeroa, nach Wahi – dort hielt ich an; legte mich in die Düne, in der ich einst Leilas, der Chinesin, Liebe spüren durfte; dann schlief ich ein und wachte Stunden später, über und über sandbedeckt, wieder auf. Ich musste schwer geträumt und im Schlaf wild um mich geschlagen haben. Hoffentlich hatte mich niemand beobachtet.

Anschließend ging die Fahrt weiter durch Katikati und vorbei an Tauranga ohne Stopp. Ich folgte blind der mysteriösen Kompassnadel immer entlang der Bay of Plenty. Der rote Mini summte durch Te Puke, wo ich – es war nicht allzu lange her – die süßen Kiwifrüchte von den Bäumen geerntet hatte und wo ich so herzlich von der Familie Hetherington aufgenommen worden war.

Erst einige Zeit später, als »Bertie« Benzindurst vermeldete, dachte ich ans Halten. Die Sonne schien aus tiefem Stand von hinten schräg aufs Armaturenbrett und ließ die Tankuhr mahnend leuchten. Ein kaum als solches wahrnehmbares Dorf mit unaussprechlichem Namen garantierte immerhin die Spritversorgung in Form einer wackeligen Bude mit zwei Zapfsäulen.

Ich war nervös und zittrig vor Hunger. Die kleine Tankstelle würde nicht nur die Energiequelle für »Bertie«, sondern ebenso für mich sein – Labsal für Wagen und Magen.

Mein kleines Auto konnte sich sicher nicht beklagen: Das gezapfte Benzin gab keinen Anlass zur Klage. Weniger gut dagegen sah es für mich aus: Süßzeug mehr als genug: **Pineapple Lumps**, Mini-Pavlovas, Cadbury und **Whittaker's** Schokolade. Aber das war's auch fast schon. Der Mann für alles, ein knorriger, älterer Maori, wies auf meine Frage in die Richtung einer kleinen Kühltheke, deren Aggregat turbinenartig brummte. Dort fand ich wenigstens eine Plastikbox mit zwei Sandwichhälften aus weißem Toastbrot; ein Klebeetikett verriet *Tuna*. Ich nahm noch Mineralwasser und suchte noch nach einer Flasche Wein; schließlich wusste ich nicht, wo ich heute den Tag beenden würde, und an eine Rückfahrt war ohnehin nicht zu denken: Das sehnlichst erwartete Shiva im Display des Telefons war den ganzen Tag über ausgeblieben, und ich fühlte, wie die Hoffnung auf ein baldiges Wiedersehen mit Siobhan zu schwinden begann.

**Info zwischen den Zeilen von
Naschkatze K.I.W.I. Pineapple-Lumps**

Berühmte süße Naschwerk-Kreationen aus Neuseeland sind immer eine Versuchung wert. Dazu
gehören unter anderem (sofern es nicht die Aussies
streitig machen):

»Pineapple Lumps«(Ananasstückchen). Bei Jung und Alt beliebte weiche Kaubonbons mit Ananasgeschmack und einem Überzug aus Schoko-lade. Die ersten »Pineapple Lumps« wurden 1935 in Oamaru auf der Südinsel hergestellt. Die Entwicklung dieser Süßigkeit soll als »Abfall-produkt« aus einer anderen hochverehrten (»Kiwiana«) Nascherei her-vorgegangen sein, dem »Chocolate Fish« (Marshmallow in Fischform mit Schoko-Überzug).

»Whittaker's Chocolate«. Schokoladeprodukte von Whittaker's gibt es seit 1896, als die Firma in Christchurch gegründet wurde. Heute hat sie ihren Sitz im Neuseelandort Porirua. Whittaker's wirbt mit dem Slogan: »Good honest chocolate«. Knabbertipp: »Kiwifruit«, Schokolade mit kleinen Stückchen aus Kiwifruchtgelee.

Ich fragte den Alten mit der braunen Hautfarbe nach einem Fläsch-chen Weißen oder Roten. Er hatte inzwischen etwas Smalltalk mit mir gehalten und sich als »Tamati« vorgestellt. Er war nicht der Eigentümer der Tankstelle, aber Tamati konnte schalten und walten, als ob sie ihm gehörte.

»Es halten nicht viele Autos hier«, erklärte er mir, »die meisten Touristen auf der Durchreise haben ihre Tanks schon in Tauranga gefüllt, manche machen auch in Whakatane Station. Ich will ja nicht jammern. Aber Wein habe ich nicht. *Sorry, bro.*«

Das fand ich ärgerlich. Jede popelige Tanke in Deutschland hat oftmals mehr Wein und Spirituosen als Benzinsorten zur Auswahl.

Und hier ließ mich Tamati einfach auf dem Trocknen sitzen; und ausgerechnet dann – ich gab es zu – wenn ich diese kleine, legale Droge einmal bitter nötig hatte.

»Wenigstens ein Sixpack Bier?« fragte ich ihn flehend.

Tamati musste von mir denken, ich sei auf Entzug. Aber er schüttelte nur den kahlen Kopf.

Als ich bereits wieder anfuhr, rief ich ihm noch meine ultimative Geschäftsidee zu: »Nimm Alkohol mit ins Angebot, häng' eine große Werbetafel raus – und dein kleiner Laden wird laufen wie geschmiert ...«

Manche großartigen Geschäftsideen scheitern, noch bevor sie richtig zu Ende gedacht sind. Außerdem stand wohl ein ziemlich ausgetrocknetes Fettnäpfchen im Fluchtweg unseres Kiwipflückers. In welche Situation hatte er sich hier hineinmanövriert?

Obwohl (oder gerade weil) Neuseeland ein offen diskutiertes aber ungelöstes Alkoholproblem vor sich herschiebt, haben spezifische staatliche Restriktionen bewirkt – so befürchten zumindest einige Fachjournalisten – dass das Interesse am Alkohol im Kiwiland eher gesteigert als geschwächt wird.

Alkoholika können nur an dafür zugelassenen Stellen erworben werden. In den großen Supermärkten, in sogenannten »superettes« und »convenience stores« (»Tante-Emma-Läden«) darf nur Schwachalkoholisches, also Bier und Wein, verkauft werden. Spirituosen findet man (zusätzlich zum Bier-Wein-Grundprogramm) ausschließlich in den »liquor stores«.

Lizenzierte Gaststätten dürfen alkoholische Getränke nur zum Zwecke des sofortigen Verzehrs an Ort und Stelle verkaufen.

Von Regierungsseite her versucht man, die Zahl der »liquor stores« zu begrenzen und die Neuvergabe von Alkohol-Lizenzen zu erschweren; dennoch gibt es überhaupt keinen Mangel an Verkaufsstellen für Schwach- und Hochprozentiges. Die meisten »liquor stores« sind Franchise-Betriebe und werden oft von Asiaten, die sich die aufwendige und teure Gründung eines solchen Fachgeschäfts leisten können, betrieben.

Als Kunde verlässt man einen solchen Alkoholshop immer mit einer dieser berühmten schwarzen Plastiktüten (gratis), damit draußen niemand bemerkt, dass man Schnaps gekauft hat.

Also: Anders als wir es im deutschen Sprachraum kennen, führen Tankstellen in Neuseeland grundsätzlich keine alkoholischen Getränke; weder Bier, Wein noch Spirituosen. Es gibt keine Ausnahmen dieser Regel. Kurz im Vorbeifahren noch schnell ein Fläschchen mitzunehmen ist in Neuseeland nicht ganz so einfach wie vielleicht gedacht.

Das Nanumeter zeigt den subjektiv empfundenen Grad der Peinlichkeit und/oder Verlegenheit, der man in einer solchen Situation ausgesetzt sein kann. Auf einer Skala von 1 bis 10 bedeutet 10 die größtmögliche Verwunderung oder sogar Blamage.

»Bertie« entwickelte als Kilometerfresser einen guten Appetit. Wir hielten eisern Ostkurs, aber der innere Kompass begann immer unruhiger zu werden. Man kennt es ja von Poljägern wie Amundsen und Scott, dass die Magnetnadel immer unbrauchbarer wird, je mehr man sich dem Pol nähert.

Der Tag ging unaufhaltsam zu Ende; vom Horizont her stieg die Dunkelheit herauf. Die Straße zum East Cape wurde immer gewundener und die Fahrt anstrengender. Keine Frage: Eine Bleibe für die Nacht musste gefunden werden. Zur Not – das hatte ich mir vorgenommen – müsste »Bertie« als Schlafkoje herhalten.

Whakatane hatten wir vor zwei Stunden schon passiert, Opotiki vor anderthalb. Bei Te Kaha, später Waihau Bay – die Strecke wurde langsamer – ging es nun serpentinenartig voran; der Mini spielte das Spiel geduldig mit. Nach Ortsschildern, die wir passierten, folgten meist nur einzelne Häuser; manchmal gar keine. Dann endlich – es war inzwischen finstere Nacht geworden – Te Araroa. Der Ostpol Neuseelands war von hier zum Greifen nahe. Jetzt bestand kein Zweifel mehr: Ich würde die Geburt des neuen Tages als Erster des ganzen Landes erleben dürfen. Es blieb nur die ungeklärte Frage, wie viele Touristen sich dieses Ereignis mit mir teilen würden ...

Als eine windschiefe Tafel die Nähe zu einer Unterkunft verkündete, folgte ich, ohne Alternativen in Erwägung zu ziehen, dem Richtungspfeil. Wenige Minuten später stand ich vor einer kleinen Anlage, die sicher schon bessere Zeiten erlebt hatte, aber ich war nicht anspruchsvoll und nahm für eine Nacht auch mit einer bescheidenen Hütte vorlieb.

In einem neonhell erleuchteten Raum befand sich die Rezeption. Auf einem Aluschildchen stand in geschwungener Schrift der Name: Aroha Mahuta. Eine etwa fünfzigjährige Maorifrau mit langen wirren Haaren begrüßte mich hinter einem breiten, zahnreichen Lächeln mit *kia ora* und beantwortete meine einschlägige Frage mit: »Ja, wir haben für die Nacht noch zwei *cabins,* Häuschen, für jeweils 25 Dollar und einen *room* für 75 Dollar frei.«

Ich entschied mich für das Motelzimmer und bezahlte im Voraus.

Info zwischen den Zeilen von
Protokollchef K.I.W.I. Kia-Ora

Maori ist genau wie Englisch eine offizielle Landessprache Neuseelands. Aus den vielen unterschiedlichen Dialekten wurde von einer eigens gebildeten »Maori Language Commission« eine allgemeingültige Maori-Hochsprache entwickelt. Die zusätzliche Kreation vieler neuer Wörter diente der Modernisierung der Sprache. Die meisten neuseeländischen Ortsbezeichnungen entstammen der Maori-Sprache.

Einige wissenswerte Begriffe und Redensarten auf Maori:

»Kia ora«	»Hallo, Guten Tag«
»Haere mai«	»Willkommen«
»Haere ra«	»Auf Wiedersehen«
Aotearoa	Land der langen weißen Wolke, NZ
Aroha	Liebe
Iwi	Stamm
Hangi	Mahlzeit aus dem Erdofen
Haka	Kriegs- bzw. Verteidigungstanz
Hongi	Gruß (Nase auf Nase)
Mana	Ansehen, Prestige
Maoritanga	Maori-Kultur
Marae	Versammlungsplatz
Moko	Tätowierung
Pakeha	Hellhäutiger Neuseeländer
Papa	Erde
Rangi	Himmel
Tane	Mann
Tapu	Verbot
Wahine	Frau
Waka	Kanu
Whare	Haus

Als alles Formelle abgewickelt war, nahm sie den Zimmerschlüssel vom Wandhaken und fragte mich dabei, ob ich *skim milk* oder *whole milk* bevorzugte. Magermilch, Vollmilch – was sollte ich denn damit noch am späten Abend anfangen? Ich antwortete erheitert mit der – wie ich glaubte witzigen und schlagfertigen – Gegenfragenserie, ob sie mich das wegen meines Milchgesichts fragte, ob das Kuhprodukt für eine eventuell vorhandene Hauskatze gedacht sei oder sie mir – ich erreichte den Zenit der Wortwitzkreativität – ein nächtliches, Kleopatrasches Milchbad empfehlen wollte. Ich war zufrieden mit mir. Hatte ich mit meiner guten Laune nicht bewiesen, dass ich die Gefühlssuppe, in der ich seit Tagen wie ein Fettauge schwamm, endlich so gut wie durchquert hatte?

Aroha schien es anders zu sehen. Ihre weißen Zähne waren inzwischen hinter einem schmalen, bläulichen Lippenpaar verschwunden; sie lächelte nun zahnlos gequält und murmelte ein tendenziell grimmig klingendes: »*Pakeha!*«

»*No milk today my love is gone away; the bottle stands forlorn a symbol of the dawn*« hieß es in einem Song der sechziger Jahre. Selbst hinter einem harmlosen Milchtöpfchen kann sich jedoch prinzipiell immer auch ein gut getarntes Fettnäpfchen verbergen. Welche Scherzsalve ging hier daneben, wenn nicht sogar nach hinten los?

Ein immer wiederkehrendes Ritual beim Einchecken in neuseeländischen Motels ist die Frage nach der Milch. Die Frau oder der Mann hinter der Rezeption lässt einem die Wahl zwischen Mager- und Vollmilch. Wenn man sich als Gast für eine Sorte entschieden hat, bekommt man zusammen mit dem Zimmerschlüssel einen Viertelliterpack Milch als zweitwichtigste Sache beim Bezug der Unterkunft überreicht.

Der Hintergrund: Jedes Motelzimmer hat eine mehr oder weniger kleine Küchenecke, ausgestattet mit allen wichtigen Kiwi-Utensilien wie Toaster, Flaschenöffner, Korkenzieher und einem Wasserkocher. Auf der Ablage steht außerdem ein Kabinett mit mindestens vielen verschiedenen Tee- und Kaffeesorten, Schokopulver sowie gelegentlich auch ein paar Keksen. Das alles ist eine Art Zimmergrundausstattung, deren Verzehr zur Frühstückszeit oder »tea time« nicht extra berechnet wird.

Und genau dazu gehört auch die Darreichung des Viertelliters Milch: Es ist mehr als eine standardisierte Gewohnheit, es ist praktisch eine Tradition des neuseeländischen Beherbergungsgewerbes. Tee und Kaffee bedürfen im Regelfalle des Kuhextrakts, auch heiße Schokolade mit Milch wird gerne eingenommen. Warum man sich nicht mit den einzelnen Kondensmilch-Portionspackungen behilft, wird allerdings auf immer ein Rätsel bleiben ...

Das Nanumeter zeigt den subjektiv empfundenen Grad der Peinlichkeit und/oder Verlegenheit, der man in einer solchen Situation ausgesetzt sein kann. Auf einer Skala von 1 bis 10 bedeutet 10 die größtmögliche Verwunderung oder sogar Blamage.

Kulturschocktherapie.

Von *hangi* und *huhu*.

Ich wählte ins Blaue hinein Vollmilch und musste erkennen, dass meine Stimmung doch nicht so gut war, wie ich gerade eben noch glauben wollte. Aroha nahm den Schlüssel und einen Viertellitermilchpack, um damit voraus zum Zimmer zu gehen; ich folgte ihr leicht deprimiert. Sie zeigte mir Kühlschrank, Kochecke und Dusche; der Standard des Raumes und seiner Bestandteile war eher bescheiden – *style of the sixties* – aber insgesamt akzeptabel.

Bevor sie wieder gehen wollte, bat ich die Schwarzlockige um etwas Nachsicht: »Ich habe gerade eine harte emotionale Nuss zu knacken«, und fragte sie, ob die Möglichkeit zu einer kleinen Mahlzeit bestünde.

Sie zögerte ein paar Augenblicke lang mit der Antwort und meinte dann: »Offiziell gibt es hier nichts zu essen. Aber unsere Familie hatte heute Abend ein *hangi*. Wenn noch etwas übrig ist, kannst du es haben. *For free*. Komm' einfach mal mit.«

Ich wusste natürlich nicht, was sie mit *hangi* meinte (in meiner Fantasie stellte ich mir ein großes Steak mit Pommes vor) und folgte ihr erwartungsfroh zurück zur Rezeption. Dort führte mich Aroha in einen dahinter liegenden Raum, mit dem die Wohnung der Familie Mahuta begann. Es ging sehr lebhaft zu: Außer ihrem Ehemann Hemi waren mindestens fünf weitere Familienmitglieder – zwei davon keine Maoris – entweder einzeln oder in der ganzen Gruppe anwesend – es war ein Kommen und Gehen. Aroha verschwand mit dem Vorschlag, uns selbst untereinander bekannt zu machen, kam aber sofort wieder mit der Meldung zurück, dass vom *hangi* noch genug vorhanden sei; sie wollte es nur noch schnell heißmachen.

Hemi, ein ziemlich massiger Mann mit straffer Gesichtshaut, bat mir einen Platz zum Warten an, und wir gerieten ein bisschen ins Plaudern. Er erzählte etwas vom Maoriland hier draußen auf dem Ostzipfel der Nordinsel und dass es ständig Diskussionen mit der Regierung um Besitzrechte an Gebieten der Maoris und/oder der »Krone« gäbe. Sein Stamm, *iwi*, sei übrigens der einzige im ganzen Land, der damals 1840 den »*Treaty of Waitangi*« nicht mit unterschrieben hatte. Das Thema war nicht uninteressant.

Aroha kam mit einer abgedeckten, leicht dampfenden Schale aus hartem, weißem Kunststoff in den Raum. Es roch etwas nach Mais. Ich könnte es mitnehmen oder gleich hier essen, ganz nach Belieben, sagte sie. Ich versuchte zu erkennen, aus was dieses *hangi* nun tatsächlich bestand, aber der Deckel war mit Dampf beschlagen und ließ nur ein paar unscharfe Konturen erkennen – Topfgucken traute ich mich freilich nicht und war nun völlig unsicher – im Sinne der Verhaltensregeln als Gast – ob ich bleiben oder ins Zimmer gehen sollte.

Während ich »bleiben oder gehen« abwog, erhob sich Hemi schwerfällig von seinem Sitz und sagte, als er den Raum schon fast verlassen hatte: »*Hang on, mate!* Ich zeige dir noch schnell eine besondere Maori-Delikatesse. *Huhu.*«

Huhu? Juhu? So fröhlich am Abend, dachte ich gerade, als Arohas Mann auch schon wieder mit einer runden Plastikdose in der Hand zurück war; er öffnete den Deckel und neigte den Behälter in meine Richtung. Meine Beine fühlten sich plötzlich an wie Gummi und ich musste irgendwie verhindern, dass mir das *hangi* aus den Händen glitt: In der Box wanden sich etwa zwanzig fingergliedgroße, weiße Larven, wie Engerlinge! Hemi nahm eine davon zwischen Zeigefinger und Daumen, wobei die Riesenmade heftig zu zucken begann. Er hielt sie prüfend ins Licht der Neonröhre, nickte zufrieden und führte das zappelnde Wesen zum Mund. Hemi kaute es genüsslich und grinste breit in meine Richtung. Etwas Weißes hing an seinem Mundwinkel.

Wie unter Schock stehend eilte ich, ohne zu denken und zu danken, aus dem Raum und durch die Rezeption hinaus ins Freie, wo ich tief Luft holte, um meinen Würgreflex zu bekämpfen. Dann ging ich in mein Zimmer, schloss hinter mir zu und legte die Sicherheitskette vor. Ich ließ mich direkt aufs Bett fallen und sah im Wegdämmern wie durch einen Schleier mein *hangi* auf dem Nachttisch stehen ...

Eine Einladung zum Essen lehnt kaum jemand ab – es sei denn... Der Schreck saß tief in Martins Knochen. Das Fettnäpfchen kam hier in Form einer unscheinbaren Plastikdose, die es in sich hatte. Was war passiert?

Bei traditionellen Mahlzeiten kommen gewisse kulturelle Unterschiede zwischen Maori und Pakeha zur Geltung. Dabei ist jedoch alles zunächst völlig unproblematisch. Die Gelegenheit, an einem möglichst ursprünglichen »hangi« teilzunehmen, sollte sich kein Besucher Neuseelands entgehen lassen. Dazu kann besonders das »Maori Village« in Rotorua empfohlen werden.

Das »hangi« ist eine Mahlzeit, die im Erdofen zubereitet wird. Im Fall von Rotorua geht das im Handumdrehen, weil die ganze Region praktisch ein stets betriebsbereiter Erdofen ist: Die für ihre vielen heißen Quellen berühmte Gegend ist vulkanisch aktiv, und an zahlreichen Stellen ist es direkt unter einer dünnen Erdschicht bereits kochend heiß.

An kühleren Orten Aotearoas muss der Maori-Erdofen erst vorbereitet werden, indem man eine Grube aushebt, auf deren Grund Steine gelegt werden, die zuvor im Holzfeuer stark erhitzt wurden.

Auf diese heißen Steine kommen die Zutaten des »hangi«, die in einem Korb aufgeschichtet sind. Diesen bedeckt man als nächsten mit nassen Tüchern oder Säcken und schüttet abschließend die Grube wieder mit Erde zu. Der entstehende unterirdische Dampf gart nun das Essen über eine bestimmte Zeit.

Die klassischen Bestandteile der Schichten im Kochkorb sind Fleisch vom Schwein oder Lamm, aber auch Hühnchenteile und Fisch werden gerne verwendet. Darüber liegt verschiedenes Gemüse, hauptsächlich die Süßkartoffel »kumara«, aber auch Kürbis und Mais.

Soweit also auch für europäische Mägen nichts Exotisches. Schwierigkeiten kann es allerdings mit einer sehr ungewöhnlichen kulinarischen Besonderheit geben: der »huhu grub«.

»Huhu« ist die Larve, »grub«, einer Spezies aus der Gattung der Bockkäfer, »huhu beetle«, der seine Eier in totem Holz ablegt, wo dann die Larven heranwachsen. Die weißlichen Insekten haben eine gewisse Ähnlichkeit mit den Engerlingen des Kartoffelkäfers. Eine »huhu grub« kann bis zu sieben Zentimeter lang werden.

Die Maoris nennen den Käfer »pepe tunga« und genießen seine Larve am liebsten lebend direkt vom Holz, in dem sie sich windet. Sie schmeckt angeblich wie butterzartes Hühnchenfleisch.

Das Nanumeter zeigt den subjektiv empfundenen Grad der Peinlichkeit und/oder Verlegenheit, der man in einer solchen Situation ausgesetzt sein kann. Auf einer Skala von 1 bis 10 bedeutet 10 die größtmögliche Verwunderung oder sogar Blamage.

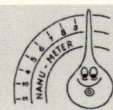

Das Morsesummen des Handys riss mich aus dem flachen, albtraumerfüllten Schlaf. Absenderlos – es konnte also nur Shiva sein – stand »*Wait for me!*« im Textfenster zu lesen.

Reply? Natürlich nicht! Also weiter warten – schlimmer als die Sache mit der *huhu* konnte es nicht werden.

Plötzlich war ich putzmunter – aber es war noch deutlich vor Mitternacht. Im Fernsehen lief ein Film, der im Alten Ägypten spielte und gerade das Mundöffnungsritual zeigte, bei dem man dem verstorbenen Pharao die Puppe eines großen Schmetterlings in die Mundhöhle legte. Ich schaltete den Streifen sofort ab, nahm mit leichtem Schaudern Arohas Schale vom Nachttisch, hob den Deckel ab und machte mich auf das Schlimmste gefasst.

Ich wollte nun doch wissen, aus was das *hangi* bestand: Ich sah drei Stücke verschiedenes Fleisch, ein paar weiße und rote Kartoffeln, etwas orangefarbenes Gemüse, Kürbis wahrscheinlich, und einen kleinen Maiskolben – eigentlich ganz okay, bis auf die fehlende Soße. Da wo ich herkam, mussten Fleisch und Beilagen in der Tunke schwimmen.

Ich stellte den Container in die Mikrowelle des Zimmers und erhitzte den Inhalt, bis er kräftig dampfte. Das *hangi* war alles in allem wirklich nicht schlecht.

Ich stellte den Martinshorn-Alarm auf fünf Uhr. Der Sonnenaufgang war etwa gegen Sieben zu erwarten ...

Sternstunde.

Licht am Ende des Tunnels.

Wenige Minuten vor dem Ertönen des Wecker-signals stand ich auf. Die primitive Dusche hatte einen auffallend schwachen Wasserdruck und der Duschkopf entließ die haarfeinen Wasserfäden kreuz und quer in alle Richtungen. Dafür erzeugte die Armatur wunderliche, kreischende Geräusche, sodass ich fürchtete, sämtliche eventuell vorhandenen Motelgäste wach zu duschen. Meine Sorge schien sich jedoch im weiteren Verlauf meines früh-morgendlichen Rituals nicht zu bestätigen. Der Kaffee aus löslichem Instantpulver schmeckte eher schlecht als recht. Immerhin konnte ich nun die Milch ihrer zugedachten Verwendung zuführen. Nachdem ich die Konzentration des braunen Gebräus durch die Zugabe der dop-pelten empfohlenen Pulverdosis ordentlich verstärkt hatte, spürte ich allerdings eine angenehm belebende bis aufputschende Wirkung.

Ich sammelte meine wenigen Sachen zusammen und verließ das Zimmer. Draußen war es frisch, nicht kalt, und die ausgehende Nacht war klar; überall Sterne. Leicht nördlich, steil über mir, erkannte ich das **Kreuz des Südens**. Ich hielt einen Moment lang inne und sog das Bild des nächtlichen Firmaments in mich auf.

»Berties« kleiner Motor sprang breitwillig an, seine vier Zylinder taten munter ihren Dienst, und schon waren wir zügig unterwegs und ließen das urige Motel im roten Schein der Rücklichter hinter uns.

**Info zwischen den Zeilen von
Sterngucker K.I.W.I. Southern-Cross**

Das Sternbild »Kreuz des Südens« (»Southern Cross« oder lateinisch »Crux«) ist nur auf der Süd-hemisphäre der Weltkugel sichtbar. Es symbolisiert klar und deutlich in tiefster Nacht: Man ist »down under«.

Das »Kreuz des Südens« ist ein zwar kleines aber sehr auffälliges Sternbild. Seine vier hellen Sterne bilden ein sehr markantes Kreuz am nächtlichen Südhimmel. Das »Southern Cross« ist ein Symbol auf der neuseeländischen Flagge. Aber auch auf den Bannern von Australien, Papua-Neuguinea und Brasilien ist es zu sehen.

Nur noch zwanzig, dreißig Kilometer trennten mich von der äußersten Ostspitze des Kiwilandes mit dem markanten Leuchtturm, der sich wie ein erhobener Finger des Landes dem kommenden Tag bemerkbar machen will. Die erste Strecke war noch ein kurzer Teil der Küstenstraße, die um das ganze östliche Horn herumführt. Es ging flott voran, aber die einzige Abwechslung auf der nachtschwarzen Strecke waren nur die Augen zahlreicher Possums, die im Lichtkegel der Scheinwerfer am Straßenrand grünlich aufblitzten.

Nach der Abzweigung zum East Cape veränderte sich die Situation – und die Fahrt wurde schwieriger: Das gewohnte rauschende Abrollgeräusch der Reifen ging abrupt in hartes Rumpeln über, und der Mini schien an Bodenhaftung zu verlieren. Aus Asphalt war Schotter geworden – zwanzig Kilometer unbefestigte Straße, *metal road*, lagen im Dunkeln vor mir.

Info zwischen den Zeilen von
Rallyemeister K.I.W.I. Metal-Road

Unbefestigte Straßen sind keine Seltenheit in Neuseeland. Man nennt solche Strecken hierzulande »metal road«, was natürlich nicht mit »Metallstraße« übersetzt werden sollte.

Eine »metal road« ist eine Straße ohne feste Decke. Den Abschluss bildet eine Schicht aus Schotter oder Kies / Rollsplit. Ist von dieser rauen Fahrbahndecke nur noch wenig oder gar nichts mehr übrig, spricht man auch von der »dirt road«.

Manche neuseeländischen Mietwagenfirmen schließen die Benutzung von »metal roads« in ihren Verträgen ausdrücklich aus.

Kein anderes Fahrzeug teilte die ruppige Strecke mit »Bertie« und mir. Obwohl ich wusste, dass das Ostkap kein besonders begehrtes Ziel von Touristen war, fürchtete ich, den einzigartigen Sonnenaufgang hier draußen vielleicht nicht ganz für mich alleine erleben zu können.

Gut und gerne hundert Possumaugen später war das Ziel erreicht. Doch es sollte nicht lange dauern, bis mir bewusst wurde, dass es vollkommen voreilig und auch vermessen war, bereits an dieser Stelle von »Ziel« zu sprechen. Es war zunächst einfach nur ein kleiner Parkplatz, auf dem auch nur ein einziges kleines Wohnmobil stand.

Ich nahm mir vor, möglichst unbemerkt die Abstellfläche zu erreichen, schaltete »Berties« Scheinwerfer auf Standlicht und ließ ihn ohne Motorgeräusch in eine Parkbucht ausrollen – sollten die Touristen in ihrem rollenden Camper doch bitteschön verschlafen. Selbstsüchtig beanspruchte ich den ersten Sonnenstrahl des Tages für mich alleine.

Hinter einer unscheinbaren Hinweistafel, die ich im Schein meiner Taschenlampe erst eine Weile suchen musste, begann ein Fußweg zum Leuchtturm auf dem Otiki Hill. Von dort erst konnte der Sonnenaufgang wie von einem Logenplatz aus beobachtet werden. Hinter mir im Westen war noch immer tiefschwarze Nacht, während der Osten allmählich das aufkommende Licht des Morgengrauens erahnen ließ; die Sterne wurden weniger. Ich eilte den Weg entlang, der plötzlich hinter einem Gatter in Stufen durch ein Waldstück nach oben führte. Ich war froh, ständig eine »Maglite« im Handschuhfach des Wagens dabeizuhaben; die Handlampe verhinderte jetzt, dass ich mir gleich an der ersten Stufenkante die Knochen brach.

Ich rannte die Stufen empor, ohne zu wissen, wie viele noch vor mir lagen. So geriet ich schnell außer Atem und musste das Schritttempo erheblich drosseln. Der Pulsschlag dröhnte in den Schläfen, mein Atem ging schnell und hart; ich spürte ein seltsames Kribbeln und griff mir ans Herz – zum Glück war es nur das rhythmisch brummende Handy in der Jackentasche: Siobhan, zu solch früher Stunde?

»*Love me!*« forderte sie mich kategorisch per Text aus ihrer inoffiziellen Sendequelle auf.

Shiva fehlte mir.

Ich blieb eine Minute stehen und dachte über sie nach, und wie wohl alles werden würde, aber die Gedanken verloren sich irgendwo wie nutzlose Schwaden in der anbrechenden Morgendämmerung.

Ich befand mich schätzungsweise auf halber Höhe des bewaldeten Hügels; unten auf der Schotterstraße, die zum Parkplatz führte, waren die Lichter eines heranfahrenden Wagens zu sehen – die ersten Zaungäste waren also unterwegs. Das kleine Wohnmobil jedoch blieb dunkel.

Dann ging ich langsam, Stufe für Stufe, weiter zum Leuchtturm. Ich sah das Licht seiner Spitze immer wieder durch die Bäume aufblitzen. Er schien lange nicht näher kommen zu wollen, und doch erreichte ich schließlich das Plateau, auf dem das turmartige Bauwerk mit dem Drehlicht stand.

Hier war ich also; das Projekt East Cape stand kurz vor dem Höhepunkt, der gleichzeitig sein Abschluss war.

Der Pazifik machte seinem Namen alle Ehre und lag spiegelglatt unter mir. Der Horizont war als fahle Linie hinter einer hauchdünnen Dunstschicht zu erkennen. Alles war friedlich und ruhig – aber ich rechnete jeden Moment mit dem Einsetzen des Besucherstromes.

Ich hatte mich an den weiß getünchten Sockel des Leuchtturmes angelehnt. Ich starrte – immer noch allein hier oben – gedankenleer nach Osten und nahm nicht wahr, wie die Zeit verstrich.

Dann, wie aus dem Nichts, der erste Sonnenstrahl, der wie der Taktstock eines Dirigenten die Ouvertüre dieses Tages eröffnete. Ich war überwältigt – halluzinierte vor lauter Glück – und hörte eine leise Stimme sagen: »*Hi*, Mars«.

Ich drehte mich zur Seite und sah sie strahlend wie die aufgehende Sonne mit ausgebreiteten Armen stehen – Siobhan.

Shivas feste Umarmung verhinderte, dass ich ohnmächtig zu Boden sank ...

The End

Stichwortverzeichnis »Fettnäpfchen«

Stichwortverzeichnis »Fettnäpfchen«

Stichwortverzeichnis »Fettnäpfchen«

Stichwortverzeichnis »Info zwischen den Zeilen«

Stichwortverzeichnis »Info zwischen den Zeilen«

Stichwortverzeichnis »Info zwischen den Zeilen«

Stichwortverzeichnis »Info zwischen den Zeilen«

Stichwortverzeichnis »Info zwischen den Zeilen«

Stichwortverzeichnis »Info zwischen den Zeilen«

Skurrile Anekdoten und wunderbare Geschichten über und quer durch die asiatischen Metropolen.

»Viel zu lachen auf 319 Seiten.« *(Sonntag aktuell)*

Holger Hommel

Witwentröster und lila Pudel
Asiatische Momente

ISBN 978-3-934918-81-8

Holger Hommel streift umher – mal als einsamer Spaziergänger im Großstadtdschungel Shanghais, mal in Bali als Lektor an Bord eines fernsehberühmten Traumschiffs. Er arbeitet sich quer durch den asiatischen Kontinent und sucht verzweifelt nach einem Universalschlüssel für die so unterschiedlichen Regionen. Dass er dabei nie fündig werden würde, war ihm durchaus bewusst - dass die Suche allerdings so viel Erstaunliches zu Tage fördern würde, verblüffte ihn dann doch...

In skurrilen Anekdoten und wunderbaren Geschichten beschreibt Holger Hommel seine außergewöhnlichen Erlebnisse in Asien und beweist Zeile für Zeile, dass Reisen nicht nur spannend und lehrreich, sondern auch äußerst unterhaltsam sein kann.

»Das ultimative Reisebuch für den asiatischen Kontinent! Wunderbare Geschichten über denkwürdige Erlebnisse; so amüsant hat noch nie jemand seine Reiseerinnerungen zu Papier gebracht.« (buchSZENE)

»Eingefleischte Asienfans merken schon nach wenigen Seiten: Hier schreibt ein Experte. Wenn Sie bereits öfter Ihren Urlaub in Asien verbracht haben, werden Sie viel lachen bei der Lektüre und noch häufiger bejahend mit dem Kopf nicken. Wenn trübe Winterstimmung droht, Überhand zu nehmen, flugs das Buch besorgen und loslesen!«
(J. Hoppe, Reise-Inspirationen)

CONBOOK VERLAG
www.conbook-verlag.de

Unsere Business-Coaches für die Sakkotasche

Markus Hasenfratz,
Gerardo Müller Albán
**Geschäftskultur Brasilien
kompakt**
ISBN 978-3-943176-30-8

Brasilianer handeln emotional und selten exakt nach Plan. Zurückliegende Vereinbarungen und Termine in der Zukunft werden schnell vom Tagesgeschäft überlagert. Binationale Projekte verlaufen daher vor allem dann erfolgreich, wenn zwischen den Partnern ein stetiger persönlicher Kontakt besteht – auch weil die gegenseitige Sympathie für Brasilianer entscheidend ist. Stimmt die gemeinsame Basis, gilt für jedes Vorhaben ›jeitinho‹: Mit Optimismus und Ideenreichtum findet sich immer ein Weg.

»Dieses Buch gibt seinem Leser das nötige Werkzeug an die Hand, um optimal auf den interkulturellen Kontakt mit brasilianischen Geschäftspartnern vorbereitet zu sein. Kompakt und informativ, ein wertvoller Ratgeber.« *(Frank Panizza, Leiter des Kompetenzzentrums Lateinamerika, IHK Pfalz)*

Bisher in der Reihe **Geschäftskultur kompakt** außerdem erschienen

Schneider/Cornberg: **Geschäftskultur China kompakt** (978-3-943176-32-2)

Rappel: **Geschäftskultur Indien kompakt** (978-3-943176-21-6)

Schneider: **Geschäftskultur Japan kompakt** (978-3-943176-33-9)

Igra: **Geschäftskultur Russland kompakt** (978-3-943176-28-5)

Metzger: **Geschäftskultur Spanien kompakt** (978-3-943176-22-3)

Marius: **Geschäftskultur USA kompakt** (978-3-943176-25-4)

Die Ratgeber der Reihe **Geschäftskultur kompakt** bieten Erfolgsrezepte für die Kommunikation und Kooperation über Ländergrenzen hinweg. Experten bringen die Charakteristika einer Geschäftskultur auf den Punkt und geben Unternehmern, Selbstständigen und Arbeitnehmern konkrete Tipps für einen professionellen, selbstsicheren Umgang mit kulturellen Unterschieden in einer globalisierten Arbeitswelt.

 CONBOOK VERLAG
www.conbook-verlag.de

Überall erhältlich, wo es Bücher gibt.

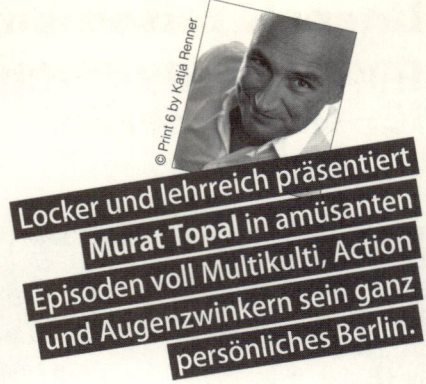

© Print & by Katja Renner

Locker und lehrreich präsentiert Murat Topal in amüsanten Episoden voll Multikulti, Action und Augenzwinkern sein ganz persönliches Berlin.

Murat Topal
BERLIN
Ich hab noch einen Döner an der Spree –
ein Heimatbuch
ISBN 978-3-934918-84-9

Murat Topal, Deutsch-Türke und gebürtiger Berliner, arbeitete zehn Jahre lang als Polizist im Bezirk Kreuzberg, bevor er sich ganz dem Dasein als Comedy-Künstler widmete. Bekannt ist er unter anderem durch Auftritte in verschiedenen TV-Sendungen und durch die Serie *Spezialeinsatz*, in der er die Hauptrolle spielt. Seit Februar 2011 tourt er mit seinem dritten abendfüllenden Bühnenprogramm *MultiTool – Der Mann für alle Fälle* durch Deutschland.

»Ein Buch, aufgebaut wie ein Sketch des Comedian: Locker und amüsant.« (Kieler Nachrichten)

»Das neueste Buch des erfolgreichen Comedians zeigt Berlin, wie es wirklich ist. Murat Topal präsentiert dem Leser kurzweilige Episoden voller persönlicher und lustiger Berlin-Erlebnisse.« (suite101)

Die *Heimatbuch*-Reihe, u. a.

CONBOOK VERLAG
www.conbook-verlag.de

Alles zu den Heimatbüchern: **www.heimatbuch.de**

Intensiv reisen – mit unseren Routenreiseführern für Nordamerika

Der Süden Floridas ist das Lieblingsziel europäischer Touristen in den USA. Unser Routenreiseführer führt Sie zu allen Highlights: Orlando, Cape Canaveral, Miami, Everglades National Park, Florida Keys, Key West, Dry Tortugas National Park, Golf von Mexiko, Tampa Bay, Ocala National Forest uvm.

Erleben Sie auf 2.200 Kilometern in Begleitung allgegenwärtiger Alligatoren, einer exotischen Vogelwelt und der tropischen Sonne den Sunshine State.

2.500 km auf der schönsten Küstenstraße Nordamerikas – eine einzigartige Route von San Diego bis nach Seattle. Auf über 500 Seiten geballtes Reisewissen und spannende Hintergrundgeschichten zur amerikanischen Kultur und Gesellschaft.

»Wer auch nur andenkt, diese Strecke oder Teile davon zu bereisen, sollte Jens Wiegands Buch erwerben. Einmal unterwegs ist dieser Begleiter unersetzlich. Allerdings besteht die Gefahr, dass man nach der Lektüre die Westküste der USA besser kennt als die eigene Heimat.«
(Der Trotter – Die Zeitschrift der Globetrotter)

Das Standardwerk für alle, die den Westen Kanadas in voller Pracht genießen möchten. Erleben Sie auf der legendären Route durch Alberta und British Columbia u.a. den Banff und Jasper National Park, Mount Robson, Revelstoke, Glacier und Yoho – und natürlich die beiden Metroplen Calgary und Vancouver.

»Buchempfehlung des Monats der preisgekrönten deutsch-kanadischen Zeitung für die Provinz Alberta.«
(Arnim Joop, Albertaner)

Marion Landwehr
Nationalparkroute USA – Florida
ISBN 978-3-943176-39-1

Jens Wiegand
Pacific Coast Highway USA
ISBN 978-3-943176-37-7

Helga und Arnold Walter
Nationalparkroute Kanada
ISBN 978-3-943176-36-0

CONBOOK VERLAG
www.conbook-verlag.de

Schmausen und grausen Sie mit Julia Schoon einmal rund um den Globus. Dabei ist eines sicher: Am Ende wird Ihre Definition von »Delikatessen« nie wieder dieselbe sein ...

Julia Schoon

Delikatessen weltweit
99 Spezialitäten, die
Sie *(lieber nicht)*
probieren sollten

Klappenbroschur mit
Farbfotos im Innenteil

ISBN 978-3-943176-45-2

Reisen geht wie die Liebe durch den Magen – und hält dabei genauso viele Überraschungen bereit. Zum Beispiel mit salziger Yakbutter verfeinerten Tee in Tibet oder *Praerie Oysters,* die Meeresfrüchte vermuten lassen, sich aber als gekochte oder gegrillte Stierhoden entpuppen. Eine fiese Falle ist auch die womöglich köstlichste Frucht Südostasiens, die derart bestialisch stinkt, dass man aus dem Hotel geworfen wird, sollte man sie dort anschneiden.

Auf Reisen begeben sich aber auch immer Menschen, die bewusst das Abenteuer suchen. Sie wollen lebendigen Oktopus probieren? Auf nach Korea! Frisch aus der Palme gezapften Alkohol? Bekommen Sie in West- und Zentralafrika. Ameisenhonig? Im australischen Outback. Eine hübsche Mutprobe ist auch der Sourtoe-Cocktail, den Sie in Dawson City, Kanada bestellen können: Beim Trinken muss der mumifizierte Zeh darin Ihre Lippen berühren. Wenn Sie ihn allerdings versehentlich schlucken, müssen Sie nach Ihrem Tod einen neuen spenden.

»Ein interessantes, amüsant geschriebenes Buch. Es zeigt all jenen, die nicht die Gelegenheit haben, die ganze Welt zu bereisen, weltweit kulinarische Köstlichkeiten.« (Rudolf Prasch, Alte Münze, Graz)

CONBOOK VERLAG
www.conbook-verlag.de

Andrea Glaubacker

Indien 151
Portrait des faszinierenden Subkontinents in 151 Momentaufnahmen

ISBN 978-3-943176-02-5

Indien – die größte Demokratie der Erde, gigantisch, einzigartig und voller Gegensätze. Ein Land, das modernste Technologie entwickelt und zugleich in einem alten Traditionskorsett steckt. Wo Affen-, Elefanten- und mehrarmige Götter verehrt und Flüssen jeden Abend Millionen von Blumen geopfert werden. Wo gläserne ShoppingMalls wie Pilze aus dem Boden schießen und Mumbais Büromieten die von New York und Tokio überholen. Ist das Indien von heute ein modernes Land, ist es fest in alten Strukturen verankert oder liefert es schlicht immer alle möglichen Antworten zugleich?

»Aus aktuellen Meldungen, Hintergrundinformationen und eigenen Erlebnissen formt die Autorin ein Bild von Indien, wie es treffender nicht sein könnte. Ihre persönlichen Eindrücke und ihr Blick hinter die Kulissen bereichern die fundierten Recherchen der studierten Kulturwissenschaftlerin. Für Liebhaber Indiens und diejenigen, die das noch werden wollen.«
(Traudl Kupfer, Indien Aktuell)

Jeder Band mit über 150 eindrucksvollen Bildern, komplett in Farbe

Erleben Sie mit den Büchern der Reihe »**151**« faszinierende Momentaufnahmen der Kultur und Gesellschaft eines Landes, begleitet von Geschichten, persönlichen Eindrücken und einem Blick hinter die Kulissen. Bücher für Entdecker und Liebhaber und diejenigen, die es werden wollen.

www.1-5-1.de

Schumann: Japan 151 ISBN 978-3-943176-27-8

Beis: Südafrika 151 ISBN 978-3-943176-18-6

Graf-Riemann: Spanien 151 ISBN 978-3-943176-12-4

Thielke: Thailand 151 ISBN 978-3-943176-43-8

Frogier de Ponlevoy: Vietnam 151 ISBN 978-3-943176-42-1

CONBOOK VERLAG
www.conbook-verlag.de

FETTNÄPFCHENFÜHRER

www.fettnäpfchenführer.de

Die Buchreihe, die sich auf vergnügliche Art dem Minenfeld der kulturellen Eigenheiten widmet.

 ÄGYPTEN — ISBN 978-3-934918-59-7
 BRASILIEN — ISBN 978-3-934918-92-4
 CHINA — ISBN 978-3-943176-26-1
 FRANKREICH — ISBN 978-3-934918-74-0
 GRIECHENLAND — ISBN 978-3-934918-82-5
 GROSSBRITANNIEN — ISBN 978-3-943176-31-5

 INDIEN — ISBN 978-3-934918-85-6
 ITALIEN — ISBN 978-3-934918-47-4
 JAPAN — ISBN 978-3-943176-24-7
 KANADA — ISBN 978-3-934918-77-1
 KOREA — ISBN 978-3-943176-38-4
 MEXIKO — ISBN 978-3-943176-03-2

 NEUSEELAND — ISBN 978-3-934918-58-0
 NIEDERLANDE — ISBN 978-3-943176-11-7
 NORWEGEN — ISBN 978-3-934918-56-6
 ÖSTERREICH — ISBN 978-3-934918-76-4
 RUSSLAND — ISBN 978-3-934918-48-1
 SCHWEDEN — ISBN 978-3-934918-43-6

 SPANIEN — ISBN 978-3-934918-75-7
 SÜDAFRIKA — ISBN 978-3-934918-42-9
 THAILAND — ISBN 978-3-943176-20-9
 VIETNAM — ISBN 978-3-943176-50-6
 USA — ISBN 978-3-943176-16-2

CONBOOK VERLAG
www.conbook-verlag.de